検証
欧州債務危機

高屋定美［著］
Sadayoshi Takaya

中央経済社

はじめに

　2009年のギリシャ危機に端を発する欧州債務危機は，2013，2014年にはいったん終息する気配をみせていた。しかし，2015年にはギリシャ政府の借入返済のための資金調達が困難となる見通しが出たことで，危機が再燃している。

　欧州債務危機がもたらした意味は大きい。第1に，債務危機をもたらした背景に共通通貨ユーロ導入があるのではないかという疑念が生じ，世界的に高まりつつあった地域的通貨統合の気運が静まった。第2に，リーマン・ショックとともに欧州危機の背景に金融機関の高いリスクを許容する素地があった。様々な金融手法を駆使して，それを可能にしたグローバルな金融自由化への疑念ももたらした。第3に，危機はユーロ導入を実現するにあたり，金融・財政危機に対するEU（European Union）の準備不足を露呈させた。第4に，欧州危機はユーロ圏加盟国の不協和音をもたらした。たとえば，ギリシャでは政府債務返済のために緊縮財政を実行したものの，国民の不満が高まり，EUへの反発が広がっている。一方，ドイツなどの北部欧州でもギリシャなどの債務危機国へのたび重なる支援への不満が高まり，反EUを掲げる政治勢力が台頭している。長年，EU加盟国は「結束と連帯」により欧州統合の深化と拡大を続けてきたが，その歩みが今，試されている。

　本書ではこのような欧州債務危機の影響を分析し，経済ガバナンスに関する提案を行っている。前著（2011）では主に欧州金融危機に焦点を当て，その原因と経過について検討したが，本書は，欧州債務危機に焦点を当て，分析している。債務危機はギリシャでの政治的な混乱からEUとの支援交渉が困難になったものの，2015年に欧州債務危機は概ね終息してきた。ただし，欧州経済の景気沈滞は深刻で，長期停滞の兆しも見せている。したがって，欧州での危機の終息がみえたとしても実体経済の回復が見込まれない限り，債務危機はまだ続いているといえよう。また，欧州での危機のような事態を再発しないためにも，債務危機の状況を分析する必要があると考えている。

　以下，本書は次のような構成である。第1章では欧州債務危機を含む欧州危

機の推移を概観し，これまでにEUや世界がどのようにこの問題に対処してきたかを検討している。欧州危機は金融・銀行危機，政府債務危機，そしてマクロ経済危機の三位一体となって欧州経済ならびに世界経済に負の影響を与えてきた。ユーロ圏ならびにEUは危機への備えをしてこなかったために逐次的な危機対策に追われることとなった。その中で，「真の経済通貨同盟」という経済ガバナンスのガイドラインが出された。第1章の後半ではこのガイドラインを軸にEUの経済ガバナンスを検討する。

第2章ではクレジット・デフォルト・スワップ（CDS）の価格といえるCDSスプレッドを危機のシグナルとして利用し，CDSスプレッドが欧州金融市場での長期金利に影響を与えたのかどうかを実証的に検討し，欧州危機が発生した後，CDSスプレッドが欧州諸国の長期金利に影響を与えていることを確認している。また後半部ではCDSスプレッド自体が何によって変動するのかを検討しているが，当該国の財政状況がスプレッドに影響を強く与えていることなどを確認している。

第3章では第2章のCDSスプレッドが，いわゆる伝染効果を通じて欧州に拡散していったのかどうかを検証している。伝染効果は欧州のERM危機やアジア通貨危機の際，為替レート減価の連鎖として発生し，急激な為替レート減価という金融リスクが次々と伝染していった。欧州債務危機においても，CDSスプレッドの上昇を通じて金融リスクがユーロ圏内で伝播していったのかどうかを検証している。

第4章では政府債務危機が伝染したのかどうかを検証している。政府債務危機自体は，当該国政府の財政運営の失敗に起因する。しかし，返済時の長期金利の上昇や，金融市場でのリスク上昇による借換えの困難などが他国と連鎖する可能性がある。そこで，欧州債務危機においても政府債務危機の伝染が発生したのかどうかを検証している。

第5章では，欧州債務危機が実体経済に負の影響を与えたのかどうかを検討している。欧州債務危機により欧州市場でのリスクが高まり，長期金利も上昇する傾向を見せてきた。その中で欧州各国の実体経済にも影響があったのかどうかを，設備投資関数の推定を通じて検討している。設備投資は景気循環に敏感に反応し，また設備投資が景気循環を左右する。設備投資の変動要因に債務

危機があるとすれば，その危機が実体経済に影響を深く与えていることになる。第5章では構造変化を考慮した単純な推計式を用いて設備投資への債務危機の影響を検証している。

第6章では欧州中央銀行による非標準的政策を検証している。欧州中央銀行は，リーマン・ショックに直面して大幅な政策金利の引き下げを行い，金融緩和を行ったが，さらに欧州債務危機以降にも非標準的金融政策として従来にない金融緩和措置を採用している。非標準的政策の狙いは債務危機によって上昇した金融市場でのリスクを沈静化させることであった。しかし，それだけでなく，それによる金融緩和措置が実体経済に影響を与える可能性も考えられる。本章では，非標準的政策の概要を述べた後，その政策が金融市場の安定性に効果があったのかどうか，そして欧州の実体経済に影響を与えたのかどうかを検討している。

第7章では，欧州が行ってきた金融支援フレームワーク，財政改革と金融規制改革について述べ，新しいEUの経済ガバナンスのあり方を提案している。EUでは2007年から続いてきた金融・債務危機の対処のために債務国への支援を行ってきた。さらには今後，同じような危機的状況を招かないために，財政規律を強化する財政改革と銀行同盟を中心とする金融規制改革が実施された。しかし，それだけでは十分な対応とはいえない。財政同盟への準備としての緊急財政基金の創設，そして債務危機の最終的な手段としてのデフォルトの是認といった仕組みをEU経済ガバナンスは構築することを提案している。

本書では欧州債務危機が欧州経済に与えた影響を実証的そして制度を中心に述べており，一つの統一した経済モデルに依拠しているわけではない。しかし，今次の欧州債務危機はマクロ経済学の潮流にも一石を投じている。マクロ経済学の現在の主流である動学的確率的一般均衡モデル（DSGE）であれ，従来のケインジアンタイプのマクロ計量モデルであれ，2000年代の世界的な金融危機や欧州債務危機を予想してはいなかった。無論，新しい事象が起これば，それを内生化したマクロモデルが構築されようとする。現時点でも金融機関の摩擦を明示的に導入したDSGEモデルが登場している。あるいは，大幅にモデルの枠組みを改変したようなモデルも登場するかもしれない。主流的なマクロ経済モ

デルとは異なるポストケインズ派のミンスキー理論のモデル化の方向もありうるだろう。ミンスキーは設備投資決定に金融面の不確実性を導入した投資理論を展開した。特に実物資本の需要がマネーストックや収益予想に依存すると想定し，その変動が景気循環にも影響を与えると考えた。したがって，ミンスキーは金融市場が不安定になれば実体経済に影響を与えるとし，主流派経済学とは異なる展開をした。

　欧州債務危機という世界経済に大きなインパクトを与える事象から教訓を得ること，そしてそれを解決しようとする取り組みへの評価，そしてさらなる改革の妥当性を検証することは，この危機の解明だけでなく，理論の発展への示唆にもなるかもしれない。新たな理論の進展は金融・政府債務危機の発生を経済モデルに内生化させ，新たな政策的な取り組みへの示唆を与えることになろう。本書も，そのような経済モデルを生み出すための材料を提供できたのならば幸いである。

　本書は著者が近年に著した論文を中心にまとめたものである。その過程では日本金融学会，日本EU学会，日本国際経済学会，神戸大学金融研究会，そして関西EU研究会などでの発表の折には様々な方々からの意見をいただいた。すべての方の氏名を挙げることは紙幅の関係上，控えさせていただくが，ここに感謝申し上げたい。勤務先の関西大学商学部と関西大学商学会では研究環境を整備していただき感謝する。さらに，出版事情の厳しい折，出版を快諾いただいた中央経済社ならびに同社経営編集部の酒井隆氏には大変お世話になった。記して感謝申し上げる。最後に，日頃から研究を支援してくれている妻の亜希子，娘の美空にもあらためて感謝する。

　なお本書の研究は，日本学術振興会科学研究費補助金（基盤研究(C)一般：課題番号25380416）および石井記念証券奨学財団からの研究助成を受けた研究の一部である。

平成27年9月5日

高屋　定美

初出一覧

本書での各章の初出は，以下の通りである。

第1章 「欧州経済危機から財政危機への深化」飴野仁子・高屋定美・田村香月子・徳永昌弘『グローバル金融危機と経済統合－欧州からの教訓－』第1章，関西大学出版部をもとに大幅に加筆修正。

第2章 第2節 「欧州金融市場でCDSプレミアムが国債利回りを動かしたのか」，経済学論叢，第55巻第5・6号の一部をもとに修正。
　　　 第3節 「なにが欧州債務国のCDSプレミアムを動かすのか？－欧州債務危機下のソブリンCDSプレミアム変動要因の実証分析－」関西大学商学論集，第58巻第4号の一部を修正。

第3章 「欧州債務危機とCDS市場での伝染効果」関西大学商学論集，第59巻第2号を修正。

第4章 「欧州債務危機は伝染したのか？」関西大学商学論集，第59巻第1号を修正。

第5章 「欧州債務危機は設備投資を抑制したのか？－構造変化を考慮した投資関数の推定による欧州債務危機の実体経済への影響の検証－」関西大学商学論集，第58巻第3号を修正。

第6章 「VARモデルによる欧州中央銀行による非標準的政策の実証研究」関西大学商学論集，第59巻第4号を修正および追加。

第7章 「欧州ソブリン危機の欧州統合に与える影響－今後の欧州経済ガバナンスの検討を中心に－」『国際経済』日本国際経済学会，および「欧州金融・経済危機とEU経済ガバナンス：新たなガバナンスの提案」日本EU学会年報，第32号をもとに大幅に加筆修正。

目　次

はじめに　i

第1章　欧州債務危機の拡散と金融市場 …………………1

1　欧州債務危機の推移と原因，そして金融市場の反応 ——1

　　1.1　労働生産性の格差・4
　　1.2　金融市場の構造的特徴・7
2　債務危機への対処：トロイカの対策を中心に ————— 9
3　「真の経済通貨同盟」論とEU統合の深化 —————— 13
4　EUでの通貨圏の形成は適切だったのか
　　——不適切な経済ガバナンスの可能性 ——————— 16
5　むすび ——————————————————————— 18

第2章　ユーロ圏金融市場とCDSスプレッド …………21

1　序：CDSスプレッドと国債金利の因果関係とは ——— 21
2　CDSスプレッドと国債金利の因果関係 ——————— 24
3　CDSスプレッドの変動要因 ————————————— 32
　　3.1　推計方法とデータ・32
　　3.2　CDSスプレッドの変動要因の推計結果・35
　　3.3　推計結果の考察・46

4　むすび ──────────────────────── 48

第3章　欧州債務危機とCDS市場での伝染効果 ……… 51

1　序 ──────────────────────── 51
2　伝染効果の先行研究 ───────────────── 52
3　通常の因果関係の検証 ──────────────── 54
　　3.1　グレンジャー因果性検定・54
　　3.2　伝染効果指標による検証・55
4　Factor モデルを用いた伝染効果の定義 ─────── 59
5　むすび ──────────────────────── 64

第4章　ユーロ圏の政府債務危機は伝染したのか？
── ユーロ加盟国の財政収支とCDSスプレッドを用いた実証分析 ……… 73

1　序 ── 欧州債務危機は伝染したのか ──────── 73
2　広義の政府債務危機の伝染の実態 ─────────── 75
3　狭義の政府債務危機の伝染効果の実証 ────────── 80
　　3.1　各国別の債務危機の状況・80
　　3.2　推計結果の小括・90
4　政府債務危機の伝染の原因 ─────────────── 90
　　4.1　政府債務危機の原因・91
　　4.2　政府債務危機の伝染の原因・92
5　むすび ── 政府債務危機の伝染防止にむけて ───── 94

第5章 欧州債務危機は実体経済を抑制したのか？
―― 構造変化を考慮した投資関数の推定による
欧州債務危機の実体経済への影響の検証 ……………… 99

1　序 ——————————————————————— 99
2　推計方法 ————————————————————— 102
3　推計結果 ————————————————————— 104
4　推計結果の考察 —————————————————— 120
5　むすび —————————————————————— 121

第6章 欧州債務危機とECBの非標準的金融政策 ……………… 123

1　欧州債務危機とユーロ圏の金融事情 ———————————— 123
2　ECBの非標準的政策の特徴 ———————————————— 126
　2.1　緩和政策の推移・126
　2.2　欧州危機前後におけるテイラー型政策反応関数の推定・137
3　ECBの非標準的政策の金融市場への短期的効果 ——— 141
　3.1　非標準的政策の金融市場への効果・141
　3.2　銀行貸出への効果
　　　―― マルコフスイッチングモデルの応用・144
4　VARによる実体経済を含めた非標準的政策の実証研究
　————————————————————————————— 151
　4.1　推計モデル・152
　4.2　推計結果・154
5　むすび —————————————————————— 176

第7章 欧州の経済ガバナンス改革
―― 財政制度改革と銀行同盟は欧州危機の再来を防げるのか？ ………………… 181

- 1 EUでの経済ガバナンス改革の目的 ――――――― 181
- 2 EUからの危機の中でのガバナンス改革の提案 ――― 182
  - 2.1 当面の危機対応と恒久的な金融危機対策レジーム・182
  - 2.2 EFSFとESM・184
  - 2.3 ESMの効果と限界・185
  - 2.4 財政ルール，財政ガバナンスの改訂・186
  - 2.5 欧州金融監督制度の構築・189
- 3 新たな金融規制と銀行同盟の構築 ――――――― 192
  - 3.1 新たな金融規制改革案・192
  - 3.2 銀行同盟設立の背景と概要・194
  - 3.3 財政ルールの厳格化と銀行同盟の関係・199
  - 3.4 不十分なガバナンス改革の問題点・201
- 4 今後のEUでの金融規制の行方と債務危機の防止の可能性 ――――――――――――――――― 206
  - 4.1 本書での提案1：財政基金・207
  - 4.2 本書での提案2：ユーロ圏加盟国によるデフォルトの是認・211
- 5 むすび ――――――――――――――――― 216

おわりに ………………………………………………… 219
参考文献 ………………………………………………… 223
索　引 …………………………………………………… 233

第1章

欧州債務危機の拡散と金融市場

1　欧州債務危機の推移と原因，そして金融市場の反応

　2007年8月の仏金融機関BNPパリバ傘下の投資信託の経営危機を端緒に，欧州での金融機関への経営不安が急速に広がった。同時にドイツのザクセン州立銀行の経営危機や同年9月には英ノーザンロック銀行の経営危機が浮上し，欧州金融システムへの不安感が一気に高まった。これに対して欧州中央銀行(ECB)は金融市場に対して流動性供給を行うものの，原油価格の高騰からユーロ圏での期待インフレは高まっており，金融緩和に転ずることはなかった。むしろ，2008年7月にはインフレ抑制のため，政策金利を引き上げる金融引き締めを行っており，この時期，金融危機はあるものの，その深刻さを受け止めてはいなかった。

　それが転換したのは米リーマンブラザースの破綻，いわゆるリーマン・ショックである。これ以降，世界的な金融危機の広がりと，それに起因する経済危機への懸念が高まり，欧州中央銀行，米連邦準備，スイス中央銀行など主要国中央銀行は一斉に金融緩和に転じた。この2008年9月のリーマン・ショック以降，欧州も経済危機モードに突入することになる。

　金融危機では金融機関の経営危機により金融機関相互の不信が広がり，銀行間市場が機能麻痺になることで，金融システムでの流動性危機が第1段階である。そのため，資金調達が困難となった金融機関は貸出を行うことをためらい，

個人，企業への資金供給が減少する。それにより，資金需要が満たされない企業は設備投資だけでなく，運転資金の調達も難しく，実体経済に負の影響を与える。さらに直接的な流動性危機に直面しなくとも，景気悪化の予測により企業マインドが悪化することで，経済活動を鈍らせ，それがマクロ経済の危機，経済危機をもたらすことになる。

2008年秋以降，欧州でも金融危機から経済危機へと進展することになり，鉱工業生産指数やインフレ率の低下に見られるように，ユーロ圏では大幅な景気後退がみられ，約半年後にはデフレ傾向を見せ始めた。2008年初頭から生産の低下は見られてきたものの，ECBや欧州委員会はその低下がトレンドとしては，とらえていなかった。しかし，2008年後半になり大幅な生産低下に直面し，欧州が経済危機に至ったとの認識を強めた。その後，経済危機モードに突入して様々な危機対策を打ち出すこととなった。

さらに，2010年に欧州債務危機が発生し，それは現在に至るまで続いている[1]。この欧州債務危機の端緒がギリシャ債務危機，あるいはギリシャ危機とよばれる事態である。ギリシャ危機は2009年10月にギリシャ政府が政権交代をきっかけに前政権が財政赤字を過小に統計改ざんしたことを明らかにしたことから始まる。前政権は対GDP比約5％とした財政赤字が実は約13％あることを表明した。この改ざんを見抜けなかった欧州委員会統計局の不備も明らかになったが，何よりもギリシャ財政の持続可能性に市場は反応した。格付け会社が半年でギリシャ国債を一気に6段階引き下げ，ギリシャ国債の債務不履行リスクが急激に高まった。それと同時に投資家が当該国債を市場で売却したため，ギリシャ国債金利が上昇し，同時にCDS（クレジット・デフォルト・スワップ）スプレッドも急激に上昇した。

CDSスプレッドはデリバティブ商品の1つであるCDS取引のリターン，価格である。CDS取引は債券など対象となる原資産の信用力を対象とするデリバティブ取引であり，1990年代に入って登場した。これはクレジット・デリバティブともよばれる。CDSは原資産を発行する国や企業の信用力リスク，クレジッ

[注]

[1] 欧州債務危機は，一連と続く欧州危機の第2段階ともいえる。欧州危機の最初の欧州金融危機に関しては高屋（2011）で詳しく述べている。

ト・リスクを売買する取引であり，CDS 取引により，クレジット・リスクを売り手から買い手に移転することができる。特に CDS 取引ではすべての市場で基本的な取引条件が標準化されており，流動性も高い取引である。そのため CDS スプレッドは原資産を発行する主体の信用リスク（クレジット・リスク）をあらわす指標として認知されている[2]。CDS の買い手は契約対象となる債券（社債，国債など）が債務不履行となるイベントが起きた時，その元本・利子を含む損失を保証される。売り手はスプレッドを受け取る代わりに，イベントが起きた場合には買い手に対して損失分を支払う。これにより CDS の買い手は債務不履行の際の保険をかけたのと同等の権利を持つこととなり，これをプロテクションとよぶ[3]。

　国債を対象とする CDS，すなわちソブリン CDS 取引は1990年代後半に入り登場してきた。もともと国債はリスクがフリーないしはフリーに近い金融商品であると金融市場で認知されていたため，ソブリン CDS 取引は少なかったが，2000年代半ばになり欧州での CDS 取引が広がった。特にリーマン・ショック後の欧州金融危機でユーロ加盟国での財政赤字が拡大し，加盟国間での CDS スプレッドの格差もみられるようになった。それは国債の発行体である政府の信用力に差が生まれていることを示している。すなわち，国債を発行する政府の返済能力への不安としてのソブリンリスクに差が生じている。本書ではこの CDS スプレッドをソブリンリスクの代理変数として，第2章以降，CDS スプレッドを用いた実証分析を行っている。まず第2章では，CDS スプレッドがどのような要因で変動したのかを検証している。

　また，ギリシャ債務危機は他国にも波及し，いわゆる伝染効果をもたらした。ギリシャ同様，経済の潜在成長率が低く，金融危機のスペイン，ポルトガル，イタリアの財政赤字の懸念からそれらの国債にも同様の債務不履行リスクが高まった。特に CDS 取引市場や国債市場を中心に金融市場を通じた危機の伝染が深刻な問題を引き起こした。これに関しては本書第3章で検討している。

〔注〕
2) CDS 取引の説明に関しては，たとえば矢島剛（2013）を参照している。
3) ただし，CDS 取引の目的はプロテクションだけでなく，投機目的での取引も行われている。

一方，金融危機の影響から多額の財政資金投入を余儀なくされたアイルランドでも政府財政赤字が拡大し，国債リスクが上昇した。この債務不履行リスクの高まりが金融市場の不安定を生み出し，それが投資の減退を通じて実体経済を悪化させてきた。このようにしてギリシャ債務危機は南欧を中心とするユーロ加盟国に債務危機の連鎖をもたらしたといえる。これについては本書第4章で論ずる。

では，このような欧州債務危機が生まれた原因とはどのようなものであろうか。特にギリシャ債務危機がクローズアップされてきたが，ギリシャ以外の債務諸国と共通した要因はあるのだろうか。本章では2つの要因，労働生産性の格差と金融市場の構造的特徴を取り上げる。

1.1 労働生産性の格差

今回の欧州債務危機は，BNPパリバショックから続く一連の欧州金融危機が引き金として考えられる。金融危機によって経営が悪化した金融機関に対し，政府が資本注入を行うことで支援した。その結果，政府債務残高は増加し，政府債務の債務不履行リスクが高まった。またギリシャでは財政統計の改ざんにより多額の財政赤字の存在が隠蔽されたが，それが発覚したことで債務危機が勃発した。

しかし，このような一時的な要因だけで債務危機の原因を求められない。南欧経済とユーロ圏経済のかかえる構造的な問題がその原因と考えられる。

ユーロ導入の際にはマーストリヒト条約により収斂基準が設けられ，その基準を達成できなければEUは導入を認めないとした。そのため当時のユーロ導入候補国はマクロ経済をこの基準に収斂させるべく経済運営を行い，基準を達成している。ただし，ベルギーは政府債務残高が基準を上回ったものの認められ，ギリシャは2年遅れの2001年に参加が承認された。

インフレ率と名目長期金利の収斂，名目為替レートの安定，そして財政ポジションの赤字化の歯止めであり，主に名目変数の収斂や政策変数の収斂であった。たしかに，それらがいずれは実体経済の収斂をもたらすものと期待される。インフレ率が同じになり，名目長期金利の収斂は各国の資本形成の成長率を同じくし，それが実質成長率を同程度にするであろうし，為替レートの安定によっ

て通貨統合後も為替調整に依存しない経済構造を持つものと期待された。しかし，ユーロ導入は労働生産性(単位労働コスト)，実質 GDP 成長率，失業率(雇用率)といった実質変数に関しての収斂を必ずしも保証するものではなかった。実際，ユーロ導入後，労働生産性の各国格差は残存している（**図表1-1**）。危機のあったアイルランドはドイツよりも高い実質生産性を誇っているが，ギリシャ，イタリア，ポルトガル，スペインなどはユーロ圏平均を下回っている。しかも，ユーロ導入後，ユーロ圏平均との格差は縮小していない。このような労働生産性の違いは結局，生産財の競争力の格差に反映され，潜在成長力の格差となる。

また，このようなファンダメンタルな経済構造の格差はバブルを生み出す要因ともなった。ユーロ導入直後の10年でユーロ圏の先進国であるドイツ，フランスで経済停滞と，途上国であるスペイン，アイルランド，ポルトガルなどでの高成長がみられた。理論的には，これは経済統合の完成の過程での現象である。資本賦存量の多い先進国では限界生産力は低くなり，逆に途上国では資本

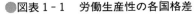

●図表1-1　労働生産性の各国格差

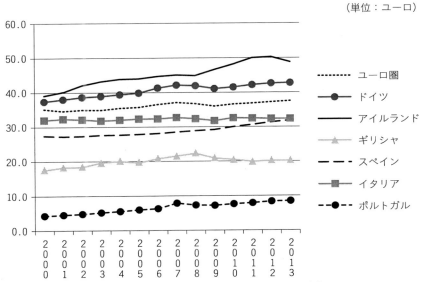

データ出所）Eurostat, Real labour productivity per hour worked より。

●図表1-2　GDPに占める粗付加価値のシェア

2001年第1四半期　単位：%

部門	ユーロ圏12カ国	ドイツ	ギリシャ	スペイン	フランス	イタリア	ポルトガル
農林漁業	2.0	1.0	5.3	3.6	2.1	2.5	3.0
生産（建設を除く）	20.0	23.2	12.7	18.6	16.4	20.0	17.5
建設	5.2	4.4	6.6	9.5	4.5	4.5	6.5
卸売業，小売り業，運輸業，飲食業，宿泊業などサービス	17.4	14.7	24.4	21.6	16.5	19.7	19.8
情報通信	4.2	4.3	3.3	4.1	4.8	3.8	3.2
金融・保険業	4.2	3.8	3.6	4.3	3.5	4.4	5.7
不動産業	9.0	10.0	10.2	5.6	10.4	9.6	6.4
専門サービス業	9.1	9.7	4.2	5.8	10.7	8.4	5.5
公共部門，教育，保健などサービス	15.8	15.3	14.4	14.7	18.5	14.0	18.1
芸術，エンターテイメントなど	3.1	3.8	3.7	3.4	2.6	3.2	2.0

2014年第4四半期　単位：%

部門	ユーロ圏12カ国	ドイツ	ギリシャ	スペイン	フランス	イタリア	ポルトガル
農林漁業	1.4	0.6	3.4	2.2	1.4	1.9	2.0
生産（建設を除く）	17.4	23.3	10.0	16.0	12.5	16.6	14.7
建設	4.6	4.4	1.4	5.2	5.0	4.4	3.5
卸売業，小売り業，運輸業，飲食業，宿泊業などサービス	16.9	13.9	23.7	22.0	16.0	18.1	22.5
情報通信	4.0	4.2	3.2	3.7	4.1	3.3	2.9
金融・保険業	4.5	3.5	3.9	3.4	4.2	5.3	5.0
不動産業	10.5	9.9	16.1	11.1	11.5	12.8	10.9
専門サービス業	9.6	9.8	4.1	6.9	11.4	8.4	6.1
公共部門，教育，保健などサービス	17.7	16.5	17.8	16.6	20.7	15.5	16.7
芸術，エンターテイメントなど	3.2	3.7	4.0	4.0	2.7	3.6	2.7

データ出所）Eurostat, National Accounts より。

賦存量が少ないために限界生産力は高くなり，この10年に見られたことは過渡的には当然といえる。したがって初期の経済格差を埋めるための成長率の格差は見られるものの，それは一時的なものと考えられていた。

ユーロ導入による成長率の高さを期待して，名目変数の急速な収斂，特に長期金利の収斂を促す金融統合により長期金利の高い生産性の低い諸国に資金が圏内から流入し，バブルを生成する景気となった。流入した資金が生産性の相対的に低い南欧諸国において生産に利用されるのであれば潜在成長力の引き上げに寄与できたが，実際には主に不動産や消費財購入に充てられ，生産性格差が残ったまま，ユーロが利用されたといえる。ギリシャでは国際競争力のある産業がほとんどなく，公的セクターに依存した経済運営をしており，経済ファンダメンタルが弱く，成長基盤がほとんどない中で財政支出が伸びていった。それらの南欧諸国でも労働市場改革などの構造改革も遅れ，単位労働コストは高いままであったともいえる。実力が伴わないままドイツと同等の高い購買力を得た南欧諸国では，一種のユーフォリアが蔓延したといえる。このような構造問題が欧州債務危機の底流といえる。

さらに経済ファンダメンタルが脆弱な南欧経済では税収が不安定で，またギリシャでは徴税能力も低いため，政府の歳入基盤が共通して脆弱である。そのこともまた債務危機を長引かせる要因となっている。

1.2 金融市場の構造的特徴

さらに，金融市場の構造的な特徴も挙げられる。欧州の金融市場の特徴として，金融・資本市場があまり発達せず，直接金融よりも間接金融に依存する特徴がある。特に南欧の金融市場では中小の金融機関が多く財務基盤が弱いものの，伝統的な預貸業務を中心として経営を行ってきた。直接金融が発展していないため，政府が国債を発行してもその引受け手は主に金融機関であり，政府財政と金融機関の財務状態が連動しやすい構造となっている。この点はユーロ導入後も変わっていないといえる。ただし，ユーロ導入後に大きく変貌した点は，国債の買い手にユーロ圏内の外国金融機関が増加したことであろう。ユーロ導入によりユーロ圏内の金融市場統合が進展し，金融機関の資金運用手段として圏内全体の国債が利用されるようになった。特に長期金利がユーロ圏内で

収斂したが，わずかな金利差を狙って南欧諸国の国債に投資する金融機関も登場した。したがって，国債発行国の財政とユーロ圏内の金融機関の財務構造との連動性が高まったものといえる。そのため小国であってもいったんユーロ圏内で国債デフォルト危機が発生すると，当該国以外の金融機関にも影響が波及することとなった。

　さらに，ユーロ導入に先立つ1993年にはEUでの資本移動の自由化が完成し，金融機関はEU域内で自由に金融活動を行うことが許されるようになった。この端的な例がEUでの単一銀行免許制度である。これにより，EU加盟国のどこからか免許を取得すれば自由に域内の加盟国で金融機関は営業活動を行える。これにより，域内の金融機関の競争環境は厳しくなった。しかもユーロ導入によって加盟各国の金利は収斂し，金利格差がほとんど消失した。そのため伝統的な預貸業務からの収益は低下し，それに代わる収益源として非金利収入である手数料収入や，投資収益をEUの金融機関は求めるようになった。非金利収入を求める金融機関はより高い収益を求めるため，高いリスクをテイクする傾向を持つことにもなり，それが域外の金融商品の購入へとつながったものとい

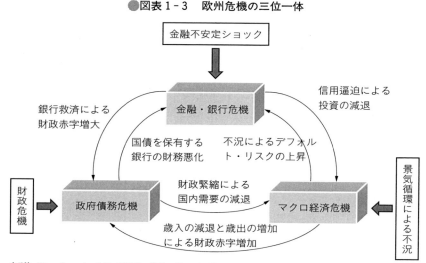

●図表1-3　欧州危機の三位一体

出所）Shambaugh, J.C. (2012). "The Euro's Three Crises" *Brookings Papers on Economic Activity* Spring, P.159 を参考に著者作成。

える。

　以上より，これらの構造的原因を抱えていた南欧諸国では一時的なショックを引き金に債務問題が表面化していったといえる。

　金融危機と債務危機の連関が欧州危機の特徴であるが，それがマクロ経済危機をもたらし，そのマクロ経済危機が債務危機リスクを高めるという循環構造も持っている。たとえば，サブプライム・ショックのような金融不安定ショックが起きれば信用逼迫により設備投資の減退，そしてそれがマクロ経済の景気後退を招く。その景気後退はまた税収の減少と，金融機関の支援と景気対策のための歳出増加によって債務危機をもたらす。このような3つの危機の連鎖が今回の金融危機，債務危機から経済危機へと連鎖する欧州危機の特徴といえる（図表1-3）。

2　債務危機への対処：トロイカの対策を中心に

　第1節で述べたような危機を受けて，EUでは2008年下半期から危機対応策をとってきた。大別すると欧州中央銀行による金融緩和策と，EUならびに加盟各国による財政支出である。いわゆる総需要管理政策による経済政策を実行してきた。1990年代より，総需要管理政策による景気刺激には限界があり，特に先進国では財政支出政策の乗数効果が限定的であり，さらに将来に財政赤字の負担，すなわち政府債務の累増を招くこととなるために否定的な見解が主流であった。金融政策に関しても物価安定には寄与するものの，景気安定，特に景気回復には効果がないとされてきた。これは景気抑制には金融引き締めは効果的であるが，景気浮揚の金融緩和は効果が薄いという金融政策効果の非対称性が実証的に認められてきた。

　2008年のリーマン・ショック後の欧州金融危機による深刻な景気後退を受け，ECBは金融緩和に踏み切り，政策金利の大幅引き下げを行った[4]。当初のECBの対応は金融機関向けの流動性を潤沢に供給するものであった。リーマン・

〔注〕
4）高屋（2012）では初期の欧州危機に対応したECBの標準的な金融政策効果を検証している。

ショック後，短期金融市場での資金調達が困難となる流動性問題が発生したためであった。その意味でECBは事実上，最後の貸し手としての機能を果たした。

しかし，ECBは金融市場への流動性供給だけでは欧州債務危機以降の景気後退あるいは債務危機リスクの上昇に十分対応できないと判断し，2010年5月には証券市場プログラムとよばれる新しい金融緩和手段も導入され，その後，多くの従来にはない緩和手段も導入された。ECBは，これらの金融緩和手段を非標準的金融政策とよんでいる。さらに2015年1月には量的緩和政策とよばれる一層の金融緩和を行った。このECBの非標準的政策の実際と実証的な検証に関しては本書第6章に譲る。

また，欧州債務危機によってリスクが高くなった国債を多額に保有するEU域内の金融機関の経営問題が浮上した。そのため，金融機関の査定を共通ルールによって行い，欧州全体で経営状況を把握する必要性に迫られた。2011年1月には欧州銀行監督機構（European Banking Authority：EBA）が発足し，欧州主要銀行の資産査定を行った。しかし，2011年の査定では合格とされたベルギー・デクシア銀行が破綻するといった事態が起き，EBAの枠組みだけでは不十分であるとの認識にも至った。そのことが第7章で議論する銀行同盟への設立につながってゆく。

さらに，欧州金融危機の初期には金融緩和だけでなく財政支出による総需要刺激対策に踏み切った。具体的には，EUによる欧州経済回復プラン（European Economic Recovery Plan：EERP）の創設と加盟各国による様々な財政支出策がある。EERPはリーマン・ショック後の2008年11月26日に欧州委員会が提案したもので，これは09年，10年を対象とし，各国予算とEU加盟国予算合計で総額2,000億ユーロ（EUのGDPの約1.8％）規模の裁量的財政政策を行うものであった[5]。欧州投資銀行（European Investment Bank：EIB）と欧州投資基金（European Investment Fund：EIF）を通じた中小企業への融資，EU予算の剰余金を用いたエネルギー供給やブロードバンド環境の整備費用，調査研究

――――――
〔注〕
[5] これに加えて財政のビルトインスタビライザーの効果が約3.2％あるとされ，合わせると約5％の規模となる。

の既存予算の振り替えによる官民連携技術開発事業，欧州社会基金，構造基金の前倒し支出などから構成されていた[6]。したがって，従来の資金を用いて景気対策に振り替えたり，支出の前倒しによるものであり，一時的な緊急対策という特徴を持っていた。

また各国の財政刺激策としてはドイツ1,000億ユーロ，フランス284億ユーロ，イタリア800億ユーロ，スペイン490億ユーロ，英国約672億ユーロとなって財政刺激策としてはかなりの規模となっている。たとえば，ドイツでは職業訓練や労働時間短縮（時短）への助成，所得税減税，設備投資減税，自動車の買い換え支援（2009年9月終了），住宅改修支援など多くの分野において，GDP比約3％程度の財政支出を行っている。フランスでも多岐にわたって支出が行われ，零細企業への雇用助成金，中低所得者層への所得減税，企業の資金繰り支援，住宅改修支援，自動車の買い換え支援（2009年9月終了）などが行われてきた。

さらに2010年以降に欧州債務危機が表面化して，その危機にも対応する必要が出てきた。まず直接的な債務国への支援としては，政府債務問題の浮上したギリシャに対する第1次支援として1,100億ユーロを提供することで2010年5月にまとまった。それと同時に欧州金融安定ファシリティ（European Financial Stability Facility：EFSF）が創設された。このファシリティの創設により最大7,500億ユーロの融資が可能となり，実際，アイルランドとポルトガルに対し融資を行った。EFSFは，2011年6月には欧州安定メカニズム（European Stability Mechanism：ESM）という恒久的な機関に移行することが決定された。

しかし，第1次支援のみではギリシャの債務危機は沈静化せず，2012年3月には第2次支援が実施され，1,090億ユーロが投入された。第2次支援において新たな点は民間部門の関与（Private Sector Involvement：PSI）と集団行動条項（Collective Action Clauses：CACs）が導入された。PSIは民間投資家が保有する国債に対してもその削減を求めるもので，それに賛同しない投資家に対しても強制的に参加を求めるのがCACsである。多くのギリシャ国債を保有するのが民間投資家であったため，ギリシャ政府の債務削減を実効的にするには

〔注〕
6）これらは内閣府『世界経済の潮流』2009年Ⅰを参照。

民間投資家にも負担を求める必要があるが，それを拒否する投資家が少数でも現れれば債務を削減できないため，債務不履行による混乱を避けるためには強制力のある CACs が必要となる。ただし，CACs は本来，金融商品を販売する際に契約条項としておく必要があるが，ギリシャ国債の場合はそれがなく，ギリシャ国内法により事後的に実行された点には問題が残る。

　支援を受けたギリシャでは，緊縮財政に対する国民の不満や支援に対するEU 各国の政治的な不協和音により，格付け会社はギリシャの格付けを引き下げたり，一方，ギリシャ政府の財政緊縮策の実行により格付けの引き上げがあったりして，不安定な状況が現在まで続いている。特に2014年の総選挙では国民の不満を背景に急進左派政党が政権につき，それまでの緊縮財政への根強い不満が噴出した。ギリシャ債務危機は経済問題だけでなく政治状況の不安定化ももたらしたといえる。

　金融危機によって経営悪化した金融機関に対し政府が支援したアイルランドも2010年11月に EU に支援を要請した。欧州委員会, ECB, 国際通貨基金（IMF）の三者，すなわちトロイカは EFSM の融資225億を含む850億ユーロの財政支援を行った[7]。

　2011年 4 月にはポルトガルが EU に支援を要請し，トロイカは2011年から14年にかけて780億ユーロの融資（このうち211億ユーロを EFSF が融資）を行った[8]。ユーロ導入後も労働生産性が伸びず，また2004年の中東欧諸国の EU 加盟により，貿易市場でポルトガルとは競合することとなり，それがより競争力を低下させることとなった。それによる税収の基盤は脆弱であり，それが債務問題の背景となっている。さらに，ポルトガル経済の特徴は家計や企業のかかえる債務残高がユーロ圏の中では突出して大きい。債務リスクにより金利が上昇すると，それらの債務負担が大きくなる構造も持っている。

　またスペインについても2012年 6 月，EFSF を継承した ESM が，スペイン政府の保証する銀行再編基金（Fondo de Reestructuración Ordenada Bancaria：

〔注〕
7）アイルランド向けの支援プログラムは2013年12月に終了している。ジェトロ（2014）「欧州の財政危機の状況」を参考。
8）2014年 5 月にポルトガルの支援プログラムは終了した。

FROB)を通じて金融部門への資本注入を行う最大1,000億ユーロの枠組みを構築した。ユーロ導入後に生成された不動産バブルが破裂し2009年から金融機関の経営不安と景気後退が続いていた。金融機関のかかえる不良債権の高さが，貸出の低迷とそれによる景気後退を招いた。そのため，スペインの金融機関に対して資本注入を行う必要があった。しかし，ギリシャ，アイルランドとは違い，財政支援ではなく金融機関部門に限定されたものであった。

イタリア経済は欧州金融危機前の2007年には，財政収支のプライマリーバランスは黒字であり，スペインのような不動産バブルも起きず，欧州危機の影響も軽微と考えられていた。しかし，政府債務がユーロ導入前からは減少してきたとはいえ2007年には約104％（対GDP比）あるため利払い，あるいは借り換えによる財政赤字の拡大懸念があった。欧州危機以降，政府債務残高は121％へと増加しスペインの60％よりも大きくなった。2011年8月になり，イタリアの政府債務残高の大きさから金融市場での債務返済リスクが上昇した。それがまた長期金利を上昇させ，政府の返済能力への懸念を高める結果となった。さらに，2011年11月3日に行われたG20で，イタリアがIMFによる財政監視を受けることが決定され，イタリア国債利回りも経験的に危機ラインあるいは支援要請ラインといわれる7％まで上昇した。このためEUはイタリアに対しては財政再建の取り組みと労働市場改革を中心とする構造改革を求めた。しかし，危機の間に三度の首相の交代があり，政治状況が不安定となり，政治主導の改革は打ち出されるものの，なかなか進捗していない。ただし，EU，IMF，ESMからの支援を受けずに改革を進めようとはしている。

3　「真の経済通貨同盟」論とEU統合の深化

2012年6月，ファンロンパウEU議長は「真の経済通貨同盟に向けて」と題する報告書を発表し，それ以降の経済通貨同盟（EMU）の基本方針を示した。欧州債務危機が深刻化する中で，EU統合への域内外からの懸念を払拭するために，そして金融市場を中心とした公衆のリスク感応度を引き下げるため，EUの安定条件を示しそれを具体化する工程表を示す必要があったといえる。これは次の4つの項目を柱とする。

●図表 1-4　真の経済通貨同盟のイメージ

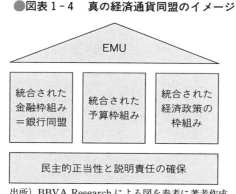

出所）BBVA Research による図を参考に著者作成。

① 統合された金融枠組み：金融を安定化させ，銀行の破綻が市民に与える影響を最低限にとどめること，金融機関の監督責任の所在を EU レベルに引き上げるとともに，銀行の破綻処理と預金保険制度を統一すること
② 統合された予算枠組み：各国及び EU 全体で健全な財政政策の策定が確実に行われるよう，協調した合同での意思決定，共通の債券発行に向けた相応の施策を行うこと
③ 統合された経済政策の枠組み：持続可能な成長，雇用，競争力の促進につながると同時に，EMU の円滑な機能に資する政策について，各国と EU 双方で確実な実施を担保すること
④ EMU における民主的正統性と意思決定の説明責任の確保

①は EU 域内で共通した金融監督を行い，破綻処理，預金保険も共通したプラットフォームを構築することを示した。②は債務危機を起こすこととなった過剰財政赤字を出さないようにするため，EU 全体で加盟各国の財政を管理するようなガバナンスを構築することを目的とする。③は経済通貨同盟のより一層の経済政策協調を求めるものである。特に労働移動や雇用，産業競争力にも配慮し経済政策の調整を強化することである。その調整により欧州危機の背景ともなったユーロ圏内での経済構造の非対称性を緩和し，不均衡の是正につなげる。④は EMU が EU 市民から支持されるといった民主的正当性が必要とされる。EMU がブリュッセルの欧州委員会官僚のみによって維持されるのでは

なく各国国民にも政治的に支持されるものでなければならない。EMUがEU市民から遊離したものであってはならないことを意味する。そしてその正当性を引き出すためにはEMUに関連する政策の説明責任をEUは負うということを確認している。

この基本方針をもとに具体的な施策を進めることを宣言した。実際，それ以降，①に関して銀行同盟を中心とした金融規制改革を行い，②に関連して2011年に施行されたシックスパックや2013年2月に施行されたツーパックを中心とした財政ガバナンスの強化を実現している。③に関しては2012年6月に合意された成長・雇用協定（Growth and Employment Compact）が結ばれ，またシックスパック，ツーパックによるマクロ経済不均衡を監視するフレームワークも構築されている。これらについては本書第7章で詳述する。

ファンロンパウ議長が「真のEMU」を提示した理由は，金融危機，そしてそれに続く債務危機による深刻な欧州の金融市場の混乱は経済危機を招き，またその危機がEU加盟国国民の欧州統合への問を投げかけたことがある。金融市場から始まった混乱は，債務危機，経済危機，そして欧州統合の停滞さえも起こしかねないリスクを孕んでいる。そこで，そのリスクの沈静化を図るために安定したEMUの具体像を真のEMUとして示す必要があった。

「真のEMU」をもとにEUが構築すべきフレームワークを示したものの，それがユーロ圏を安定させるかは，本書でも議論する銀行同盟や財政ガバナンスの適切な構築に依存する。どのような構築がEMUにとって適切となるのかは，本書で議論する。ただし，まず個々で指摘しておきたいのは，「真のEMU」の4本の柱は，1993年の市場統合の完成時，1999年のユーロ導入時にも経済通貨同盟を構築する段階でも強調された内容である。今まで，それらが十分に構築されてこなかったために欧州危機が起きたと解釈もできようが，これら4つの柱自体が適切であったのか，検討する余地はある。いいかえると，たとえ4本の柱を強靭に立てたとしても，新たな危機を招くかもしれない。不十分な柱をさらに強固にするのが，ユーロ圏加盟国間での財政移転を含む財政同盟の構築である。財政同盟なくして，はたして真のEMUといえるのか，それを検討する必要はあろう。

4 EUでの通貨圏の形成は適切だったのか —— 不適切な経済ガバナンスの可能性

　ユーロ圏の形成にともなう議論として，従来，最適通貨圏の議論がある。マンデルの労働移動の基準，ケネンの生産物の多様性の基準，マッキノンの経済の開放度の基準，さらに新しい最適通貨圏の基準である外生ショックの相関性の基準がある。これらを総合したときに，労働移動の基準がもっとも当てはまりにくい状況である。ただし，通貨圏を形成した後に最適通貨圏が形成される可能性があるとする内生的最適通貨圏の議論もある。実際，欧州の若い世代では英語をかなりの割合で習得し，国境を越えて職を求めることを厭わなくなりつつある。そのため，労働移動も将来にはより柔軟になりうると考えられる。実際，欧州債務危機が起きてから，ギリシャやスペイン，ポルトガルでの専門職の地位にある労働者はドイツをはじめ北部欧州に移住しており，これを契機に労働移動が増加する可能性は高い。しかし，ユーロ導入前には労働移動はかなり制約されたものであり，また資本移動の典型例である産業の移転も高い調整コストをともなうため，調整には時間がかかる。そのため，賃金(所得)，企業収益率の格差が残るままに，通貨統合を行ったといえる。

　このような状況は各種データによってEUならびに欧州委員会は認識していたものと思われる。上で述べた最適通貨圏の基準の実証結果を見ると，満たされたものが少ないからである。だからこそ，EUはマーストリヒト条約で収斂基準を設定し，ユーロ圏加盟候補国のマクロ経済の状態をそろえようとしたのである。通貨統合はEU経済統合を完成させるための必須条件であり，また経済統合は欧州統合のための最初のステップでもあり，通貨統合を進めることはEUにとって重要な政治的イベントでもあった。

　各国間の経済格差の解消に対してEUが楽観的であったことは否めない。その楽観論が経済危機から財政危機へと至るユーロ圏の危機的状況を招いた。もっとも，米国サブプライム危機から端を発する欧州経済危機が，ギリシャなどの財政危機を直接引き起こしたわけではない。そうだとはいえ，経済危機による需要減退と，それによる財政拡大が各国の財政ポジションを悪化させ，そ

れが財政危機国の輸出を減退させ，銀行の不良債権を拡大させた。特に金融不安を収めるための財政支援が政府支出を拡大させ，財政危機をもたらしたアイルランドのような例がある。したがって，金融不安定性が財政危機をもたらしうるのであり，金融市場の健全性が財政問題としても重要な要素となることが確認されたといえる。

ただし，ユーロ導入の制度設計に関して，財政政策には財政ルールを設定している。通貨統合と財政の関係について，明確な定理があるわけではないが，概ね財政規律を求めるのが適切であると考えられる。これは，(1)通貨統合参加国が野放図に財政赤字を拡大すると，当該国の国債価格が下落し，共通通貨建て金融取引の金利を引き上げる可能性があること，(2)当該国の財政赤字が，その国の財政のリスクプレミアムを引き上げ，そのリスクが他の通貨統合参加国に波及すること，(3)そしてそれが共通通貨全体の信認の低下につながること，(4)マクロ経済面では当該国の財政赤字がその国のインフレ率を高め，経済統合が完成した通貨統合参加国にもインフレが波及すること，等により財政規律が必要であるとの認識がある。

このためEUは財政規律としてユーロ導入の条件としてマーストリヒト条約で収斂基準を定め，ユーロ導入後のために安定成長協定（SGP）がユーロ導入直前の1998年に導入された。しかし，導入直後の2001年にはポルトガルが，2002年にはドイツ，フランスという欧州の大国が協定に違反して財政赤字3％以上を出すことになった。ただし，それらの国は3％以内に赤字を引き下げることになった。一方，SGP自体もルール適用の例外措置を含む形で改革され，若干，柔軟性をもつルールになった。そのため，すべての国が適用可能なルールとして運用されることが期待された。しかし，サブプライム危機に起因して欧州は大幅な景気後退を経験し，財政支出を拡大することとなったが，これは例外措置として認められ，一時的な財政赤字の拡大が許容されることとなった。ただし，景気回復が長引く欧州経済危機の中で，財政危機が発生し，EUが想定していなかった政府の財政破綻問題が浮上した。

EUでは財政規律に対して，上述したSGPを導入したが，財政危機に対するルールや，その際のガバナンスについての取り決めがなかった。もともとEUは改正されたEU基本条約（リスボン条約）によって，EUの加盟国への個別支援

を禁じており，各国政府は財政運営に関して自助努力が求められている。したがって，加盟国の財政均衡を維持しながら，そのもとで経済統合を進めるために経済条件を収斂することが求められる。ユーロ圏各国の経済が，そのファンダメンタル条件のみで動くのであれば，財政均衡を求めながらマクロ経済政策を収斂させていくことは可能である。

　しかし，現実の経済はファンダメンタル要因以外のショック要因，それは循環的なショックや金融危機などの貨幣的ショック，あるいは技術革新などの実物ショックなどもあり，それらの予想できないようなショックに直面している。そのような経済を想定すれば，財政均衡のみを追求する経済ガバナンスは成り立たない。すなわち，財政赤字の幅を許容することも必要であるが，一国政府だけではファイナンスできない，あるいは財政赤字が維持不可能ならば，それを支援することも経済統合を維持するためには必要な条件である。おそらく，この財政移転をともなう経済ガバナンスを構築することが，最適通貨の条件が中短期的に満たされず経済格差が残存した場合に通貨統合を行う条件であろう。

　また財政移転を行う財政移転国にとっても，このような経済ガバナンスの意義がある。EUの維持には経済的側面と政治的側面がある。政治的側面とすれば，戦後60年あまりで構築してきた欧州域内での平和同盟という側面である。またそれを基盤にして，経済的な交流が続き，経済統合をめざしてきた。経済統合を行うことで，ドイツ，オランダ，フランスなど財政移転を迫られる国でも輸出によって，あるいは労働者を受け入れることによって，さらには資本輸出によって，恩恵を受けてきたはずである。経済統合を再分裂させれば，それらの恩恵を受けられなくなり，移転国にとっても経済的な損失が長期にわたって続くであろう。ユーロ分裂に至れば，貿易においても，中小企業レベルでもユーロ導入後には積極的に輸出を行いだしており，再び為替リスクのために輸出の不確定性を経験することになろう。これは移転国にとっても経済損失である。

5　むすび

　欧州債務危機が発生してから5年以上が経過する。しかし，その危機は沈静

化するどころか，2015年にはギリシャでの危機の再燃の可能性も出ている。本章でも述べたようにEUは財政・金融の両面で対応してきたが，危機国の労働生産性と労働市場改革は進んでいない。また第7章で詳しく述べるように，EU経済ガバナンスの改革が不十分であり，そのためEU統合への希望や信頼感が失われつつある。それが2014年から15年のEU加盟国の選挙結果に表れている。すなわち，南欧諸国だけでなく北部欧州加盟国でも現政権に批判的な極右あるいは極左とされる政党が躍進している。これら政党は，政治信条が異なるものの反EUでは一致しており，国民の欧州統合への批判・懸念がいかに強いかを表している。

　本書では債務危機に関するリスクの変動の要因とその波及を検証した上で，そのリスクを抑えるためのガバナンスの構築を検討する。債務危機の影響は金融市場だけでなく実体経済にも影響を与えている。だからこそ，債務危機の沈静化を早期に図る必要がある。また，債務危機に対するECBの非標準的金融政策の効果についても検証している。ECBは債務危機に直面し，非標準的金融政策を実施してきたものの，一時的な効果はあるものの実体経済への影響は限定的なものであることが本書で確認している。

　ギリシャをはじめとする債務危機はいったん小康状態になったものの，労働生産性の伸びが改善されないように危機からの回復にはまだ時間はかかるだろう。本書では欧州の生産性の伸びの改善といった供給構造の検討を行ってはいないものの，高屋（2009）に続いて危機を起こさない再発防止のガバナンスの構築を提言している。

第2章

ユーロ圏金融市場とCDSスプレッド

1　序：CDSスプレッドと国債金利の因果関係とは

　2007年からの欧州金融危機は2009年のギリシャの政府債務残高統計の改ざんが露呈して以来，ギリシャ，アイルランド，イタリア，ポルトガル，スペインなどの政府債務危機をも併発する欧州危機へと拡大していった。欧州債務危機の影響は，当該政府の債務返済リスクの高まりから金融市場は無論のこと，実体経済にも影響を及ぼしている[1]。

　本章では，欧州の金融市場，特に国債市場での金利の動向に着目する。国債金利は債務問題を抱える政府の支払能力を左右するのみならず，当該国の金利のベンチマークとしての役割も果たしており，その動向は当該国経済に深く影響を与えるからである。

　また欧州危機，特に債務不履行のリスクが高まってからはクレジット・デフォルト・スワップ（Credit Default Swap：以下，CDS）の価格であるCDSスプレッドの急速な上昇が見られた。CDS取引の価格であるCDSスプレッドは，市場による債券の発行体の信用状況の判断を反映して変動する。発行体の信用状況が悪化し，債券償還に不安が高まればそのスプレッドは上昇する。そのため，CDSスプレッドは発行体のリスクプレミアムとも認識され，市場による発行体

〔注〕
1) 欧州債務危機の影響の分析に関しては，たとえば高屋（2013a, b, 2014a）などがある。

のリスクの程度の判断を表す指標としての機能も持ち合わせている。本章ではCDSスプレッドを当該国のリスク感応度の指標と見なし，そのスプレッドが当該国の国債金利にどのように影響を与えたのかを実証する。それにより，欧州債務危機のリスクの高まりが，当該国の主要金利であり，また債務支払負担を示す国債金利にどの程度，影響を与えたのかを検証する。

この研究に関連して，De Grauwe（2011）はEMU政府債務危機から起因した投資家のセンチメントの自己実現的な変動によって金融危機が引き起こされたと主張している。たしかに，そのような特徴は本章第3節で分析するように，投資家のセンチメントがメディアのニュースに影響を受けていることからも推察される。投資家のセンチメントによってまず反応した市場はどの金融市場であったのであろうか。すなわち，債務危機の影響をまず受けて，その影響が他の金融市場に波及したとすれば，センチメントの変化は広範囲な金融市場に影響を与えた可能性がある。特に政府債務危機で問題となる政府の債務返済負担を考慮すると国債金利の上昇に，CDSスプレッドに代表される金融市場のリスクの上昇が影響を与えていたとすれば，債務危機の深刻さを金融市場自らが醸成したともいえよう。

そこで，本章ではCDSスプレッドと国債金利との間に，債務危機の期間中，因果関係があったのかどうかを検証することを目的とする。検証方法は，通常のグレンジャー因果性検定を行う。ただし，金融市場でも希有な危機である2008年以来の世界金融危機の中で起きた欧州債務危機であるため，金融危機の前後で投資家の反応にも構造変化が起きている可能性がある。そのため，構造変化の推定をまず行い，分割期間を推定する。この時，各国で構造変化が異なる可能性があるため，先験的に構造変化時期を特定するのを避ける必要がある。そのため，Bai＝Perron（2003）による構造変化を用いる。

欧州債務危機に関する類似した先行研究としてDelatte＝Gex＝Lopez-Villavicencio（2012）がある[2]。彼らは本章と同様，CDSスプレッドと欧州債務国の借入コスト（国債金利）との相関関係を，パネルデータを用いて，Panel

---

［注］

2）大手邦銀のCDSスプレッドとその社債との関係についてはBaba and Inada（2007）がある。

Smooth Transition モデルで実証している。それによると，リスクの高まりによる CDS スプレッドの上昇は国債金利に影響を与えていることを観察している。彼らの研究は，ユーロ圏ならびに欧州債務国のデータをプールしたものを用い，それらの平均的な状況を観察している。本章は，個別の欧州諸国の影響に焦点を当てている点が異なる。また，欧州危機の扱いを，彼らは非線形モデルを用いること，歴史的な危機と平常時とを取り扱っているが，ここでは構造変化ととらえ，その前後の因果関係の有無を検証している。

次に本章では，市場のリスク感応度が何によって左右されたのかを実証的に解明することを目的とする。そもそも政府債務危機とは，政府による国家債務の自発的債務不履行の可能性をさすが，欧州債務危機では OECD 加盟国であり，通貨統合を実現した諸国の債務危機という新たな様相を示したものといえる。

その政府債務危機の高まりに関する，ファンダメンタル要因としては財政赤字による政府債務の増加によるものであるが，金融市場での反応がファンダメンタルな要因だけだったのであろうか。センチメントによるものもあったのであろうか。もし後者の要因が大きく関与すると，その影響が過剰に金利や設備投資の動向などに影響を与えたのかもしれない[3]。ここで金融市場のリスク感応度をとらえる代理変数として，CDS スプレッドを取り上げる[4]。CDS が対象とする債券と，原債券との価格差である CDS スプレッドは，CDS 市場での当該CDS の価格ともいえるもので，金融市場での当該債券に対するリスクを瞬時に表現するものと考えられる。

金融市場のリスク感応度と当該国政府国債の CDS スプレッドの上昇が同じサインとすれば，欧州債務危機の中で CDS スプレッドはどのような要因によって変動したのかという問題を設定し，本章では CDS スプレッドの変動要因を実証的に検証する。それを検証することにより，金融市場でのリスク感応度がどの要因によって影響を受けたのかを検証する。

ただし，ここでの変動要因としては政府債務などのマクロ経済変数，財政変

〔注〕
[3] 欧州債務危機の設備投資への影響に関する実証研究は本書第 5 章を参照。
[4] CDS 取引の概説書としては矢島（2012）を参照。

数，そしてニュースによる情報変数を中心とする。

この研究に関連する先行研究として2つのグループがある。1つはCDSスプレッドをリスクの指標として想定しCDSスプレッドを単一の方程式で複数の説明変数でもって回帰する方法である。これにはBlanco et al. (2005)，Longstaff et al. (2005)，Huang et al. (2003)，Scheicher (2008)，Ericsson et al. (2009) を挙げることができる。

次にCDS市場での取引量を用いて，クレジット市場における需給バランスが価格に与える影響を明示的に取り扱った研究がある。これにはTang and Yan (2011)，宮川・渡邉 (2013) がある。特に後者は日本のCDS市場において，価格データと数量データを用い，CDSスプレッドの変動が需要要因によるのか，供給要因によるのかを識別している。ただし，日次による市場分析であり，マクロ経済要因を考慮していない。

本章では前者のCDSスプレッドを単一の方程式で複数の説明変数でもって回帰する方法を採用する。これはCDS市場の需給データが入手できなかったことと，ここでの実証目的がマクロ経済要因やアナウンスメント効果要因を含むものであるためである。

以下，第2節ではCDSスプレッドと国債金利の因果関係をBai＝Perron (2003) による構造変化の推定方法を用いて各国のCDSと国債金利の因果関係を検証する。第3節ではCDSスプレッドの変動要因の推計を行う。第4節はこの章の結論である。

2　CDSスプレッドと国債金利の因果関係

CDSスプレッドと国債金利の因果関係を推計するにあたり，まず構造変化をBai＝Perron検定によって推定する。Bai＝Perron (2003) は構造変化の時点と各係数を同時に推定する方法を提唱している。ここで観測された時系列変数 y_t に m 回の構造変化が起きたものとする。

$$y_t = \beta_t x_t + u_t, \ t = T_{j-1}+1, \cdots, T_j, \ i = 1, \cdots, m+1, \ u_{it} \sim NID(o, \sigma^2). \quad (1)$$

x_t は説明変数であり，変数 $(T_1, \cdots, T_m)$ は未知の構造変化点である。推定

は,まずすべての m 個に区切る方法に対して,次の(2)式で示す残差平方和を最小にする係数の推定値を求める。

$$S_T = \sum_{i=1}^{m+1} \sum_{i=T_{t+1}+1}^{T_t} (y_t - \beta_t x_t)^2 \tag{2}$$

(2)式を最小化することで得られた β の推定値を $\hat{\beta}$ とする。次に各区切り方においてそれぞれ得た $\hat{\beta}$ を(1)式に代入して,どの区切り方が式(1)を最小化するかを見つける。(1)式を最小にする区切り方が構造変化時点の推定値となる。

次に構造変化の回数 m を求める。Bai=Perron(2003)によれば,この回数は反復 supF 検定(Sequential Application of the SupF $(l+1|l)$ test)によって得られるとする。初期の構造変化の回数を l とおいた場合の S_T と,追加的に最適な時点でもう1つの構造変化を追加した $m=l+1$ の時の S_T との間における F 検定である。構造変化を1つずつ追加するというプロセスを次式(3)が追加的な構造変化はないという帰無仮説の棄却ができなくなるまで続ける。

$$F_T(l+1|l) = \{S_T(\hat{T}_1, \cdots \hat{T}_l) - \min_{1 \leq i \leq l+1} \inf_{l \in \Lambda_{i,\eta}} S_T(\hat{T}_1, \cdots \hat{T}_{l-1}, i, \hat{T}_1, \cdots \hat{T}_l)\}/\hat{\sigma}^2 \tag{3}$$

ここで $\Lambda_{i,\eta} = \{i; \hat{T}_{i-1} + (\hat{T}_i - \hat{T}_{i-1})\eta \leq i \leq \hat{T}_{i-1} - (\hat{T}_i - \hat{T}_{i-1})\eta\}$ をあらわし,また,$\hat{\sigma}^2$ は σ^2 の不偏推定値,η はトリミング率を示す。構造変化を追加するという作業は(3)式が追加的な構造変化時期はないという帰無仮説を棄却できなくなるまで行われる。

まず y を国債金利,x を CDS スプレッドとして上記の β を推計すると同時に,構造変化の回数とその時点も推計する。その時に求められた構造変化の時期が国債利回りと CDS スプレッドの間の関係に構造変化があったものと解釈する。

Bai=Perron 検定を行うにあたり,構造変化の時点と推定式の係数を同時に推定する必要がある。そこで,被説明変数に国債金利の変化率を,説明変数に定数項と CDS スプレッドの変化率を入れ,最小自乗法で推定することとした。ただし,本章での関心は構造変化時期であるので,紙幅の関係上,推定結果については割愛する。また,構造変化は金融市場のみの変化であり,また市場参

加者のみの認識による変化であることには注意が必要であろう。推定対象国はスペイン，ポルトガル，イタリア，フランス，ベルギー，ドイツ，オランダの7カ国である。また構造変化の最大回数を5回と設定した。推計された構造時期を**図表2-1**に掲げている[5]。

スペインでは，推定された構造変化の数は2011年9月19日の1つである。ポルトガルでは，2009年10月21日と2011年7月7日に構造変化が認められた。イタリアでは，2010年1月13日と，2011年9月29日の2つの構造変化が推定された。フランスでは，2009年5月7日と2011年8月16日の2つの構造変化期があることが推定された。ベルギーでは，2011年10月3日の1つの構造変化期が推定された。ドイツでは，2010年6月9日と2011年11月25日の2つの構造変化期が検出された。オランダでは2011年5月16日に構造変化が検出され，それを境にCDSスプレッドは上昇している。

以上の構造変化時期を考慮して，時期区分をした上でCDSスプレッドと国債金利との因果性の有無をグレンジャー検定に基づいて検証する。ここでのラグ次数はAICによって決定した。その結果が**図表2-2**に示されている。

スペインでの国債金利とCDSスプレッドとの因果関係を見ると，第1期での国債金利からCDSへの影響が有意ではないという帰無仮説は棄却できず，一方CDSから国債金利への影響が有意ではないという帰無仮説は1％水準で棄却された。したがって，第1期ではCDSから国債金利へのグレンジャー因果性が認められる。第2期でも同様にCDSから国債金利へのグレンジャー因果性が認められる。したがって，スペインではCDSの変動が国債金利の変動に欧州危機前から危機後にかけて影響を与えていることが検出された。

ポルトガルでの国債金利とCDSスプレッドとの因果関係を見ると第1期では，CDSから国債金利への因果関係と逆の因果関係のどちらも5％水準で帰無仮説を棄却する。したがって，この期間には双方向の影響があったといえる。第2期では国債金利からCDSへの因果関係が有意ではないという帰無仮説は棄却できず，CDSから国債金利への因果関係がないという帰無仮説を棄却する。そのため，CDSから国債金利への因果関係があることが認められる。第3

[注]
5）構造変化時期のより詳しい説明は，高屋（2015）を参照のこと。

期も第2期同様に，CDS から国債金利への因果関係があることが認められる。したがって，欧州債務危機が深刻になった2009年以降は，CDS スプレッドの変化が国債金利の変化をグレンジャーの意味で誘導したといえる。

イタリアでは概ね債務危機前の第1期では国債金利から CDS への因果関係がないという帰無仮説を1％水準で棄却し，逆の因果関係がないという帰無仮説を棄却できなかった。したがって，第1期では国債金利から CDS への因果関係が認められる。しかし，ギリシャでの債務問題が発覚し，深刻化した第2期では双方向の因果関係がないという帰無仮説を棄却しており，相互依存的であるといえる。債務危機ならびに金融危機への対応が進展しつつあった第3期では，国債金利から CDS への因果関係は認められず，CDS から国債金利への因果関係が認められる。したがって，イタリアについては債務危機が深刻化したことにより，リスクが CDS スプレッドに反映し，それが国債金利に影響を及ぼしたものと考えられる。

フランスでは債務危機前の第1期では，国債金利から CDS への因果関係と逆の因果関係の双方が検出され，相互依存的な関係にあったといえる。ギリシャ債務危機が表面化し，深刻になってきた第2期では，CDS スプレッドから国債金利への因果関係が棄却できず，逆の因果関係が棄却されたため CDS から国債金利への一方的な因果関係が認められる。債務危機の対応が進展してきた第3期においても同様に CDS から国債金利への一方向の因果関係が認められる。

ベルギーでは，債務危機前から債務危機後を含む第1期で CDS から国債金利への因果関係が一方的に認められる。債務危機の対応が進展してきた第2期でも，CDS から国債金利への因果関係が一方向に認められる。したがって，ベルギーに関しては CDS スプレッドが国債金利に影響をあたえてきたことがわかる。

ドイツでは，2004年からギリシャ危機直後の2010年6月までが第1期であるが，その時には CDS スプレッドから国債金利への一方向の因果関係が認められる。またその後，債務危機が進展した第2期でも CDS スプレッドから国債金利への一方向の因果関係が認められる。したがって，ドイツでは債務危機前後から投資家のリスクは CDS 市場において反映され，それが国債金利に影響をあたえてきたことがわかる。

●図表 2-1　推計された構造変化時期

国名	スペイン				ポルトガル			
推定された構造変化の数：	1				2			
構造変化日	9/19/2011				10/21/2009, 7/07/2011			
構造変化テストオプション	Bai-Perron tests of L+1 vs. L sequentially determined breaks				Bai-Perron tests of L+1 vs. L sequentially determined breaks			
	Break test options: Trimming 0.15, Max. breaks 5, Sig. level 0.05				Break test options: Trimming 0.15, Max. breaks 5, Sig. level 0.05			
	Sequential F-statistic determined			1	Sequential F-statistic determined			2
	Test	Scaled		Critical	Test	Scaled		Critical
	Break	F-statistic	F-statistic	Value**	Break	F-statistic	F-statistic	Value**
	0 vs. 1*	10.45299	20.90598	11.47	0 vs. 1*	18.0887	36.1774	11.47
	1 vs. 2	1.657443	3.314886	12.95	1 vs. 2*	11.94422	23.88844	12.95
					2 vs. 3	0.241012	0.482023	14.03

国名	イタリア				フランス			
推定された構造変化の数：	2				2			
構造変化日	1/13/2010, 9/29/2011				5/07/2009, 8/16/2011			
構造変化テストオプション	Bai-Perron tests of L+1 vs. L sequentially determined breaks				Bai-Perron tests of L+1 vs. L sequentially determined breaks			
	Break test options: Trimming 0.15, Max. breaks 5, Sig. level 0.05				Break test options: Trimming 0.15, Max. breaks 5, Sig. level 0.05			
	Sequential F-statistic determined			2	Sequential F-statistic determined			0
	Test	Scaled		Critical	Test	Scaled		Critical
	Break	F-statistic	F-statistic	Value**	Break	F-statistic	F-statistic	Value**
	0 vs. 1*	182.0887	364.1773	11.47	0 vs. 1	4.866014	9.732027	11.47
	1 vs. 2*	10.94422	21.88843	12.95				
	2 vs. 3	0.241012	0.482023	14.03				

国名	ベルギー	ドイツ
推定された構造変化の数	1	2
構造変化日	10/03/2011	6/09/2010, 11/25/2011
構造変化テストオプション	Bai-Perron tests of L+1 vs. L sequentially determined breaks Trimming 0.15, Max. breaks 5, Sig. level 0.05 Sequential F-statistic determined 1	Bai-Perron tests of L+1 vs. L sequentially determined breaks Trimming 0.15, Max. breaks 5, Sig. level 0.05 Sequential F-statistic determined 2

	Break	Test F-statistic	Scaled F-statistic	Critical Value**		Break	Test F-statistic	Scaled F-statistic	Critical Value**
	0 vs. 1*	9.317958	18.63592	11.47		0 vs. 1*	5.991265	11.98253	11.47
	1 vs. 2	4.527759	9.055517	12.95		1 vs. 2*	23.67381	47.34763	12.95
						2 vs. 3	6.139339	12.27868	14.03

国名	オランダ
推定された構造変化の数	1
構造変化日	5/16/2011
構造変化テストオプション	Bai-Perron tests of L+1 vs. L sequentially determined breaks Trimming 0.15, Max. breaks 5, Sig. level 0.05 Sequential F-statistic determined 1

Break	Test F-statistic	Scaled F-statistic	Critical Value**
0 vs. 1	3.585771	7.171542	11.47

*Significant at the 0.05 level.
**Bai-Perron (Econometric Journal, 2003) critical values.
***オランダでの推計に関しては、HAC共分散行列を用いている。
出所）著者作成。

●図表2-2　グレンジャーの

分割期間/国名	スペイン				ポルトガル			
1期	推定期間：1/01/2002 9/16/2011				推定期間：2/08/2002 10/20/2009			
	ラグ次数：4				ラグ次数：2			
	帰無仮説	サンプル数	F値	P値	帰無仮説	サンプル数	F値	P値
	国債金利⇏CDSスプレッド	2,534	0.82108	0.5116	国債金利⇏CDSスプレッド	1,913	3.60552	0.0274
	CDSスプレッド⇏国債金利		117.49	5.00E-92	CDSスプレッド⇏国債金利		6.70724	0.0013
2期	推定期間：9/23/2011 6/28/2013				推定期間：10/21/2009 7/06/2011			
	ラグ次数：4				ラグ次数：2			
	帰無仮説	サンプル数	F値	P値	帰無仮説	サンプル数	F値	P値
	国債金利⇏CDSスプレッド	457	2.20509	0.0675	国債金利⇏CDSスプレッド	424	1.92358	0.1474
	CDSスプレッド⇏国債金利		61.9284	1.00E-41	CDSスプレッド⇏国債金利		22.4733	5.00E-10
3期					推定期間：7/07/2011 6/25/2013			
					ラグ次数：2			
					帰無仮説	サンプル数	F値	P値
					国債金利⇏CDSスプレッド	483	0.80039	0.4498
					CDSスプレッド⇏国債金利		9.19896	0.0001

注1）国債金利およびCDSスプレッドは，それぞれ変化率に変換している。
注2）帰無仮説において「国債金利⇏CDSスプレッド」とは国債金利からCDSへのグレンジャー因果性が有意には認められないことを示す。

分割期間/国名	ベルギー				ドイツ			
1期	推定期間：1/01/2002 10/03/2011				推定期間：1/01/2004 6/09/2010			
	ラグ次数：1				ラグ次数：2			
	帰無仮説	サンプル数	F値	P値	帰無仮説	サンプル数	F値	P値
	国債金利⇏CDSスプレッド	2,286	2.0507	0.1523	国債金利⇏CDSスプレッド	1,567	0.19196	0.8254
	CDSスプレッド⇏国債金利		4.63991	0.0313	CDSスプレッド⇏国債金利		31.5026	4.00E-14
2期	推定期間：10/03/2011 6/28/2013				推定期間：6/09/2010 6/28/2013			
	ラグ次数：1				ラグ次数：2			
	帰無仮説	サンプル数	F値	P値	帰無仮説	サンプル数	F値	P値
	国債金利⇏CDSスプレッド	401	1.09421	0.2962	国債金利⇏CDSスプレッド	749	0.52289	0.593
	CDSスプレッド⇏国債金利		92.5351	8.00E-20	CDSスプレッド⇏国債金利		17.6536	3.00E-08
3期								

　オランダでは，債務危機前から債務危機後の2011年5月までの第1期でCDSスプレッドから国債金利への一方向の因果関係が5％水準で認められる。また，その後に債務危機への対応が進展した第2期でも国債金利からCDSへの因果関係がないことは棄却されず，CDSから国債への因果関係がないことは棄却された。したがって，オランダは債務危機前からCDSスプレッドから国債金利への一方向の因果関係があることが認められる。

　イタリアとフランスでは危機前には国債金利からCDSスプレッドへの因果関係が検出されたが，それ以外の国では危機前でもCDSスプレッドから国債金利への因果関係が認められた。また危機後にはすべての国でCDSスプレッ

意味での因果検定の結果

イタリア

推定期間：1/03/2002 1/12/2010
ラグ次数：3

帰無仮説	サンプル数	F値	P値
国債金利↛CDSスプレッド	1,929	4.72477	0.0027
CDSスプレッド↛国債金利		0.84039	0.4717

推定期間：1/13/2010 9/28/2011
ラグ次数：3

帰無仮説	サンプル数	F値	P値
国債金利↛CDSスプレッド	419	4.23161	0.0058
CDSスプレッド↛国債金利		20.6091	2.00E-12

推定期間：9/29/2011 6/25/2013
ラグ次数：3

帰無仮説	サンプル数	F値	P値
国債金利↛CDSスプレッド	411	0.56216	0.6403
CDSスプレッド↛国債金利		12.0184	1.00E-07

フランス

推定期間：1/01/2002 5/07/2009
ラグ次数：3

帰無仮説	サンプル数	F値	P値
国債金利↛CDSスプレッド	1,571	5.90524	0.0005
CDSスプレッド↛国債金利		11.0846	3.00E-07

推定期間：5/07/2009 8/16/2011
ラグ次数：3

帰無仮説	サンプル数	F値	P値
国債金利↛CDSスプレッド	526	0.84881	0.4676
CDSスプレッド↛国債金利		12.2663	9.00E-08

推定期間：8/16/2011 6/28/2013
ラグ次数：3

帰無仮説	サンプル数	F値	P値
国債金利↛CDSスプレッド	369	0.58395	0.6259
CDSスプレッド↛国債金利		5.09302	0.0018

オランダ

推定期間：7/31/2003 5/16/2011
ラグ次数：2

帰無仮説	サンプル数	F値	P値
国債金利↛CDSスプレッド	1,615	0.28229	0.7541
CDSスプレッド↛国債金利		3.76183	0.0234

推定期間：5/17/2011 6/18/2012
ラグ次数：2

帰無仮説	サンプル数	F値	P値
国債金利↛CDSスプレッド	285	2.34045	0.0982
CDSスプレッド↛国債金利		3.98872	0.0196

ドから国債金利への因果関係が検出され，国債金利の変動よりも早くにCDSスプレッドがリスクに反応していたと考えられる。したがって，ソブリン・リスクをとらえる指標としては国債金利のスプレッドよりもCDSスプレッドを取り上げる方が，リスクのより早い的確な情報を得られるものといえる[6]。

〔注〕

6) 髙屋（2015）ではVARモデルによるインパルス応答も行っている。それによれば，グレンジャー因果性検定の結果と概ね一致し，方向も概ね同方向にどの国も反応している。

3 CDS スプレッドの変動要因

3.1 推計方法とデータ

　第3節では欧州諸国政府が発行する国債 CDS 市場での価格といえる国債 CDS スプレッドがどのような要因によって変動しているのかを実証することが目的である。そのために各国国債の5年物 CDS スプレッドを被説明変数とした。ただし，CDS 取引の数量データが得られなかったため，単一方程式の推定による方法を採用し，債務危機前後でのユーロ圏諸国のソブリン CDS がどのような要因で変動したのかを実証する。

　しかし，ユーロ導入後の欧州金融市場は構造変化が起きている可能性を否定できない。ユーロ導入直後は，CDS 市場や金融市場での変動がほとんどないものの，2007年以降には変動幅が大きくなり，ギリシャ債務危機後には，債務国の CDS プレミアムは急速に上昇しており，その間には CDS 市場で構造変化が起きている可能性を否定できない。そこで，構造変化の有無を検証し，その上で最小自乗法によって回帰分析を行う。さらに，各変数の水準の正負によって非対称に反応することも想定される。それも考慮して本章では推計した。

　まず被説明変数としては，CDS 商品の代表的な商品である5年物 CDS のスプレッド変化率（i）を採用した。データは Markit 社より提供を受けている。

　説明変数としては次のものを採用した。まず1）対 GDP 政府債務成長率（$debt\ growth$）であり，今期の政府債務の増加は政府債務不履行のリスクを高めるものと想定される。データは Eurostat から採集したが，原データが四半期データのため，それを月次に変換している。また，債務成長率が正の場合と負の場合に分けて，それぞれの反応の非対称性を考慮して推定している。

　次に，対 GDP 比経常収支の変化（ΔCA）を取り上げる。経常収支は今期の対外債務残高の変化を示すとともに，対外競争力を示すものと考えられ，それが赤字になることは対外債務の蓄積を示し，当該国の経済力の低下，それによる歳入の減収と財政赤字をもたらすことが予想されるためである。データは Eurostat から四半期データを採取し，それを月次に変換している。その経常収

支の前期との階差データを説明変数とする。さらに経常収支が黒字の場合と赤字の場合に分けて、それぞれの反応の非対称性を考慮して推定している。

さらに、米国金融市場での安全債券とリスク性債券のスプレッドの変化を取り上げる。このスプレッドは米国の金融市場でのストレスを示す代表変数とされ、米国市場でのストレスの変化が国際金融市場に容易に波及するものと想定し、国際金融市場でのストレスを表す代理変数とする。具体的に、このスプレッドは BofA Merrill Lynch US Corp AAA Total Return Index 値と US Corp BBB Total Return Index 値との差であり、データはセントルイス連邦準備銀行データベース（FRED）より入手した。本章では、このスプレッドの前期との階差を説明変数とする（ΔYield_spraed）。

また、市場でのアナウンスメント効果要因を表現するために Economic Policy Uncertainty European Monthly Index（以下、EuroPolicy、変数名としては EURO_POLICY_HP_growth）を取り上げる。

EuroPolicy とは、経済情報を伝える新聞から経済政策に関連する不確実さを抽出しており、さらに不確実性の代理変数として経済予測のばらつきを取り上げている。前者はドイツ、英国、フランス、イタリア、スペインの主要新聞2社を取り上げ、'policy'、'tax'、'spending'、'regulation'、'central bank'、'budget'、'deficit'。といった用語が各国の言語で入った記事を抽出している。それらの新聞には El Pais, El Mundo, Corriere della Sera, La Repubblica, Le Monde, Le Figaro, The Financial Times, The Times of London, Handelsblatt, FAZ が含まれる。後者は Consensus Economics[7]の提供する金融機関、シンクタンクの各種経済予測から抽出した経済政策関連の不確実性から構成されている。特に金融政策、財政政策から影響を受けるであろう物価や財政収支の予測のばらつきが大きくなれば経済政策の不確実性が高まっているものと判断される。EMI はこの2つの要素の半分ずつで構成されている。この EuroPolicy と対 GDP 政府債務比率、CDS スプレッドの関係を図表2－3に示している。図表2－3より2008年以降、EuroPolicy と政府債務成長率とがほぼ一致した動きを示し CDS スプレッドはあまり反応していないが、債務比率が

―――――
〔注〕
7）http://www.consensuseconomics.com/what_are_consensus_forecasts.htm

●図表 2-3　ギリシャの債務危機状況

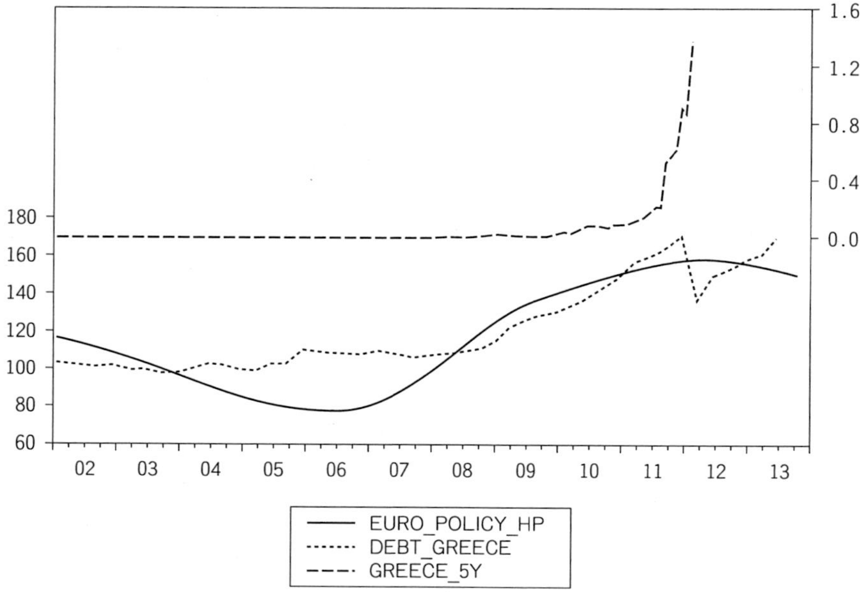

データ出所）Consensus Economics HP, Eurostat, および Markit 社より。

160％を超した時に急激に上昇している。

　今期の Euro_Policy インデックスの変化はメディアでの経済政策の取り上げ方を示したもので，アナウンスメント効果の代表変数とする。ただし，ホドリック・プレスコット・フィルターを用いて，トレンド項を説明変数とした。トレンド項としたのは，月次データでの推計であり，政策の一時的な変化ではなく，トレンドに反応するものと想定する。またインデックスの基準値を 100（2010年1月時点）としており，100よりも大きい場合と小さい場合に分けて非対称性を推定している[8]。

　最後に，当該国の実質成長率の変化（$\Delta Growth$）を取り上げている。当該国の今期の実質成長率の変化は，当該国の景気動向を示すものであり，それが低

〔注〕
8）本章で用いたホドリック・プレスコット・フィルターのスムージング・パラメータは，月次データで通常利用される14400とした。以下の変数でも同様である。

下すれば債務不履行の可能性が高まるものと考えられる。データは Eurostat より採取した。ただし，ホドリック・プレスコット・フィルターを用いて，トレンド項を作成し，それを説明変数とした。実質成長率は変動部分が大きく，金融市場はその変動に反応するよりも，むしろトレンドを観察してそれに反応するものと想定する。さらに，実質成長率が正の場合と負の場合に分けて，それぞれの反応の非対称性を考慮して推定している。

以上をまとめると，本章での推計式は以下のようになる。

$$\begin{aligned}\hat{i}_t = &\alpha + \beta_1(debtgrowth_t|debt\_growth > 0) \\ &+ \beta_2(debt\ growth|debt\_debt\_growth < 0) \\ &+ \beta_3(\Delta CA|CA > 0) + \beta_4(\Delta CA|CA < 0) + \beta_5(\Delta yield) \\ &+ \beta_6(EuroPolicyIndex\ growth|EuroPolicyIndex > 100) \\ &+ \beta_7(EuroPolicyIndex\ growth|EuroPolicyIndex < 100) \\ &+ \beta_8(\Delta Growth\ HP|Growth > 0) \\ &+ \beta_9(\Delta Growth\ HP|Growth < 0) + \varepsilon_t \end{aligned} \qquad (1)$$

ただし ^ は変化率，添え字の t は当該月を，α は定数項，Δ は前期からの階差，ε_t は誤差項をそれぞれあらわす。推計対象国としてはスペイン，ギリシャ，アイルランド，ポルトガル，イタリア，ドイツ，オーストリア，フィンランド，オランダ，ベルギー，フランスのルクセンブルクを除くユーロ原加盟国11ヵ国を取り上げた。これはユーロ導入国のうち欧州金融危機，政府債務危機が表面化していない時期からデータを入手できる国を対象としたためである。推計期間としては，2002年2月～2013年5月とした。ただし，ギリシャはCDS取引が停止された期間前の2002年2月から2012年2月までとする。

3.2 CDS スプレッドの変動要因の推計結果

この項では推定結果を報告する。まず各国の CDS スプレッドで構造変化の有無と，有る場合にその時期を推定した。構造変化の推定について，まず構造変化検定方法としては Bai-Perron 検定[9]を利用した。その上で，(1)式の推定を行った。推定結果は図表2-4に掲げている。以下，各国別に推定結果を報告する。

●図表 2-4

被説明変数：当該国政府国債 5 年物 CDS スプレッドの変化率
推定方法：構造変化のある最小自乗法
構造変化検定方法：Bai-Perron tests of L+1 vs. L sequentially determined breaks

国名	スペイン	ギリシャ	アイルランド	イタリア	ドイツ
推定期間	2002年02-2013年05	2002年02-2012年02	2003年01-2013年05	2002年02-2013年05	2002年11-2013年05
構造変化時期	2003年10月, 2006年09月, 2008年11月, 2010年07月	2003年08月, 2005年11月, 2008年04月, 2010年02月	2008年10月, 2010年10月	2005年04月, 2007年07月, 2009年04月, 2011年07月	2004年06月, 2007年06月, 2008年11月, 2011年07月
HAC 共分散行列の利用の有無		HAC standard errors & covariance (Bartlett kernel, Newey-West automatic bandwidth=120, 5473, NW automatic lag length=4)			HAC standard errors & covariance (Bartlett kernel, Newey-West automatic bandwidth=15, 9314, NW automatic lag length=4)

	第 1 推定期間： 2002年02 - 2003年09		第 1 推定期間： 2002年02 - 2003年07		第 1 推定期間： 2003年10 - 2008年09		第 1 推定期間： 2002年11 - 2005年03		第 1 推定期間： 2002年11 - 2004年05	
説明変数 定数項	係数	P値	係数	P値	係数	P値	係数	P値	係数	P値
	-2.322	0.098	-0.043	0.214	0.050	0.005	0.047	0.307	2.470	0.000
debt_growth(debt_growth >0)	-12.002	0.318	9.589	0.000	0.915	0.297	-0.465	0.754	8.287	0.003
debt_growth(debt_growth <0)	8.631	0.477	6.403	0.001	-1.857	0.038	0.811	0.583	5.469	0.001
ΔCA(CA>0)	-0.138	0.316	0.000	0.899	-0.024	0.312	-0.010	0.637	0.331	0.001
ΔCA(CA<0)	0.149	0.263	-0.011	0.003	-0.005	0.813	0.044	0.041	0.067	0.003
Δ(YIELD_SPREAD)	-0.007	0.505	0.007	0.003	0.037	0.000	0.002	0.546	0.029	0.001
EURO_POLICY_HP_growth(EURO_POLICY_INDEX >100)	289.075	0.436	67.688	0.287	-72.725	0.008	-23.018	0.527	1051.059	0.000
EURO_POLICY_HP_growth(EURO_POLICY_INDEX <100)	-386.554	0.321	-78.182	0.257	77.844	0.006	28.361	0.406	-819.600	0.000
Δ(GROWTH_HP(GROWTH >0))	151.567	0.206	-0.006	0.000	-0.008	0.283	-0.003	0.575	-0.001	0.969
Δ(GROWTH_HP(GROWTH <0))	-65.655	0.617	0.002	0.656	-0.002	0.804	-0.005	0.283	-0.066	0.000

	第 2 推定期間： 2003年10 - 2006年08		第 2 推定期間： 2003年08 - 2005年10		第 2 推定期間： 2008年10 - 2010年09		第 2 推定期間： 2005年04 - 2007年06		第 2 推定期間： 2004年06 - 2007年03	
説明変数 定数項	係数	P値	係数	P値	係数	P値	係数	P値	係数	P値
	0.032	0.829	-0.204	0.002	-0.461	0.000	-0.039	0.382	0.056	0.315
debt_growth(debt_growth >0)	-3.445	0.678	1.270	0.035	-6.929	0.000	-0.431	0.855	6.425	0.118
debt_growth(debt_growth <0)	-0.864	0.915	-4.052	0.000	-1.141	0.519	6.401	0.007	1.858	0.718
ΔCA(CA>0)	0.023	0.580	-0.021	0.000	0.108	0.035	0.001	0.983	-0.031	0.419
ΔCA(CA<0)	0.008	0.883	0.012	0.001	-0.102	0.022	0.070	0.017	0.075	0.036
Δ(YIELD_SPREAD)	0.000	0.980	0.010	0.001	-0.004	0.248	0.001	0.945	0.014	0.036
EURO_POLICY_HP_growth(EURO_POLICY_INDEX >100)	-115.644	0.696	122.658	0.000	3486.225	0.000	39.221	0.388	-92.726	0.136
EURO_POLICY_HP_growth(EURO_POLICY_INDEX <100)	102.340	0.710	-141.328	0.000	-3208.296	0.000	-44.499	0.338	99.078	0.133
Δ(GROWTH_HP(GROWTH >0))	-35.310	0.503	0.030	0.000	-0.116	0.228	-0.003	0.925	-0.001	0.943
Δ(GROWTH_HP(GROWTH <0))	19.055	0.769	-0.003	0.243	-0.325	0.001	-0.002	0.655	-0.026	0.033

	第 3 推定期間： 2006年09 - 2008年10		第 3 推定期間： 2005年11 - 2008年03		第 3 推定期間： 2010年10 - 2013年05		第 3 推定期間： 2007年07 - 2009年03		第 3 推定期間： 2007年04 - 2008年10	
説明変数 定数項	係数	P値	係数	P値	係数	P値	係数	P値	係数	P値
	0.180	0.553	0.287	0.000	-0.012	0.853	-0.039	0.807	0.522	0.127
debt_growth(debt_growth >0)	11.451	0.043	0.997	0.312	-6.884	0.113	0.605	0.844	13.886	0.007
debt_growth(debt_growth <0)	-5.245	0.229	1.285	0.081	10.243	0.017	13.637	0.000	-28.572	0.000
ΔCA(CA>0)	-0.041	0.620	-0.007	0.080	-0.022	0.370	-0.086	0.005	-0.105	0.064
ΔCA(CA<0)	-0.142	0.077	0.031	0.004	0.053	0.022	-0.067	0.055	0.200	0.039
Δ(YIELD_SPREAD)	0.029	0.000	0.026	0.000	0.005	0.318	0.013	0.000	0.045	0.000
EURO_POLICY_HP_growth(EURO_POLICY_INDEX >100)	-124.519	0.397	-264.857	0.000	217.816	0.076	94.524	0.007	-124.295	0.076
EURO_POLICY_HP_growth(EURO_POLICY_INDEX <100)	171.508	0.279	262.872	0.000	-202.825	0.105	-86.293	0.024	99.611	0.093
Δ(GROWTH_HP(GROWTH >0))	58.103	0.421	-0.006	0.072	-0.016	0.476	0.022	0.050	0.033	0.524
Δ(GROWTH_HP(GROWTH <0))	-34.709	0.565	-0.009	0.088	0.024	0.284	-0.011	0.420	-0.031	0.526

第2章 ユーロ圏金融市場と CDS スプレッド

説明変数	第4推定期間: 2008年11-2010年06 係数	P値	第4推定期間: 2008年04-2010年01 係数	P値	第4推定期間: 2009年04-2011年06 係数	P値	第4推定期間: 2008年11-2011年06 係数	P値
定数項	1.960	0.015	-0.052	0.438	0.485	0.000	0.073	0.217
$debt\_growth(debt\_growth>0)$	1.354	0.892	-4.816	0.116	4.077	0.217	-4.760	0.029
$debt\_growth(debt\_growth<0)$	-20.203	0.018	9.328	0.000	-11.558	0.002	7.929	0.000
$\Delta CA(CA>0)$	0.201	0.003	-0.066	0.000	-0.024	0.419	-0.167	0.072
$\Delta CA(CA<0)$	-0.325	0.000	0.008	0.101	-0.053	0.071	-0.060	0.411
$\Delta(YIELD\_SPREAD)$	-0.004	0.248	0.005	0.001	0.004	0.063	0.004	0.334
$EURO\_POLICY\_HP\_growth(EURO\_POLICY\_INDEX>100)$	-1220.492	0.401	-47.664	0.732	-935.608	0.000	-422.213	0.028
$EURO\_POLICY\_HP\_growth(EURO\_POLICY\_INDEX<100)$	913.572	0.508	52.908	0.706	826.020	0.000	394.729	0.026
$\Delta(GROWTH\_HP(GROWTH)>0)$	183.502	0.125	0.001	0.902	0.012	0.199	-0.029	0.654
$\Delta(GROWTH\_HP(GROWTH)<0)$	-265.218	0.016	-0.048	0.000	0.005	0.598	-0.105	0.010

説明変数	第5推定期間: 2010年07-2013年05 係数	P値	第5推定期間: 2010年02-2012年02 係数	P値	第5推定期間: 2011年07-2013年05 係数	P値	第5推定期間: 2011年11-2013年05 係数	P値
定数項	0.007	0.950	0.141	0.000	0.216	0.000	0.340	0.000
$debt\_growth(debt\_growth>0)$	-0.539	0.878	-4.452	0.000	-1.459	0.864	-31.792	0.000
$debt\_growth(debt\_growth<0)$	3.921	0.229	5.712	0.000	17.452	0.030	29.111	0.000
$\Delta CA(CA>0)$	-0.015	0.586	0.061	0.000	0.051	0.537	-0.519	0.000
$\Delta CA(CA<0)$	0.048	0.110	-0.083	0.000	0.126	0.123	0.091	0.292
$\Delta(YIELD\_SPREAD)$	0.008	0.060	0.011	0.000	0.004	0.137	0.006	0.136
$EURO\_POLICY\_HP\_growth(EURO\_POLICY\_INDEX>100)$	-482.984	0.037	-472.458	0.000	700.305	0.000	777.721	0.000
$EURO\_POLICY\_HP\_growth(EURO\_POLICY\_INDEX<100)$	470.367	0.045	452.669	0.000	-655.463	0.000	-719.062	0.000
$\Delta(GROWTH\_HP(GROWTH)>0)$	151.116	0.028	0.022	0.000	-0.025	0.489	0.007	0.824
$\Delta(GROWTH\_HP(GROWTH)<0)$	-152.291	0.027	0.023	0.000	-0.041	0.253	-0.072	0.000
自由度修正済み R^2	0.611		0.532		0.841		0.528	
回帰標準誤差	0.094		0.136		0.046		0.135	
Log likelihood	0.763		1.317		0.180		1.393	
残差平方和	159.460		101.798		257.777		106.352	
F統計値	5.324		3.787		15.596		3.874	
Prob (F-statistic)	0.000		0.000		0.000		0.000	
ダービンワトソン比	2.073		2.078		1.874		2.434	

まず，スペインのCDSスプレッドの推定結果を述べる。構造変化の推定に関して，2003年10月，2006年9月，2008年11月，2010年7月となり，4つの構造変化期があり，推定機関を5つに分割した。(1)式の推定結果に関して，第1推定期間，第2推定期間ともに各説明変数は有意ではない。この間，スペインのCDSスプレッドは低位にほとんど安定しており有意に反応しない。リーマン・ショック前であるがパリバ・ショック後の第3推定期間では，債務成長率が正の時には有意に正であり，また米国金融市場のイールドスプレッドにも有意に正である。欧州金融危機が起きたものの，債務危機が露呈する前の第4推定期間では債務が負の場合に債務成長率が有意に反応し，経常収支が黒字・赤字の2つのケースでも有意に正である。また成長率が負の場合に有意に正である。債務危機が起きた後の第5推定期間は，債務成長率，経常収支，イールドスプレッドにも5％水準では有意ではないものの，EuroPolicyと成長率は5％水準で有意である。したがって，ユーロ危機前にはCDSスプレッドは有意に反応していないものの，危機後には各説明変数に反応している。すなわち，危機後に金融市場でのリスク感応度が高まり，それぞれの説明変数に関心が高まったものといえる。

　ギリシャは構造変化時期について2003年8月，2005年11月，2008年4月，2010年2月の4つの変化時期が推定され，5つの推定期間に分割した。(1)式の推定については債務成長率に第1推定期間でも有意であり，米国イールドスプレッド，正の時の成長率も有意である。第2推定期間では負の時の成長率以外の説明変数に有意である。しかし，経常収支に関しては想定される係数の逆の符号が有意となっている。また債務危機前であるが，EuroPolicyに有意に反応し，ニュースからの影響を示唆する結果となった。第3期間には債務成長率と負の時の実質成長率以外の説明変数には有意である。債務危機前であるが欧州金融危機後の第4期間には負の債務成長率，正の経常収支，米国イールドスプレッド，そして負の成長率が有意である。債務危機後の第5期には全ての説明変数が有意に反応している。したがって，EuroPolicyに示されるニュースにも敏

〔注〕

9) Bai-Perron tests of L+1 vs. L sequentially determined。Bai-Perron検定に関してはBai＝Perron (1998), (2003a) を参照。

感に反応している。

　アイルランドは構造変化時期について，2008年10月，2010年10月の2つの構造変化期を持つことがわかるので，推定期間を3つに分割した。第1期はリーマン・ショックまでであるが，米国イールドスプレッドとEuroPolicyのみに有意に反応している。このことは米国からの影響と，パリバ・ショックやドイツ，英国の商業銀行の経営危機の報道がアイルランドの危機を高めてきたことを示唆する。第2期には負の場合の債務成長率と正の成長率に対しては有意ではないが，それ以外の説明変数には有意となっている。特にEuroPolicyの係数が大きく，報道に大きく反応していることを示唆する。第3期には負の債務成長率，赤字時の経常収支の変化，ネガティブ情報を伝えるときのEuroPolicyには有意に反応する。

　イタリアは構造変化時期について，2005年4月，2007年7月，2009年4月，2011年7月の4つの構造変化が推定され，5つの推定期間に分割した。第1期間では経常赤字の時の経常収支にのみ正で有意であり，その他は有意ではない。したがって，この時期に金融市場はリスクには関心をはらっていないことが示唆される。パリバ・ショック直前の第2推定期間では，債務成長率に関して負の時に正，そして経常収支に関して黒字の時に正でそれぞれ有意となっている。

　パリバ・ショックとリーマン・ショック後の第3推定期間では，債務成長率が負の時に係数が有意に正，経常収支は正の時に5％水準で有意，負の時には10％水準で有意にそれぞれ係数は正，米国イールドスプレッドは有意に正，EuroPolicyには100以上，以下ともに有意，実質成長率は正の時に，係数は有意に正である。ギリシャ危機をはさんだ第4推定期間では負の債務成長率の際に有意に負，EuroPolicyに100以上，以下ともに有意に反応しているが経常収支の変化，実質成長率の変化には有意には反応していない。第5期間では，負の債務成長率の時に係数は有意に負，EuroPolicyには100以上，以下ともに有意に反応している。以上より，パリバ・ショック前でも財政収支が均衡を示していたために，政府債務成長率には負に有意に反応していたものの，やはりイタリアでも金融危機前には概ねリスクには反応していないといえる。それが金融危機，債務危機が起きた後には，正の債務成長率とEuroPolicyに代表されるニュースには有意に反応し，しかも時間が経過するにつれ係数も大きくなっている。

● 図表 2 - 5

被説明変数：当該国政府国債 5 年物 CDS の変化率
推定方法：構造変化のある最小自乗法
構造変化検定方法：Bai-Perron tests of L+1 vs. L sequentially determined breaks

国名	オーストリア	フィンランド	オランダ	ベルギー	フランス
推定期間	2002年02-2013年05	2002年02-2013年05	2003年10月～2013年05月	2002年02-2013年05	2002年02-2013年05
	2005年02月, 2008年01月, 2009年10月, 2011年07月	2005年05月, 2006年12月, 2008年07月, 2010年04月, 2012年04月	2006年10月, 2007年12月, 2009年02月, 2010年04月	2004年01月, 2006年02月, 2008年01月, 2009年10月, 2011年06月	2004年 2月, 2006年 4月, 2008年01月, 2009年10月, 2011年 8月
	HAC standard errors & covariance (Bartlett kernel, Newey-West automatic bandwidth=18.9648, NW automatic lag length=4)	HAC standard errors & covariance (Bartlett kernel, Newey-West automatic bandwidth=11.4514, NW automatic lag length=4)	HAC standard errors & covariance (Bartlett kernel, Newey-West automatic bandwidth=6.9745, NW automatic lag length=3)	HAC standard errors & covariance (Bartlett kernel, Newey-West automatic bandwidth=7.2342, NW automatic lag length=4)	HAC standard errors & covariance (Bartlett kernel, Newey-West automatic bandwidth=5.6905, NW automatic lag length=4)

第 1 推定期間：

	オーストリア 2002年02-2005年01	フィンランド 2002年07-2005年04	オランダ 2003年10-2006年09	ベルギー 2002年02-2003年12	フランス 2002年02-2004年01
説明変数	係数　P値	係数　P値	係数　P値　想定係数	係数　P値	係数　P値
定数項	0.159　0.000	0.062　0.202	-0.008　0.084　?	0.018　0.692	0.604　0.001
debt_growth(debt_growth>0)	-0.098　0.513	-0.094　0.751	0.061　0.745　-	-0.316　0.724	6.659　0.149
debt_growth(debt_growth<0)	0.033　0.900	0.170　0.468	-5.179　0.000　-	0.080　0.960	17.206　0.099
ΔCA(CA>0)	-0.010　0.105	0.000　0.973	0.000　0.704　-	-0.036　0.000	-0.004　0.937
ΔCA(CA<0)	0.020　0.004	0.012　0.012	-0.018　0.000　+	0.001　0.818	0.439　0.016
Δ(YIELD_SPREAD)	0.000　0.981	0.005　0.041	0.000　0.047　+	0.002　0.347	-0.002　0.617
EURO_POLICY_HP_growth(EURO_POLICY_INDEX>100)	91.406　0.000	8.936　0.765	-38.097　0.000　+	-428.369　0.000	520.644　0.203
EURO_POLICY_HP_growth(EURO_POLICY_INDEX<100)	-73.573　0.001	-2.135　0.936	38.933　0.000　-	448.225　0.000	-458.432　0.250
Δ(GROWTH_HP(GROWTH)>0)	0.023　0.000	-0.001　0.622	0.000　0.126　-	0.000　0.933	0.002　0.746
ΔGROWTH_HP(GROWTH<0)	-0.008　0.166	-0.001　0.353	-0.001　0.000　+	0.018　0.000	0.044　0.051

第 2 推定期間：

	オーストリア 2005年02-2007年12	フィンランド 2005年05-2006年11	オランダ 2006年10-2007年11	ベルギー 2004年01-2006年01	フランス 2004年02-2006年03
説明変数	係数　P値	係数　P値	係数　P値　想定係数	係数　P値	係数　P値
定数項	0.100　0.000	0.150　0.000	0.929　0.141　?	0.079　0.008	0.021　0.063
debt_growth(debt_growth>0)	-0.154　0.708	-3.269　0.000	0.621　0.611　-	0.350　0.404	0.546　0.054
debt_growth(debt_growth<0)	-0.964　0.005	0.822　0.468	-5.788　0.073　-	-0.897　0.290	-5.884　0.000
ΔCA(CA>0)	-0.006　0.638	-0.012　0.000	-0.044　0.000　-	-0.003　0.330	0.012　0.013
ΔCA(CA<0)	-0.004　0.607	0.043　0.000	0.031　0.032　+	0.009　0.000	-0.149　0.000
Δ(YIELD_SPREAD)	-0.003　0.421	0.006　0.392	-0.017　0.000　+	0.003　0.300	0.001　0.014
EURO_POLICY_HP_growth(EURO_POLICY_INDEX>100)	-118.857　0.000	192.433　0.000	-550.333　0.038　+	-57.642　0.008	-35.810　0.000
EURO_POLICY_HP_growth(EURO_POLICY_INDEX<100)	121.840　0.000	-206.133　0.000	524.276　0.029　-	68.694　0.005	38.705　0.000
Δ(GROWTH_HP(GROWTH)>0)	-0.011　0.112	0.041　0.000	-0.014　0.001　-	0.003　0.062	0.001　0.102
ΔGROWTH_HP(GROWTH<0)	0.001　0.875	-0.014　0.168	-0.008　0.007　+	-0.001　0.721	-0.010　0.000

第 3 推定期間：

	オーストリア 2008年01-2009年09	フィンランド 2006年12-2008年06	オランダ 2007年12-2009年01	ベルギー 2006年02-2007年12	フランス 2006年04-2008年02
説明変数	係数　P値	係数　P値	係数　P値　想定係数	係数　P値	係数　P値
定数項	-0.187　0.322	-0.490　0.046	-6.254　0.000　?	0.222　0.000	0.358　0.000
debt_growth(debt_growth>0)	-2.971　0.253	9.096　0.060	-0.940　0.241　+	-2.109　0.419	1.758　0.738
debt_growth(debt_growth<0)	14.354　0.000	5.012　0.076	26.057　0.000　-	-8.728　0.013	-4.453　0.552
ΔCA(CA>0)	0.085　0.026	0.050　0.044	0.079　0.079　-	-0.004　0.753	0.030　0.500
ΔCA(CA<0)	-0.031　0.546	0.050　0.030	0.331　0.000　+	0.006　0.327	-0.061　0.285
Δ(YIELD_SPREAD)	0.015　0.001	-0.009　0.179	-0.036　0.000　+	-0.010　0.229	-0.015　0.025
EURO_POLICY_HP_growth(EURO_POLICY_INDEX>100)	-140.843　0.130	102.846　0.046	-457.408　0.128　+	-232.738　0.000	-303.892　0.000
EURO_POLICY_HP_growth(EURO_POLICY_INDEX<100)	154.055　0.131	-63.871　0.102	788.879　0.022　-	232.494　0.000	301.846　0.000
Δ(GROWTH_HP(GROWTH)>0)	-0.059　0.098	-0.017　0.250	0.075　0.178　-	0.003　0.571	0.007　0.713
ΔGROWTH_HP(GROWTH<0)	0.038　0.098	-0.006　0.613	0.016　0.005　+	-0.018　0.021	-0.029　0.245

第2章 ユーロ圏金融市場とCDSスプレッド

説明変数	第4推定期間: 2009年10-2011年06		第4推定期間: 2008年07-2011年03		第4推定期間: 2009年02-2010年03		想定係数	第4推定期間: 2008年01-2009年09		第4推定期間: 2008年03-2009年09	
	係数	P値	係数	P値	係数	P値		係数	P値	係数	P値
定数項	0.115	0.374	−0.159	0.000	−0.335	0.268	?	−0.336	0.001	−2.208	0.000
debt_growth(debt_growth>0)	0.613	0.486	0.978	0.035	−2.608	0.439	+	4.545	0.322	−7.675	0.231
debt_growth(debt_growth<0)	5.196	0.016	0.266	0.337	12.989	0.001	−	19.831	0.001	−46.939	0.000
ΔCA(CA>0)	0.030	0.001	−0.003	0.855	−0.013	0.567	−	0.002	0.752	−0.012	0.703
ΔCA(CA<0)	−0.012	0.192	0.018	0.017	0.162	0.026	+	−0.011	0.119	0.782	0.081
Δ(YIELD_SPREAD)	−0.001	0.407	0.004	0.001	0.002	0.198	+	0.007	0.000	−0.003	0.081
EURO_POLICY_HP_growth(EURO_POLICY_INDEX>100)	−148.505	0.432	666.935	0.001	1624.226	0.392	+	194.820	0.012	−340.687	0.015
EURO_POLICY_HP_growth(EURO_POLICY_INDEX<100)	119.099	0.461	−615.166	0.001	−1503.039	0.389	−	−171.525	0.028	449.376	0.001
Δ(GROWTH_HP(GROWTH)>0)	−0.016	0.000	0.007	0.056	−0.003	0.456	+	−0.004	0.460	0.014	0.155
Δ(GROWTH_HP(GROWTH)<0)	0.008	0.009	0.001	0.636	−0.001	0.886	+	0.007	0.471	0.197	0.000

説明変数	第5推定期間: 2011年07-2013年05		第5推定期間: 2011年04-2013年05		第5推定期間: 2010年04-2012年03		第5推定期間: 2009年10-2011年05		第5推定期間: 2009年10-2011年07	
	係数	P値	係数	P値	係数	P値	係数	P値	係数	P値
定数項	0.243	0.000	0.124	0.000	−0.503	0.001	0.346	0.488	0.168	0.021
debt_growth(debt_growth>0)	−3.432	0.095	6.914	0.000	1.156	0.888	1.752	0.480	4.142	0.092
debt_growth(debt_growth<0)	18.849	0.001	−0.870	0.268	54.529	0.006	−13.104	0.024	18.402	0.000
ΔCA(CA>0)	0.014	0.445	0.009	0.511	0.022	0.595	−0.049	0.110	0.051	0.564
ΔCA(CA<0)	0.042	0.000	−0.053	0.009	0.361	0.001	0.009	0.504	0.838	0.000
Δ(YIELD_SPREAD)	−0.001	0.673	−0.002	0.160	0.003	0.038	0.002	0.569	−0.005	0.126
EURO_POLICY_HP_growth(EURO_POLICY_INDEX>100)	737.130	0.000	520.332	0.000	−172.742	0.360	−564.906	0.402	−52.239	0.824
EURO_POLICY_HP_growth(EURO_POLICY_INDEX<100)	−680.949	0.000	−490.391	0.000	243.037	0.193	496.308	0.381	23.078	0.916
Δ(GROWTH_HP(GROWTH)>0)	0.024	0.011	−0.016	0.000	0.002	0.741	0.002	0.581	0.010	0.727
Δ(GROWTH_HP(GROWTH)<0)	0.023	0.008	0.002	0.589	−0.006	0.547	0.035	0.009	0.235	0.000

説明変数	第6推定期間: 2012年04-2013年05		想定係数	第6推定期間: 2011年06-2013年05		第6推定期間: 2011年08-2013年05	
	係数	P値		係数	P値	係数	P値
定数項	3.485	0.000	?	−0.024	0.615	0.185	0.003
debt_growth(debt_growth>0)	65.660	0.007	+	−2.882	0.163	2.097	0.666
debt_growth(debt_growth<0)	−588.235	0.000	−	24.306	0.000	−0.935	0.894
ΔCA(CA>0)	−0.055	0.022	−	−0.070	0.000	0.071	0.200
ΔCA(CA<0)	0.548	0.000	+	0.003	0.614	−0.083	0.204
Δ(YIELD_SPREAD)	0.001	0.661	+	0.000	0.852	0.005	0.151
EURO_POLICY_HP_growth(EURO_POLICY_INDEX>100)	−225.410	0.316	+	191.672	0.049	446.252	0.006
EURO_POLICY_HP_growth(EURO_POLICY_INDEX<100)	302.392	0.159	−	−164.764	0.088	−407.230	0.009
Δ(GROWTH_HP(GROWTH)>0)	−0.027	0.014	+	−0.001	0.672	0.007	0.406
Δ(GROWTH_HP(GROWTH)<0)	0.259	0.000	+			−0.011	0.275

自由度修正済みR²	0.813	0.889	0.967	0.911	0.932	
回帰標準誤差	0.706	0.821	0.911	0.841	0.868	
残差平方和	0.083	0.051	0.049	0.051	0.047	
Log likelihood	0.588	0.207	0.082	0.191	0.156	
F統計値	177.250	236.641	200.035	248.956	255.246	
Prob (F-statistic)	7.627	13.195	17.406	12.893	15.454	
	0.000	0.000	0.000	0.000	0.000	
ダービンワトソン比	2.191	1.484	2.022	1.900	2.188	

したがって，イタリア国債の CDS スプレッドはニュースによるネガティブ情報に敏感に反応してきたことを示唆している。

ドイツの推定結果は次の通りである。ドイツは構造変化時期について，2004年6月，2007年4月，2008年11月，2011年7月の4つの時期が推定されたので，5つの推定期間に分割した。ドイツが景気後退に直面し安定成長協定で定められた対 GDP 比3％を超える財政赤字を出した第1推定期間では，正の経済成長率の時の成長率の係数のみが有意ではないが，それ以外の説明変数に関して，それぞれ有意に反応している。特に EuroPolicy には100以上，以下ともに有意に反応しており，金融市場がドイツ経済の先行きに関心をはらっていることを示唆している。

逆に安定成長協定の改正が行われドイツの協定違反が不問に付された第2期間では，EuroPolicy は有意ではなくなり，赤字の時の経常収支とマイナスの時の成長率の変化にのみ有意に反応している。パリバ・ショック前からリーマン・ショック直後の第3期間では債務成長率には正負ともに有意に反応し，米国イールドスプレッドにも有意に反応している。さらに10％水準では黒字，赤字ともに経常収支の変化と EuroPolicy に100以上，以下ともに反応していることがわかる。パリバ・ショック後にドイツの CDS のリスクに対しても市場が敏感になりつつあることを示唆している。ギリシャ危機を挟む第4期間ではドイツに対しても政府債務成長率には有意に反応し，EuroPolicy には100以上，以下ともに有意に反応している。債務危機の影響により，ドイツの CDS に対してもアナウンスメント効果が明らかに反応している。第5期間では，負の経常収支の時の経常収支変化，イールドスプレッド，経済成長率が正の時の成長率変化を除いたすべての説明変数に有意にそれぞれ反応している。

オーストリアの推定結果は次の通りである。オーストリアの構造変化時期について，2005年2月，2008年1月，2009年10月，2011年7月の4つの時期が推定されたので，5つの期間に分割して推定を行った。第1期間では赤字の時の経常収支の変化，100以上，以下とも EuroPolicy の変化，そして正の時の実質成長率の変化にそれぞれ有意に反応しており，符号も想定されているものである。この期間にはドイツ経済の影響を受けやすいオーストリア経済もニュースによるアナウンスメント効果が有意に CDS スプレッドには影響を与えている

ことを示唆している。

　第2期間では負の政府債務成長率の時，すなわち債務が増加されている時に債務成長率に有意に反応し，また100以上，以下とも EuroPolicy に有意に反応している。パリバ・ショックからリーマン・ショックに直面した第3期間では，負の政府債務成長率の時の債務成長率，黒字の時の経常収支変化，米国イールドスプレッドの変化，そして正の時の成長率の変化に有意に反応している。リーマン・ショックに直面した期間であるため米国金融市場のストレスに敏感に反応している。

　ギリシャ危機が発生した後の第4期間では負の時の債務成長率，黒字の時の経常収支変化，そして正負ともに成長率の変化に有意に反応している。アナウンスメント効果が有意ではないことから，この時期にオーストリアは直接的に債務危機の影響を受けていないと見なされていたのかもしれない。しかし，オーストリア政府の債務成長率には敏感に反応し，成長率の見通しもリスク感応度に影響を与えていることを示唆する。第5期間では，負の時の債務成長率，赤字の時の経常収支の変化，100以上，以下ともに EuroPolicy，正負ともに実質成長率の変化にはそれぞれ有意に反応している。債務危機が深刻化した後に，沈静を見せてきたこの期間にも，オーストリアの CDS 市場に対して金融市場は敏感に反応し，特にニュースを通じたアナウンスメントには敏感に反応していることを示唆している。

　フィンランドの構造変化時期については，2005年5月，2006年12月，2008年7月，2011年4月4つの構造変化が推定され，5つに分割して推定している。ユーロ導入後まもない第1推定期間では赤字の時の経常収支変化と米国イールドスプレッドのみが有意である。第2期間では正の債務成長率，黒字，赤字ともに経常収支の変化，100以上，以下とも EuroPolicy，そして正の時の実質成長率の変化に有意である。ただし，実質成長率の変化は想定されたものとは逆の結果となり，推定の誤りを否定できない。パリバ・ショックをはさむ第3推定期間では経常収支の変化，リスクの上昇を表す100以上の時の EuroPolicy に有意である。また10％水準では債務成長率にも反応している。これは，直接，金融危機や債務危機を経験していないフィンランドであっても同じユーロ圏であるため，債務成長やリスクの高まりを示すニュースには敏感に反応することを

示唆している。

　リーマン・ショックやギリシャ危機を含む第4期間では，正の債務成長率，赤字の時の経常収支変化，米国イールドスプレッドの変化，100以上，以下ともにEuroPolicyに対しては有意に反応している。世界的な金融危機を経験し，米国市場のストレスやユーロ圏のニュースにも反応したことを示す。債務危機が深刻さを示し，その後に沈静化する第5推定期間では，正の時の債務成長率，赤字の時の経常収支の変化，100以上，以下ともにEuroPolicy，そして正の時の実質経済成長の変化に有意に反応する。また，符号も想定されたものである。第4期間と同様，フィンランド経済に対しても市場は敏感に反応し，特にニュースからの影響が第4期間とほぼ同程度の影響を与えていることを示唆する。

　オランダは構造変化時期について2006年10月，2007年12月，2009年2月，2010年4月，2012年4月の5つの時期が推定された。そのため，6つの期間に分割して推定した。ユーロ導入後から危機前の第1期間では，政府債務成長率が負の時の債務成長率，赤字の時の経常収支変化，米国イールドスプレッドの変化，100以上，以下ともにEuroPolicy，そして負の成長率の場合の成長率の変化に対してそれぞれ有意に反応している。パリバ・ショックをはさむ第2期間では，債務成長率以外の説明変数すべて，すなわち経常収支の変化，米国イールドスプレッドの変化，100以上，以下ともにEuroPolicy，そして正負ともに実質成長率の変化に有意に反応している。オランダではパリバ・ショック以降，欧州域内で営業する金融機関を抱えているために金融危機への恐れがあったが，それをソブリン危機にも波及していたことを示唆する。

　パリバ・ショック，リーマン・ショックを含む第3期間では，負の時の債務成長率，赤字の時の経常収支の変化，米国イールドスプレッドの変化，100以下の時のEuroPolicy，負の時の実質成長率に有意となっている。ただし，米国イールドスプレッドの変化，100以下の時のEuroPolicyに関して，想定された係数とは逆となり，世界的な金融危機の進行に連動するよりは，むしろオランダ国債の方がリスクの低いものと期待されていたことを示唆する。

　ギリシャ危機をはさむ第4期には，負の時の債務成長率が有意に正であり，赤字の時に経常収支の変化が有意に正であるが，その他の説明変数に関して有意ではない。しかし，負の時に債務成長率が有意に正であるのは，想定とは逆

第 2 章　ユーロ圏金融市場と CDS スプレッド　45

であり，債務が減少しても CDS スプレッドが上昇している局面を表す。第 5 期にはギリシャ危機が深刻となっているが，負の時の債務成長率が有意に正，赤字の時の経常収支の変化が有意に正，そして米国イールドスプレッドの変化が有意に正である。第 4 期と異なるのは，イールドスプレッドの変化に有意に正に反応していることであり，国際金融市場と連動した動きを見せるようになっている。また，第 4，第 5 期ともに EuroPolicy には有意に反応していない。

　第 6 期には正負時ともに債務成長率，経常収支の変化は有意であり，正の時の成長率の変化には有意となっており，EuroPolicy には有意に反応していない。この時期にもメディアの報道によって左右されてはいないことを示す。

　ベルギーは構造変化時期について，2004 年 1 月，2006 年 2 月，2008 年 1 月，2009 年 10 月，2011 年 6 月の 5 つの時期が推定されたので，6 つの期間に分割して推定を行った。第 1 期間では黒字の時の経常収支の変化，100 以上，以下の両方の EuroPolicy，さらに負の時の実質成長率には有意にそれぞれ反応している。ただし，EuroPolicy には想定とは逆の係数符号であり，この時期にはリスク回避先としてベルギー CDS が選択された可能性がある。第 2 期には赤字の時の経常収支の変化，100 以上，以下の両方の EuroPolicy のみに有意に反応しているが，EuroPolicy に関しては想定と逆の係数符号が有意となり，この時期も定式化が誤っている可能性がある。

　パリバ・ショックをはさんだ第 3 期では負の時の債務成長率，すなわち債務の減少，100 以上，以下の両方の EuroPolicy のみに有意に反応している。この時期も EuroPolicy に関しては想定と逆の係数符号が有意となり，メディアからの報道によりリスク回避先としてベルギー CDS が選択されたことを示唆する。リーマン・ショック前後の第 4 期には米国社債市場のイールドスプレッド，100 以上，以下の両方の EuroPolicy に想定通りの係数符号で有意に反応している。この時期になり，世界的な金融危機をうけてベルギーのソブリンリスクも意識されだしている。ギリシャ危機をはさむ第 5 期には，負の時の債務成長率と負の時の実質成長率に有意に反応しているのみでユーロ圏の債務危機には反応を見せていない。逆に債務危機が深刻になってきた第 6 期には，負の債務成長率，黒字の経常収支の変化，100 以上，以下の両方の EuroPolicy に想定された係数符号通りに有意に反応している。市場は第 6 期になりベルギー政府債務

のリスクについても敏感になっていることを示唆している。

　フランスは構造変化時期について，2004年2月，2006年4月，2008年3月，2009年10月，2011年8月の5つの時期に構造変化があることを推定したので，6つの時期に推定した。赤字の経常収支の変化のみに有意に反応するが，想定通りの係数符号である。フランスが景気後退を経験した第2期には，負の時の債務成長率，黒字，赤字ともに経常収支の変化，米国のイールドスプレッド，100以上，以下の両方のEuroPolicy，負の時の実質成長率の変化に有意に反応している。ただし，EuroPolicyと成長率に関しては想定とは異なる符号であり，この時期にはリスク逃避先としてフランスのソブリンCDSが選択された可能性がある。

　パリバ・ショック後でリーマン・ショック前の第3期では，イールドスプレッド，EuroPolicyのみに有意に反応しているが，いずれも想定された係数符号とは逆であるので，この時期にもこの定式化が当てはまらないか，むしろリスク逃避先としてフランスのソブリンCDSが選択された可能性がある。リーマン・ショック後の第4期では負の時の債務成長率，赤字の時の経常収支の変化，100以上，以下の両方のEuroPolicy，負の時の成長率の変化に有意に反応している。しかし，EuroPolicyに関しては想定された符号とは逆の係数符号であり，リスク逃避先としてフランスのソブリンCDSが選択されたことを示唆する。第5期では，負の時の債務成長率，赤字の時の経常収支の変化，負の時の実質成長率に反応しているが，債務成長率に関しては想定とは逆の係数符号と異なる。第6期間では，定数項と100以上，以下の両方のEuroPolicyにのみ有意に反応しており，想定された係数符号でもある。したがって，この時期のフランスのソブリンCDSスプレッドは主にメディアによる報道によって左右されたものといえる。

3.3　推計結果の考察

　まず分割された期間の意味を考察する。どの推計対象国とも，概ね2006年まではそれぞれのCDSスプレッドに対して，多くの説明変数は有意ではない。これはCDSスプレッドの評価に対して，ここであげた説明変数は主に債務危機を想定して採用したものであるが，これでは2006年まで説明できないというこ

とは，市場は債務危機を全く想定しておらず，そのため，その要因でもってCDSスプレッドを説明することはできない。しかしながら，安定成長協定があるものの，ドイツやフランス，ポルトガルなど，各国の財政状況が必ずしも健全であったわけではなく，また景気状況も一様ではなかった。それにもかかわらず，CDSスプレッドがそれらに反応していないということは，市場は適切に各国のソブリンリスクを評価していなかったといえる。

また，2008年1月前後，2010年下半期には多くの国で構造変化が認められる。前者の時期はリーマン・ショック前ではあるが，パリバ・ショック後であるため，欧州金融市場では既にリスクが高まりつつあることが認知され，市場の投資家は欧州各国のリスクをオンにする状態となったといえる。また2010年下半期では，2009年10月のギリシャの財政統計粉飾が発表された後に，ギリシャ危機によって欧州では債務危機のリスクが加わり，ソブリンCDSスプレッドの変動に構造変化があるものと推察される。

2011年から2013年にかけては，EuroPolicyに有意に反応し，しかも係数値は各国ともそれまでの時期と比べて大きくなっている。すなわち，概ね各国のCDSスプレッドは，2011年以降，債務危機の深刻さを伝える報道に敏感に反応しているといえる。この時期，市場のセンチメントがCDSスプレッドの支配的要因であった。

2010年以降の各国の推定結果をもとにすると，経済成長が正の時にはCDSスプレッドが低下する（符号が有意に負）ケースが多い。また，債務が減少する時にはCDSスプレッドが低下するケースが多い。そこで，CDSスプレッドを引き下げるという意味で，デフォルトを回避するには，財政再建か経済成長なのか，デフォルト・リスクの高まりをCDSの上昇と同値と考えると，CDSを引き下げるにはどちらが効果的なのかという疑問がでてくる。本章での推計に従えば，債務危機国でもその対応が異なる。スペインでは成長率に大きく反応するが，ギリシャ，アイルランド，イタリアでは成長率が上昇してもCDSは有意に反応しないか，有意であっても係数が小さい。むしろ，それら3カ国では債務削減によるCDSの低下の方が有意で，係数が大きい。

また債務危機国とは認識されてこなかったフィンランド，オランダ，ベルギーでも，2010年前には見られなかったが，成長によるCDSの反応の係数値より

も，政府債務を削減した時の係数値の方が大きくなっている。ドイツ，フランスでは債務削減も成長率上昇のどちらにもCDSスプレッドは有意に反応していない。

したがって，金融市場におけるリスクを減ずるのであれば当面は財政再建を優先する方が望ましい。財政再建の実績が出れば，市場はリスクオフの状態になり，金融市場のストレスは低下するものといえる。あるいは財政再建のシナリオが提示されれば，金融市場の安定化が投機家によって予想され，市場のストレスが沈静化するかもしれない。

4 むすび

この節の分析により，ユーロ圏の主要国では債務危機前にはCDSから国債金利への因果関係は概ね見られなかったものの，危機後には，すべての国で因果関係が観察された。このことはCDSスプレッドに反映された欧州危機のリスクが国債金利に影響を与えていることを示唆する。これは金融市場がリスクを反映した価格形成をしているという点では，正常な機能ともいえるが，本書第3章やDe Grauwe＝Ji（2012）で観察されたように，過剰に投資家のセンチメントが反応している可能性が高い。したがって，債務危機後の欧州金融市場は，投資家のセンチメントによってCDSスプレッドが動かされ，それが国債金利の変動に反映されたと解釈できる。もしそうであれば，CDSスプレッドを通じて投資家のセンチメントが当該国の金融市場のみならず政府財政，そして実体経済にも影響をあたえうる。本章では，それらすべての波及メカニズムを検証することはできなかったものの，CDSスプレッドから国債金利への波及の存在を確認することができ，先の波及メカニズムで重要な鍵となる金融市場の内部でのリスクの波及があったといえる。

また，本章では月次データで見た場合にCDSがどの要因から影響を受けたのかを構造変化時期を推定した上で，実証した。それによれば欧州金融危機前後ならびに欧州債務危機前後の金融市場での，ユーロ圏各国のリスクへの反応の違いが明らかとなった。特に近年ではデフォルト・リスクの高まりをCDSの上昇と同値と考えると，CDSを引き下げるには当面，財政再建が効果的である

ことも明らかとなった。

　ただし，CDS スプレッドが表現したと本章で想定したのは金融市場でのユーロ圏各国のソブリンリスクであり，そのスプレッドが当該諸国のファンダメンタルを反映した経済実体とは限らない。金融市場のストレスを下げるという観点では財政再建は有効かもしれないが，財政再建が長期的なユーロ圏経済の成長を阻害する可能性もある。すなわち，財政再建による総需要不足がユーロ圏の不況を長期化させ，それがさらに当該地域のリスクを高めるかもしれない。短視眼的になりやすい金融市場を沈静化させるだけでは，長期的な不況脱出に至らないことは注意する必要がある。本書第 5 章で分析するように，CDS スプレッドの上昇が設備投資を抑制し，実体経済に負の影響を与えた可能性がある以上，CDS スプレッドを低下させることは必要である。その一方で，長期の成長戦略も同時に進めていかなければ，ユーロ圏の景気回復と，真のリスクの沈静化には至らないものと考える。

第3章

欧州債務危機と
CDS 市場での伝染効果

1 序

　2007年夏のパリバ・ショック，2008年9月のリーマン・ショック，さらには2009年10月のギリシャの財政赤字統計改ざんが明らかになり，金融危機の懸念が強まっていた欧州で，新たに政府債務危機の不安が急速に強まった。金融市場においての一連の不安が欧州を覆ったが，その不安は国境を越えて連鎖するように拡がっていった。

　特にその不安は金融市場で拡散している。金融資産価格は将来価格の期待を反映して現在価格が決定され，その変動は日々激しい。経済の先行きに関する不安は，金融資産価格に反映されやすく，各国の金融市場にその不安が連鎖している。第2章ではCDSスプレッドの変動要因を検証したが，主に各CDSスプレッドが独自に変動した要因を実証的に解明した。ただ，欧州債務国のソブリンリスクを表すGIIPS（ギリシャ，アイルランド，イタリア，ポルトガル，スペイン）の国債CDSスプレッドが他の国債CDSスプレッドの変動に影響されてほぼ同時に変動したであろうという推測も金融市場では出ていた。CDS市場での，いわゆる伝染効果である。従来，伝染効果が特に注目されたのは欧州でのERM危機や東アジア通貨危機であろう。それらの危機は為替レートの下落が一通貨だけではなく，近隣の他通貨にも下落が波及していた。そのような通貨危機の伝染の拡大が危機を拡散したという経験がある。今回の欧州債務危

機ではユーロ圏内での危機の波及が伝染効果のように拡散していったのかどうかにも関心がよせられている。

そこで本章では欧州の金融市場を対象に，欧州危機の際に欧州経済の先行き不安がどのように波及したのか，あるいは伝染していったのかを検証する。国境を越えた金融資産価格の連鎖は伝播あるいは伝染効果（Contagion effect）として知られている。欧州での金融危機および政府債務危機を合わせて欧州危機と呼ぶとすると，欧州危機が金融危機あるいは政府債務危機を抱えた一国だけにとどまらずにユーロ圏全体に連鎖的に波及した要因には，金融リスクのユーロ圏内での波及がある。その波及プロセスを検証することが本章の目的である。そのような波及プロセスを検証することにより，各国の金融機関の経営危機ならびに過剰な政府債務をきっかけに引き起こされた今回の危機が，ユーロ圏全体に拡大した主因として金融取引が挙げられること，そして取引が自由な金融市場では流動性が低下するとリスクの伝播が広がりやすいことがわかった。今回の欧州危機のようにユーロ圏内全体にリスクがいったん広がると，その影響を抑制することは難しい。本章ではリスクの変化をCDSスプレッドの変化としてとらえ，そのスプレッドの伝播を検証する。

以上のように欧州危機時のリスクの伝播を検証するのが本章の目的である。第2節では伝染効果の先行研究の紹介と伝染効果の定義を説明する。第3節ではCDSスプレッド変化率のグレンジャーの意味での因果関係を検証する。第4節ではCDSスプレッド変化率を世界的共通要因と地域的共通要因によってコントロールした残差の因果関係を検証する。第5節はむすびである。

2　伝染効果の先行研究

金融資産価格の国際連動に関する先行研究では，伝染効果の定義に必ずしもコンセンサスがあったわけではない。そのため，ここでは今までの伝染効果の定義をサーベイし，再検討する。

資産価格の伝染効果については，いくつかの定義がある。例えばHassan＝Naka（1996）はヨハンセンの共和分検定を用いて株価の波及効果を検証し，その波及を伝染とする。Allen＝Gale（2000）は，伝染は特定地域あるいは少数の

金融機関に影響を初期に与えるのみの小さいショックが残りの金融部門に波及し，より大きい経済に拡散することとする。同様に，Caramazza=Ricci=Salgado (2004) は，伝染効果とは同地域内でのある経済から別の経済への金融危機の拡大が，次第に拡大して認識されることとする。また Koutmas=Boot (1995) はボラティリティの非対称性を考慮して，3 カ国の株式市場の株価のボラティリティ波及を検証し，その波及を伝染ととらえている。また Masson (1998) および Forbes=Rigobon(2002)は，経済の相互依存性とは区別し，経済ファンダメンタルズでは説明できない連動性の変化を伝染効果として定義している。Dungey=Fry=Hermosillo=Martin(2002, 2003)はショックを各国共通のショックと各国固有のショックに区別し，固有ショックの国際的波及が見られる場合を伝染効果として定義している。さらに，Forbs=Rigobon(2002)の拡張として Bekaert=Harvey=Ng(2005)は，経済ファンダメンタルズによって予想される以上の相関として伝染を定義する。したがって相関の程度を基準にして，その高い現象を伝染とする。また過剰なボラティリティもこれに属する。

別の観点から Kaminsky=Reinhart=Vegh (2003) は，伝染効果とはあるイベントに続いて起こる顕著で迅速な効果が多くの国でみられることであり，数時間，数日のうちにそれらの状況が起きるとし，波及(spillover)は，拡散が次第におきることであり時間がかかる点が異なるとする。本章では CDS の伝染効果を検証することを目的とするが，CDS の変動は第 2 章でも示したように，ファンダメンタルな要因だけではなく市場のセンチメントの変化など，ファンダメンタルな要因では説明できない要因にもよる。ただし，本章では CDS 市場での各国の CDS スプレッド間でのみの連動性あるいは伝染効果を取り上げるので，政策変更やマクロ経済の変化については捨象する。そのため，本章での伝染効果の定義としては，次に述べるように広義と狭義の二種類とする。

〔定義1〕　広義の定義として，CDS のグレンジャー因果関係と VAR(ベクトル自己回帰) による累積インパルス応答を指標化した伝染効果指標 (Contagion Index：CI) によって因果関係が観察されれば伝染効果とする。

〔定義2〕　狭義の定義として，世界的および地域的な共通要因を除いた個別要

因が因果関係のあることを伝染効果と定義する。

本章ではこれら2つの定義を用いて以下，検証を進める。

3 通常の因果関係の検証

3.1 グレンジャー因果性検定

本項では予備的な考察として，グレンジャーの意味での単純な因果性検定を行う。まず，推定期間を分割し，第1期間として2004年1月2日から2007年7月30日，推定期間2を2007年8月1日から2013年6月28日までとする。推定対象国はユーロ圏11カ国とする。

まず，ソブリンCDSスプレッドの変化率の因果関係をグレンジャー検定で確認する[1]。ただし，SC（シュヴァルツの情報基準）よりラグ次数は2と判断した。グレンジャー検定の結果は本章末の付表1（66-68頁）に掲げた。グレンジャー因果性の検定結果によると，危機前，危機後ともに因果関係が多くみられる。また両方向の因果関係，すなわち相互依存関係も多くみられる。ユーロ導入後，ユーロ加盟国の金融市場が一体化したことで，金融情報が伝播しやすくなったことが要因である。そのため，危機前では一方的な因果関係よりもむしろ双方向の因果関係である相互依存関係が多くみられる。危機後にはドイツとギリシャ，スペインとギリシャのように相互依存関係から一方的な因果関係に変化した場合がみられる。

ただし，グレンジャー検定では二国間に一方的な因果関係があるのか，相互依存関係があるのか，それとも因果関係がないのかといったベクトルの方向性を確認することはできるものの，そのインパクトの大きさについては検証できない。そこで，次項では制約なしのベクトル自己回帰（VAR）モデルを利用し，その累積インパルス応答を求めることでショックのインパクトを求めるこ

〔注〕
1） 推定を行う前に，各CDSスプレッドの変化率の定常性をADF検定およびKPSS検定で確認した。その結果，それぞれのデータは棄却水準5％において，定常であると判断された。

ととする。

3.2 伝染効果指標による検証

本項では，制約なしの VAR による累積インパルス応答を推定した[2]。ラグ次数は SC より 2 とした。またインパルス応答を求める方法として，変数の順序による結果の違いがない一般化インパルスを用いた。その累積インパルス値の結果を用いて，i 国から j 国に影響を与える伝染効果指標（CI_i）として，次のような指標を作成した。

$$CI_i = \frac{100}{N(N-1)}\sum_{i=1}^{N} IR_{y_i \to y_j}$$

ここで N は国の数，y はベクトル（CDS スプレッド）を示し，IR はその累積インパルス応答値である。したがって，$IR_{y_i \to y_j}$ は i 国の CDS スプレッド上昇ショックが j 国に与えるインパルス応答を示す。Alter＝Beyer（2013）に基づいて，これを CI とする。また，i 国が j 国から影響を受けるショックのインパルス応答値を用いて，次式のような被伝染効果指標（CI_j）を定義する。

$$CI_j = \frac{100}{N(N-1)}\sum_{i=1}^{N} IR_{y_j \to y_i}$$

すなわち，$IR_{y_j \to y_i}$ は j 国の CDS スプレッド上昇ショックが i 国に与えるインパルス応答を示す。Alter＝Beyer（2013）は影響を与えた効果と影響を受けた効果を相乗して指標化している。しかし，彼らの指標ではどの国がユーロ圏全体にリスクを与え，逆にユーロ圏からのリスクの影響を受けたのかが曖昧となる。さらに，累積インパルスでは正負の符号を足してしまうので，効果を相殺する可能性がある。そこで，インパルス応答の絶対値を累積した指標を作成し，絶対値 CI とする。絶対値 CI は正負ともにインパクトの大小を各国別に比較する。ここで，伝染効果絶対値指標（ABSCI：Absolute Contagion Index）とし

〔注〕
[2] VAR による検定結果およびインパルス応答の結果については，紙幅の関係上，割愛する。

て次式を定義する。

$$ABSCI_i = \frac{100}{N(N-1)} \sum_{i=1}^{N} |IR_{y_i \to y_j}|$$

同様に，被伝染効果絶対値指標（ABSCI）を次のように定義する。

$$ABSCI_j = \frac{100}{N(N-1)} \sum_{i=1}^{N} |IR_{y_i \to y_j}|$$

ここで，|IR|はインパルス応答の絶対値である。これらのCIをまとめた結果が**図表3-1**である。図表3-1によれば当該国がユーロ圏全体から影響を受けた程度をみると，推計期間1ではCI，ABSCIともに，また5日，25日の累積期間でも他のユーロ圏諸国からほとんど影響を受けていない。25日の累積値では

●図表3-1　CIの結果(1)　当該国が推計対象国から

推計期間1　2004年1月2日～2007年7月30日

	スペイン	ギリシャ	ポルトガル	アイルランド	イタリア	フランス
累積インパルス期間　5日						
CI	0.009	0.007	0.005	0.003	0.008	0.001
絶対値CI	0.011	0.010	0.007	0.005	0.011	0.003
累積インパルス期間　25日						
CI	0.064	0.045	0.041	0.027	0.064	0.015
絶対値CI	0.079	0.070	0.069	0.066	0.069	0.054

推計期間2　2007年8月1日～2013年6月20日

	スペイン	ギリシャ	ポルトガル	アイルランド	イタリア	フランス
累積インパルス期間　5日						
CI	0.065	0.047	0.043	0.029	0.065	0.017
絶対値CI	0.066	0.048	0.056	0.045	0.064	0.030
累積インパルス期間　25日						
CI	0.065	0.047	0.043	0.029	0.065	0.017
絶対値CI	0.070	0.053	0.053	0.043	0.073	0.030

第3章 欧州債務危機とCDS市場での伝染効果　57

大きな差がみられない国でも，5日の累積値をみると推計期間1，2では前者では影響が少ないが，後者の期間ではインパクトが大きいことがわかる。したがって，欧州危機のリスクの伝染は短期に大きなインパクトを与えていることを示唆しているといえる。

また金融危機が起きている間の推計期間2ではCI，絶対値CIを見るとスペイン，オーストリアが他よりも大きい影響を受けており，フランス，キプロス，アイルランドは影響をあまり受けていないことが分かる。ただし，ユーロ圏のフランスとドイツとでは対照的な違いがでている。すなわち，フランスは影響をほとんど受けていないものの，ドイツはユーロ圏諸国からの影響をより受けていることが分かる。

また，図表3-2は当該国が推計対象国に影響を与えた程度を示している。25日の累積絶対値CIを見ると，フランスが他のユーロ圏加盟国にインパクトを

影響を受けた程度を推計

ドイツ	ベルギー	オーストリア	オランダ	フィンランド	スロベニア	キプロス	アメリカ	英国
0.006	0.006	0.011	0.006	−0.002	0.005	0.001	0.007	0.003
0.009	0.008	0.012	0.008	0.003	0.007	0.006	0.008	0.007
0.051	0.061	0.069	0.057	−0.010	0.047	0.011	0.043	0.024
0.047	0.070	0.086	0.071	0.041	0.068	0.047	0.039	0.024

ドイツ	ベルギー	オーストリア	オランダ	フィンランド	スロベニア	キプロス	アメリカ	英国
0.053	0.060	0.071	0.056	−0.012	0.048	0.012	0.045	0.044
0.060	0.064	0.064	0.060	0.014	0.049	0.022	0.045	0.047
0.053	0.060	0.071	0.056	−0.012	0.048	0.012	0.045	0.044
0.062	0.065	0.080	0.066	0.014	0.057	0.022	0.009	0.044

与えていることがわかる。さらに，アイルランド，キプロスがそれに続く。ただし，政府債務危機が表面化したスペイン，ギリシャ，ポルトガル，イタリアは大きな影響を与えていないことが分かる。金融リスクの波及という観点からは，当該国が金融市場でどのような位置づけにあるのか，すなわち当該国が金融ネットワークの中心にある場合には影響度が大きく，ネットワークの周辺にある場合には影響度が小さいと考えられる。したがって，当該国が債務危機国でなくともその国の金融機関が債務国の債権を多額に保有していれば，当該国の金融システムのリスクが高まり，そのリスクがユーロ圏に伝播することとなる。

以上のグレンジャー因果性検定とVARによる累積インパルスの検定では各国金融市場の個別的要因が他国に伝染したのか，各国の金融市場での共通的要因が時間差を持って反応したのかが判別できない。リスクの波及があるという

●図表3-2　CIの結果(2)　当該国が推計対象国に影響

推計期間1　2004年1月2日〜2007年7月30日

	スペイン	ギリシャ	ポルトガル	アイルランド	イタリア	フランス
累積インパルス期間　5日						
CI	0.005	0.004	−0.007	0.013	0.009	0.047
絶対値CI	0.009	0.005	0.008	0.015	0.010	0.047
累積インパルス期間　25日						
CI	0.004	0.017	0.024	0.214	0.003	0.406
絶対値CI	0.031	0.021	0.050	0.221	0.019	0.413

推計期間2　2007年8月1日〜2013年6月20日

	スペイン	ギリシャ	ポルトガル	アイルランド	イタリア	フランス
累積インパルス期間　5日						
CI	−0.001	0.022	0.046	0.211	0.021	0.443
絶対値CI	0.032	0.025	0.066	0.212	0.029	0.443
累積インパルス期間　25日						
CI	0.016	0.018	0.040	0.202	0.017	0.390
絶対値CI	0.029	0.021	0.056	0.210	0.023	0.397

以上の検証によって、ユーロ圏各国の金融市場の一体化が確認することができた。しかし、ある国の個別的要因が他国に波及することを伝染効果であると定義すれば、以上の分析では不十分である。各国のCDSスプレッドの変動から世界的共通要因と地域的共通要因の影響を除去してコントロールする必要がある。さらに、金融ネットワークの観点からユーロ圏加盟各国がどのようにリスクを波及したのかを分析することも重要であろう。したがって次節では、その分析を行うこととする。

4 Factorモデルを用いた伝染効果の定義

本節ではCDSスプレッド変動の要因のうち世界的共通要因と地域的共通要因をコントロールし、個別的要因を特定した上で、それが他国に伝播したのか

を与えた程度を推計

ドイツ	ベルギー	オーストリア	オランダ	フィンランド	スロベニア	キプロス	アメリカ	英国
−0.004	−0.002	0.006	0.004	−0.001	0.005	0.057	0.005	−0.001
0.009	0.007	0.007	0.008	0.004	0.006	0.057	0.007	0.010
0.041	0.026	0.023	0.032	−0.024	−0.010	0.215	0.023	0.107
0.054	0.050	0.036	0.051	0.027	0.023	0.224	0.026	0.111

ドイツ	ベルギー	オーストリア	オランダ	フィンランド	スロベニア	キプロス	アメリカ	英国
0.034	0.049	0.023	0.043	−0.016	−0.008	0.162	0.007	0.087
0.052	0.068	0.034	0.058	0.025	0.026	0.166	0.015	0.088
0.049	0.032	0.031	0.026	−0.021	−0.006	0.202	0.029	0.090
0.060	0.053	0.040	0.045	0.025	0.021	0.210	0.032	0.094

どうかを検証する。まず，推計式を次のようにする。

$$\Delta r_t = \alpha + \beta_1 \Delta W_t + \beta_2 \Delta R_t + \beta_3 \Delta I_t + \varepsilon_t \tag{2}$$

ここでΔは変化率，rはCDSスプレッド（日次），αは定数項，Wは世界的共通要因，Rは地域的共通要因，Iは個別要因とする。またεは推計誤差，添え字のtは時間を示す。さらに，(2)式を書き換えて次の(3)式とする。

$$\Delta r_t = \alpha + \beta_1 \Delta W_t + \beta_2 \Delta R_t + \varphi_t \tag{3}$$

ただし，$\varphi_t = \beta_3 \Delta I_t + \varepsilon_t$となる。したがって，世界的要因並びに地域的要因をコントロールした(3)式の推計誤差には(2)式の推計誤差を含めて当該国の個別的要因と見なすことができよう。以下では，(3)式の推定誤差φの因果関係を検証する。個別要因や各国で共通した要因かも不明であり，当該国の要因として何が該当するのかが特定しづらいため，(3)式を推定する。したがって，(2)式のIをあえて特定せず，(3)式を推定する。世界的要因として，米国スタンダード・アンド・プアーズ500総合指数（日次），地域的共通要因として，ダウジョーンズEuro stoxx50指数（日次）を採用した。いずれもECB Statistical Data Warehouseから採集した。

推定期間は前節同様，ユーロ導入後からパリバ・ショック前の2004年1月2日から2007年7月30日まで，そしてパリバ・ショックから直近の2007年8月1日から2013年6月20日の2期間とする。対象国はルクセンブルクを除くユーロ圏の初期の加盟国とする。

推定に用いるデータに関してADF検定，KPSS検定により単位根検定を行うと，いずれも単位根の存在は棄却され，各データは定常であることが確認された[3]。そこで，最小自乗法によって(3)式を推定し誤差を求める。求められた各国の残差間で，通常のグレンジャー因果性検定を行うこととする。その結果を示したのが付表2（69-71頁）である。この表より，多くの誤差間で因果関係あるいは相互依存関係が認められるが，欧州危機後の方がより因果関係・相互

〔注〕
3）紙幅の関係上，ここでは単位根検定の結果を割愛する。

依存関係が認められる。

しかし，付表2では煩雑でどの国がリスクの伝播の中心を担ったのかがわかりづらい。そこで，この表をもとにネットワークとして図示したのが**図表3-3**と**図表3-4**である。2つの図を比較すると，危機前と危機後とでは危機後の方がリスクの伝播が多いことがわかる。危機前ではCDSスプレッドの動きが穏やかであるがリスクの伝播がある。しかし，危機後ではリスクの伝播がより多くみられる。ただし，共通している点はフランスからの伝播が2つの期間ともにもっとも多いことがわかる。

さらに，リスク伝播のネットワークからそのつながりを比較するため，当該国に対してリスクが伝播された数を入力次数とし，当該国からリスクが伝播した数を出力次数とする。それを一覧にしたものが**図表3-5**として，掲げられている。

図表3-5から，出力次数から入力次数を差し引いた値をみると，危機前と危機後とではフィンランドを除くすべての国で増加している。また，入力次数と出力次数の和をみても，フィンランドを除くすべての国で増加している。

さらに，各国別の状況を比較すると，フランスがリスクの伝播の中心となり，危機後では伝わっている国が2カ国増えている。ギリシャが債務危機の端緒であることは明らかであるが，リスク伝播に関してはギリシャからではなく，フランスからのものが重要となる。これはフランス金融機関がギリシャをはじめ南欧の国債を多額に保有していたため，またその経済規模も大きく，南欧のデフォルト危機にともないリスクが，フランスからユーロ圏全体に拡散されたものと推察される。

またフォルティス，デクシアといった金融機関が経営危機に陥ったベルギーからもリスクがユーロ圏に伝播している。またザクセン州立銀行，ヒポ・リアルエステートといった金融機関の経営危機が表面化したドイツもリスクを伝播させている。ドイツはユーロ圏の中で経済規模がもっとも大きく，そこでの金融危機のおそれがリスクを伝播させている。さらに，危機後にはドイツが危機を伝播させる国も多く，一種のリスクを中継するハブ的な役割も果たしていることがわかる。

金融危機に陥ったアイルランドは，ドイツをはじめ多くの国にリスクを拡散

●図表3-3　リスク拡散のネットワーク図(1)

2004年1月～2008年8月

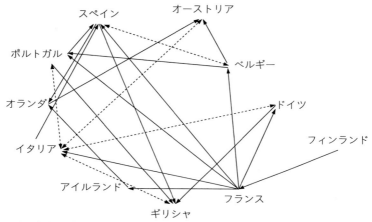

注1）矢印の向きは，その方向でのグレンジャーの意味での因果関係を棄却できないことを示す。
注2）点線矢印は相互に因果関係があることを棄却できないことを示す。

●図表3-4　リスク拡散のネットワーク図(2)

2008年9月～2013年6月

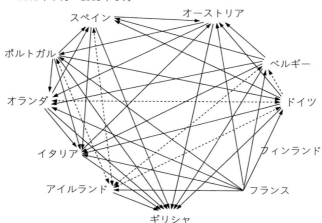

注1）矢印の向きは，その方向でのグレンジャーの意味での因果関係を棄却できないことを示す。
注2）点線矢印は相互に因果関係があることを棄却できないことを示す。

●図表3-5　ネットワーク次数の比較

	2004〜2007				2007〜2013			
	入力次数(a)	出力次数(b)	a−b	a+b	入力次数(a)	出力次数(b)	a−b	a+b
オーストリア	3	0	−3	3	2	4	2	6
ベルギー	2	2	0	4	3	6	3	9
ドイツ	2	1	−1	3	5	7	2	12
フィンランド	0	1	1	1	0	0	0	0
フランス	1	6	5	7	0	7	7	7
ギリシャ	4	1	−3	5	8	0	−8	8
アイルランド	1	1	0	2	1	6	5	7
イタリア	4	5	1	9	6	1	−5	7
オランダ	2	1	−1	3	6	3	−3	9
ポルトガル	2	3	1	5	4	5	1	9
スペイン	4	2	−2	6	4	4	0	8

させている。これはアイルランドの主要銀行が経営破綻危機に陥り，その救済のために政府が支援したことにより，政府債務危機が訪れたためといえる。アイルランドは経済規模からみると小国であるが，それとは関係なく，むしろ金融危機の深刻度が，金融リスクを広く伝染させたものといえる。スペイン，ポルトガルはリスクを伝播されてもいるが，他国に伝播もしている。イタリアは危機前にもリスクを伝播させているが，危機後にはリスクを伝播させるよりも影響を受けているといえる。

したがって，ユーロ圏では伝染効果は危機前にも確認されるが，金融危機にともなって伝染が頻繁になっている。また政府債務危機の勃発したギリシャからリスクが拡散したと考えられがちだが，むしろギリシャは他国からの影響を受けやすかったといえる。リスクの伝染で重要な役割を果たしたのは，フランスである。さらにはポルトガル，スペイン，ドイツも伝染を拡散するためのハブ的な役割を果たしてきたといえる。

また，図表3-1，図表3-2と同様に，各推定誤差 φ を用いたVARモデルを推定し，それによって導出される累積インパルスからCIを求めた。その結果を図表3-6に掲げた。図表3-6より，影響を受けた値と与えた値について推定期間1と推定期間2を比較すると概ね推定期間2の方がCIは大きくなって

●図表 3-6　推定誤差に基づく CI

	推定期間 1		推定期間 2	
	影響を受けた値	影響を与えた値	影響を受けた値	影響を与えた値
オーストリア	0.0807	0.0086	0.1095	0.0473
ベルギー	0.0647	0.0861	0.0927	0.0527
ドイツ	0.0678	0.0665	0.0814	0.0098
フィンランド	−0.0248	0.0080	0.0051	−0.0045
フランス	0.0248	0.1651	−0.0089	0.3362
ギリシャ	0.0868	0.0245	0.0678	0.0170
アイルランド	0.0496	0.0931	0.0177	0.1982
イタリア	0.0774	0.0604	0.1216	0.0433
オランダ	0.0879	0.0172	0.0792	0.0412
ポルトガル	0.0588	0.1207	0.0745	0.0219
スペイン	0.0813	0.0387	0.1198	0.0194

注）25日間の累積インパルスに基づいて CI を求めている。

いる。また，推定期間2においてネットワークをもっとも多く結んでいたフランスが，もっとも大きいインパクトをユーロ圏に与えていたことがわかる。次いでアイルランドがインパクトを与えていることもわかる。

5　むすび

　本章では欧州危機後に伝染効果がどのようにみられるのかを検証した。それによれば，危機前と危機後とを比較すると危機後に CDS スプレッドの変化率の伝染効果が高まっている。したがって，リスクが高いと考えられる時に因果関係が多く，また相関関係も多くみられる。市場の一体化によって情報が伝播しやすくなっている。そのために相関が高まっていると一般には考えられる。しかし，リスクが高い時に相関が高まっていることが観察された。リスクが高い時には流動性が低くなると考えられる。その時に相関が高まっているということは，流動性が低くなり情報生産が低くなる。そのため，ある特定のリスク情報に対して反応し，相関が高くなったものと考えられる。したがって，欧州債務危機時のように債務リスクが高い時には流動性が低下し，関連する情報に対し敏感に反応する投資家が同質的に反応することを示唆している。

このようなリスクの伝染が金融危機を拡大させる可能性は高い。自国の金融システムの健全性が当面維持されていたとしても近隣国の金融危機が国境を越えて波及するリスクが除去できなければ健全性を維持しようにもその手段が制限される。なぜなら，他国の金融機関，金融市場に関する規制監督権限を持ちえないからである。

その問題を回避する１つの手段は，クロスボーダーの権限を持つ地域的な金融監督を行える監督機関を構築することである。その監督機関が地域全体のミクロプルーデンス政策を担うだけでなく，各国の金融市場の状況やマクロ経済動向を監視するマクロプルーデンス政策も行うことである。EU では不十分ながらも銀行同盟が立ち上がる目処がたち，既に地域的に影響の大きい大手金融機関を対象に欧州中央銀行がユーロ圏の金融監督を行うことになっている[4]。それにより事前的に金融危機を防止することに努めることになっている。特に伝染効果の防止に関してはマクロプルーデンス政策が効果的に運営されることが望まれているが，現実に対応できるのかどうかは不明である。また，マクロプルーデンス政策の一元化だけで金融リスクの伝染を完全に防止することは難しいであろう。膨大な投機資金が世界的に流通しており，ユーロ圏内もその影響を受け，投機的な金融取引が今後も行われるであろう。伝染効果を防止するのであれば，巨額の投機取引を規制することが必要であろう。EU では金融取引税の導入を欧州委員会が提案し，現在，その実行を検討中であるが，英国の反対もあり，その導入の可否が課題となっている。しかし，金融リスクの拡散を防止するのであれば，売買を繰り返す投機取引に歯止めをかける仕組みが EU では必要であろうし，その効果の検証は世界的な金融規制への教訓ともなろう。

〔注〕
4）第７章で示すように，EU の銀行同盟には一元的な金融機関の監督，預金保険の統一的運営，破綻処理ルールの統一化が含まれている。

●付表1　グレンジャー因果性検定の結果

推定期間1

ラグ次数：2（SCより）

帰無仮説		F統計量	P値
ギリシャ	↛ スペイン	5.526	0.004
スペイン	↛ ギリシャ	24.459	0.000
ポルトガル	↛ スペイン	120.884	0.000
スペイン	↛ ポルトガル	0.921	0.398
アイルランド	↛ スペイン	20.909	0.000
スペイン	↛ アイルランド	2.457	0.086
イタリア	↛ スペイン	28.612	0.000
スペイン	↛ イタリア	13.526	0.000
フランス	↛ スペイン	28.049	0.000
スペイン	↛ フランス	0.707	0.493
ドイツ	↛ スペイン	32.926	0.000
スペイン	↛ ドイツ	8.953	0.000
ベルギー	↛ スペイン	103.016	0.000
スペイン	↛ ベルギー	3.738	0.024
オーストリア	↛ スペイン	7.473	0.001
スペイン	↛ オーストリア	20.370	0.000
オランダ	↛ スペイン	21.538	0.000
スペイン	↛ オランダ	3.951	0.020
フィンランド	↛ スペイン	0.218	0.804
スペイン	↛ フィンランド	1.806	0.165
ポルトガル	↛ ギリシャ	165.992	0.000
ギリシャ	↛ ポルトガル	3.395	0.034
アイルランド	↛ ギリシャ	12.685	0.000
ギリシャ	↛ アイルランド	0.216	0.806
イタリア	↛ ギリシャ	38.951	0.000
ギリシャ	↛ イタリア	6.633	0.001
フランス	↛ ギリシャ	18.605	0.000
ギリシャ	↛ フランス	2.284	0.102
ドイツ	↛ ギリシャ	42.376	0.000
ギリシャ	↛ ドイツ	4.078	0.017
ベルギー	↛ ギリシャ	55.917	0.000
ギリシャ	↛ ベルギー	5.432	0.005
オーストリア	↛ ギリシャ	13.359	0.000
ギリシャ	↛ オーストリア	5.449	0.004
オランダ	↛ ギリシャ	3.439	0.033
ギリシャ	↛ オランダ	13.189	0.000
フィンランド	↛ ギリシャ	0.084	0.919

推定期間2

ラグ次数：2（SCより）

帰無仮説		F統計量	P値
ギリシャ	↛ スペイン	0.853	0.426
スペイン	↛ ギリシャ	5.904	0.003
ポルトガル	↛ スペイン	836.667	0.000
スペイン	↛ ポルトガル	2.201	0.111
アイルランド	↛ スペイン	703.352	0.000
スペイン	↛ アイルランド	5.064	0.007
イタリア	↛ スペイン	2.078	0.126
スペイン	↛ イタリア	20.355	0.000
フランス	↛ スペイン	34.811	0.000
スペイン	↛ フランス	0.155	0.856
ドイツ	↛ スペイン	495.176	0.000
スペイン	↛ ドイツ	4.744	0.009
ベルギー	↛ スペイン	912.356	0.000
スペイン	↛ ベルギー	2.874	0.057
オーストリア	↛ スペイン	0.452	0.636
スペイン	↛ オーストリア	15.353	0.000
オランダ	↛ スペイン	475.149	0.000
スペイン	↛ オランダ	0.940	0.391
フィンランド	↛ スペイン	1.263	0.283
スペイン	↛ フィンランド	0.660	0.517
ポルトガル	↛ ギリシャ	34.831	0.000
ギリシャ	↛ ポルトガル	0.927	0.396
アイルランド	↛ ギリシャ	30.449	0.000
ギリシャ	↛ アイルランド	0.710	0.492
イタリア	↛ ギリシャ	3.744	0.024
ギリシャ	↛ イタリア	1.144	0.319
フランス	↛ ギリシャ	2.862	0.058
ギリシャ	↛ フランス	0.025	0.975
ドイツ	↛ ギリシャ	23.078	0.000
ギリシャ	↛ ドイツ	0.265	0.767
ベルギー	↛ ギリシャ	31.381	0.000
ギリシャ	↛ ベルギー	0.240	0.786
オーストリア	↛ ギリシャ	4.586	0.010
ギリシャ	↛ オーストリア	0.209	0.811
オランダ	↛ ギリシャ	26.889	0.000
ギリシャ	↛ オランダ	0.294	0.745
フィンランド	↛ ギリシャ	0.374	0.688

第 3 章 欧州債務危機と CDS 市場での伝染効果

ラグ次数：2（SC より）		F 統計量	P 値
帰無仮説			
ギリシャ ↛ フィンランド		0.541	0.582
アイルランド ↛ ポルトガル		25.329	0.000
ポルトガル ↛ アイルランド		3.272	0.038
イタリア ↛ ポルトガル		7.273	0.001
ポルトガル ↛ イタリア		203.923	0.000
フランス ↛ ポルトガル		93.886	0.000
ポルトガル ↛ フランス		13.529	0.000
ドイツ ↛ ポルトガル		6.817	0.001
ポルトガル ↛ ドイツ		16.329	0.000
ベルギー ↛ ポルトガル		13.605	0.000
ポルトガル ↛ ベルギー		11.322	0.000
オーストリア ↛ ポルトガル		2.204	0.111
ポルトガル ↛ オーストリア		55.024	0.000
オランダ ↛ ポルトガル		8.467	0.000
ポルトガル ↛ オランダ		15.008	0.000
フィンランド ↛ ポルトガル		0.276	0.759
ポルトガル ↛ フィンランド		0.482	0.618
イタリア ↛ アイルランド		4.281	0.014
アイルランド ↛		21.563	0.000
フランス ↛ アイルランド		39.261	0.000
アイルランド ↛ フランス		1.780	0.169
ドイツ ↛ アイルランド		1.825	0.162
アイルランド ↛ ドイツ		7.687	0.001
ベルギー ↛ アイルランド		3.174	0.042
アイルランド ↛ ベルギー		24.248	0.000
オーストリア ↛ アイルランド		3.668	0.026
アイルランド ↛ オーストリア		16.519	0.000
オランダ ↛ アイルランド		1.294	0.275
アイルランド ↛ オランダ		45.676	0.000
フィンランド ↛ アイルランド		3.602	0.028
アイルランド ↛ フィンランド		1.660	0.191
フランス ↛ イタリア		30.546	0.000
イタリア ↛ フランス		4.387	0.013
ドイツ ↛ イタリア		34.919	0.000
イタリア ↛ ドイツ		10.151	0.000
ベルギー ↛ イタリア		66.429	0.000
イタリア ↛ ベルギー		1.105	0.331
オーストリア ↛ イタリア		2.061	0.128
イタリア ↛ オーストリア		20.745	0.000

ラグ次数：2（SC より）		F 統計量	P 値
帰無仮説			
ギリシャ ↛ フィンランド		0.965	0.381
アイルランド ↛ ポルトガル		588.575	0.000
ポルトガル ↛ アイルランド		5.065	0.006
イタリア ↛ ポルトガル		3.387	0.034
ポルトガル ↛ イタリア		641.179	0.000
フランス ↛ ポルトガル		382.472	0.000
ポルトガル ↛ フランス		3.273	0.038
ドイツ ↛ ポルトガル		0.636	0.529
ポルトガル ↛ ドイツ		11.994	0.000
ベルギー ↛ ポルトガル		1.568	0.209
ポルトガル ↛ ベルギー		3.955	0.019
オーストリア ↛ ポルトガル		0.013	0.987
ポルトガル ↛ オーストリア		370.289	0.000
オランダ ↛ ポルトガル		2.089	0.124
ポルトガル ↛ オランダ		10.689	0.000
フィンランド ↛ ポルトガル		1.390	0.249
ポルトガル ↛ フィンランド		0.755	0.470
イタリア ↛ アイルランド		1.915	0.148
アイルランド ↛		552.317	0.000
フランス ↛ アイルランド		305.946	0.000
アイルランド ↛ フランス		0.971	0.379
ドイツ ↛ アイルランド		6.024	0.003
アイルランド ↛ ドイツ		314.378	0.000
ベルギー ↛ アイルランド		4.883	0.008
アイルランド ↛ ベルギー		483.786	0.000
オーストリア ↛ アイルランド		0.733	0.481
アイルランド ↛ オーストリア		394.461	0.000
オランダ ↛ アイルランド		1.644	0.194
アイルランド ↛ オランダ		313.082	0.000
フィンランド ↛ アイルランド		0.357	0.700
アイルランド ↛ フィンランド		0.121	0.886
フランス ↛ イタリア		28.171	0.000
イタリア ↛ フランス		0.777	0.460
ドイツ ↛ イタリア		485.067	0.000
イタリア ↛ ドイツ		3.078	0.046
ベルギー ↛ イタリア		795.230	0.000
イタリア ↛ ベルギー		1.630	0.196
オーストリア ↛ イタリア		1.240	0.290
イタリア ↛ オーストリア		5.467	0.004

ラグ次数：2（SCより）			
帰無仮説		F統計量	P値
オランダ ↛ イタリア		23.071	0.000
イタリア ↛ オランダ		9.043	0.000
フィンランド ↛ イタリア		0.075	0.928
イタリア ↛ フィンランド		0.192	0.825
ドイツ ↛ フランス		1.266	0.282
フランス ↛ ドイツ		77.057	0.000
ベルギー ↛ フランス		5.503	0.004
フランス ↛ ベルギー		130.606	0.000
オーストリア ↛ フランス		0.056	0.945
フランス ↛ オーストリア		23.442	0.000
オランダ ↛ フランス		1.872	0.154
フランス ↛ オランダ		37.293	0.000
フィンランド ↛ フランス		2.352	0.096
フランス ↛ フィンランド		0.275	0.760
ベルギー ↛ ドイツ		18.387	0.000
ドイツ ↛ ベルギー		10.815	0.000
オーストリア ↛ ドイツ		3.080	0.046
ドイツ ↛ オーストリア		42.713	0.000
オランダ ↛ ドイツ		0.556	0.574
ドイツ ↛ オランダ		23.285	0.000
フィンランド ↛ ドイツ		0.413	0.662
ドイツ ↛ フィンランド		1.775	0.170
オーストリア ↛ ベルギー		0.136	0.873
ベルギー ↛ オーストリア		117.226	0.000
オランダ ↛ ベルギー		5.508	0.004
ベルギー ↛ オランダ		16.198	0.000
フィンランド ↛ ベルギー		1.142	0.320
ベルギー ↛ フィンランド		1.224	0.294
オランダ ↛ オーストリア		5.194	0.006
オーストリア ↛ オランダ		18.228	0.000
フィンランド ↛ オーストリア		1.643	0.194
オーストリア ↛ フィンランド		0.285	0.752
フィンランド ↛ オランダ		1.382	0.252
オランダ ↛ フィンランド		0.262	0.770

ラグ次数：2（SCより）			
帰無仮説		F統計量	P値
オランダ ↛ イタリア		485.697	0.000
イタリア ↛ オランダ		1.061	0.346
フィンランド ↛ イタリア		0.219	0.803
イタリア ↛ フィンランド		0.890	0.411
ドイツ ↛ フランス		4.141	0.016
フランス ↛ ドイツ		808.737	0.000
ベルギー ↛ フランス		2.457	0.086
フランス ↛ ベルギー		599.314	0.000
オーストリア ↛ フランス		1.047	0.351
フランス ↛ オーストリア		31.457	0.000
オランダ ↛ フランス		0.245	0.782
フランス ↛ オランダ		605.501	0.000
フィンランド ↛ フランス		0.384	0.681
フランス ↛ フィンランド		0.234	0.792
ベルギー ↛ ドイツ		9.482	0.000
ドイツ ↛ ベルギー		8.067	0.000
オーストリア ↛ ドイツ		0.240	0.787
ドイツ ↛ オーストリア		675.793	0.000
オランダ ↛ ドイツ		7.101	0.001
ドイツ ↛ オランダ		19.071	0.000
フィンランド ↛ ドイツ		1.634	0.196
ドイツ ↛ フィンランド		2.296	0.101
オーストリア ↛ ベルギー		0.460	0.631
ベルギー ↛ オーストリア		757.085	0.000
オランダ ↛ ベルギー		5.122	0.006
ベルギー ↛ オランダ		18.170	0.000
フィンランド ↛ ベルギー		0.022	0.978
ベルギー ↛ フィンランド		0.489	0.614
オランダ ↛ オーストリア		673.476	0.000
オーストリア ↛ オランダ		3.946	0.020
フィンランド ↛ オーストリア		0.157	0.855
オーストリア ↛ フィンランド		0.290	0.749
フィンランド ↛ オランダ		0.514	0.598
オランダ ↛ フィンランド		0.606	0.546

付表2　推定誤差の因果性検定の結果

推定期間1

ラグ次数：2（SCより）

帰無仮説		F統計量	P値
ギリシャ	↛ スペイン	3.256	0.021
スペイン	↛ ギリシャ	10.644	0.000
ポルトガル	↛ スペイン	2.560	0.054
スペイン	↛ ポルトガル	6.622	0.000
アイルランド	↛ スペイン	64.612	0.000
スペイン	↛ アイルランド	0.784	0.503
イタリア	↛ スペイン	1.784	0.149
スペイン	↛ イタリア	0.503	0.680
フランス	↛ スペイン	40.047	0.000
スペイン	↛ フランス	0.953	0.415
ドイツ	↛ スペイン	46.924	0.000
スペイン	↛ ドイツ	0.467	0.705
ベルギー	↛ スペイン	50.037	0.000
スペイン	↛ ベルギー	0.171	0.916
オーストリア	↛ スペイン	2.313	0.075
スペイン	↛ オーストリア	12.779	0.000
オランダ	↛ スペイン	28.158	0.000
スペイン	↛ オランダ	1.384	0.247
フィンランド	↛ スペイン	78.615	0.000
スペイン	↛ フィンランド	1.178	0.317
ポルトガル	↛ ギリシャ	2.124	0.096
ギリシャ	↛ ポルトガル	4.867	0.002
アイルランド	↛ ギリシャ	114.670	0.000
ギリシャ	↛ アイルランド	0.474	0.700
イタリア	↛ ギリシャ	1.302	0.273
ギリシャ	↛ イタリア	0.488	0.691
フランス	↛ ギリシャ	45.531	0.000
ギリシャ	↛ フランス	0.388	0.762
ドイツ	↛ ギリシャ	56.040	0.000
ギリシャ	↛ ドイツ	0.026	0.994
ベルギー	↛ ギリシャ	61.306	0.000
ギリシャ	↛ ベルギー	0.455	0.714
オーストリア	↛ ギリシャ	2.110	0.098
ギリシャ	↛ オーストリア	8.097	0.000
オランダ	↛ ギリシャ	56.844	0.000
ギリシャ	↛ オランダ	0.865	0.459
フィンランド	↛ ギリシャ	98.073	0.000

推定期間2

ラグ次数：2（SCより）

帰無仮説		F統計量	P値
ギリシャ	↛ スペイン	2.324	0.074
スペイン	↛ ギリシャ	0.267	0.849
ポルトガル	↛ スペイン	1.778	0.150
スペイン	↛ ポルトガル	0.321	0.810
アイルランド	↛ スペイン	7.154	0.000
スペイン	↛ アイルランド	0.145	0.933
イタリア	↛ スペイン	0.154	0.927
スペイン	↛ イタリア	1.693	0.167
フランス	↛ スペイン	4.076	0.007
スペイン	↛ フランス	0.488	0.690
ドイツ	↛ スペイン	4.158	0.006
スペイン	↛ ドイツ	0.189	0.904
ベルギー	↛ スペイン	8.203	0.000
スペイン	↛ ベルギー	0.463	0.709
オーストリア	↛ スペイン	1.643	0.178
スペイン	↛ オーストリア	0.288	0.834
オランダ	↛ スペイン	6.118	0.000
スペイン	↛ オランダ	0.166	0.919
フィンランド	↛ スペイン	9.763	0.000
スペイン	↛ フィンランド	0.956	0.413
ポルトガル	↛ ギリシャ	1.450	0.227
ギリシャ	↛ ポルトガル	8.619	0.000
アイルランド	↛ ギリシャ	337.047	0.000
ギリシャ	↛ アイルランド	1.394	0.243
イタリア	↛ ギリシャ	1.068	0.362
ギリシャ	↛ イタリア	0.609	0.609
フランス	↛ ギリシャ	306.096	0.000
ギリシャ	↛ フランス	2.015	0.110
ドイツ	↛ ギリシャ	198.520	0.000
ギリシャ	↛ ドイツ	1.243	0.293
ベルギー	↛ ギリシャ	430.311	0.000
ギリシャ	↛ ベルギー	6.770	0.000
オーストリア	↛ ギリシャ	3.116	0.026
ギリシャ	↛ オーストリア	5.412	0.001
オランダ	↛ ギリシャ	192.605	0.000
ギリシャ	↛ オランダ	1.772	0.151
フィンランド	↛ ギリシャ	372.446	0.000

ラグ次数：2（SCより）		F統計量	P値
帰無仮説			
ギリシャ ↛ フィンランド		1.268	0.285
アイルランド ↛ ポルトガル		68.253	0.000
ポルトガル ↛ アイルランド		1.009	0.389
イタリア ↛ ポルトガル		0.288	0.834
ポルトガル ↛ イタリア		0.644	0.587
フランス ↛ ポルトガル		49.558	0.000
ポルトガル ↛ フランス		0.223	0.881
ドイツ ↛ ポルトガル		65.200	0.000
ポルトガル ↛ ドイツ		1.870	0.134
ベルギー ↛ ポルトガル		54.733	0.000
ポルトガル ↛ ベルギー		0.718	0.542
オーストリア ↛ ポルトガル		0.692	0.557
ポルトガル ↛ オーストリア		4.279	0.005
オランダ ↛ ポルトガル		62.466	0.000
ポルトガル ↛ オランダ		3.220	0.022
フィンランド ↛ ポルトガル		55.245	0.000
ポルトガル ↛ フィンランド		3.576	0.014
イタリア ↛ アイルランド		1.280	0.281
アイルランド ↛		1.417	0.237
フランス ↛ アイルランド		94.001	0.000
アイルランド ↛ フランス		0.477	0.698
ドイツ ↛ アイルランド		7.053	0.000
アイルランド ↛ ドイツ		12.209	0.000
ベルギー ↛ アイルランド		84.519	0.000
アイルランド ↛ ベルギー		0.518	0.670
オーストリア ↛ アイルランド		0.078	0.972
アイルランド ↛ オーストリア		68.746	0.000
オランダ ↛ アイルランド		1.755	0.155
アイルランド ↛ オランダ		18.085	0.000
フィンランド ↛ アイルランド		1.153	0.327
アイルランド ↛ フィンランド		14.326	0.000
フランス ↛ イタリア		0.607	0.611
イタリア ↛ フランス		0.173	0.915
ドイツ ↛ イタリア		1.141	0.332
イタリア ↛ ドイツ		0.159	0.924
ベルギー ↛ イタリア		2.444	0.063
イタリア ↛ ベルギー		0.449	0.718
オーストリア ↛ イタリア		1.014	0.386
イタリア ↛ オーストリア		2.283	0.078

ラグ次数：2（SCより）		F統計量	P値
帰無仮説			
ギリシャ ↛ フィンランド		16.154	0.000
アイルランド ↛ ポルトガル		285.544	0.000
ポルトガル ↛ アイルランド		1.023	0.381
イタリア ↛ ポルトガル		0.511	0.675
ポルトガル ↛ イタリア		0.342	0.795
フランス ↛ ポルトガル		263.679	0.000
ポルトガル ↛ フランス		2.313	0.075
ドイツ ↛ ポルトガル		244.269	0.000
ポルトガル ↛ ドイツ		0.102	0.959
ベルギー ↛ ポルトガル		143.101	0.000
ポルトガル ↛ ベルギー		1.799	0.146
オーストリア ↛ ポルトガル		4.254	0.005
ポルトガル ↛ オーストリア		0.596	0.618
オランダ ↛ ポルトガル		223.271	0.000
ポルトガル ↛ オランダ		0.950	0.416
フィンランド ↛ ポルトガル		110.933	0.000
ポルトガル ↛ フィンランド		2.231	0.083
イタリア ↛ アイルランド		0.306	0.821
アイルランド ↛		2.212	0.085
フランス ↛ アイルランド		591.953	0.000
アイルランド ↛ フランス		0.614	0.606
ドイツ ↛ アイルランド		7.577	0.000
アイルランド ↛ ドイツ		3.024	0.029
ベルギー ↛ アイルランド		293.195	0.000
アイルランド ↛ ベルギー		3.153	0.024
オーストリア ↛ アイルランド		0.861	0.461
アイルランド ↛ オーストリア		337.389	0.000
オランダ ↛ アイルランド		2.669	0.047
アイルランド ↛ オランダ		2.532	0.056
フィンランド ↛ アイルランド		1.854	0.136
アイルランド ↛ フィンランド		3.111	0.026
フランス ↛ イタリア		1.717	0.162
イタリア ↛ フランス		0.422	0.738
ドイツ ↛ イタリア		2.144	0.093
イタリア ↛ ドイツ		0.565	0.638
ベルギー ↛ イタリア		0.879	0.452
イタリア ↛ ベルギー		0.687	0.560
オーストリア ↛ イタリア		0.791	0.499
イタリア ↛ オーストリア		0.363	0.780

ラグ次数：2（SCより）					ラグ次数：2（SCより）			
帰無仮説		F統計量	P値		帰無仮説		F統計量	P値
オランダ	↛ イタリア	0.607	0.611		オランダ	↛ イタリア	0.486	0.692
イタリア	↛ オランダ	0.023	0.995		イタリア	↛ オランダ	0.543	0.653
フィンランド	↛ イタリア	0.714	0.544		フィンランド	↛ イタリア	2.008	0.111
イタリア	↛ フィンランド	1.636	0.180		イタリア	↛ フィンランド	0.274	0.844
ドイツ	↛ フランス	0.291	0.832		ドイツ	↛ フランス	1.280	0.280
フランス	↛ ドイツ	126.492	0.000		フランス	↛ ドイツ	549.417	0.000
ベルギー	↛ フランス	2.069	0.103		ベルギー	↛ フランス	2.208	0.086
フランス	↛ ベルギー	57.642	0.000		フランス	↛ ベルギー	245.760	0.000
オーストリア	↛ フランス	1.086	0.355		オーストリア	↛ フランス	2.049	0.106
フランス	↛ オーストリア	35.499	0.000		フランス	↛ オーストリア	284.200	0.000
オランダ	↛ フランス	3.005	0.030		オランダ	↛ フランス	0.669	0.571
フランス	↛ オランダ	75.031	0.000		フランス	↛ オランダ	474.835	0.000
フィンランド	↛ フランス	0.899	0.442		フィンランド	↛ フランス	1.535	0.204
フランス	↛ フィンランド	111.629	0.000		フランス	↛ フィンランド	223.420	0.000
ベルギー	↛ ドイツ	47.958	0.000		ベルギー	↛ ドイツ	186.273	0.000
ドイツ	↛ ベルギー	0.621	0.602		ドイツ	↛ ベルギー	9.817	0.000
オーストリア	↛ ドイツ	0.128	0.944		オーストリア	↛ ドイツ	0.687	0.560
ドイツ	↛ オーストリア	46.928	0.000		ドイツ	↛ オーストリア	208.767	0.000
オランダ	↛ ドイツ	1.451	0.227		オランダ	↛ ドイツ	2.801	0.039
ドイツ	↛ オランダ	15.864	0.000		ドイツ	↛ オランダ	10.509	0.000
フィンランド	↛ ドイツ	2.493	0.059		フィンランド	↛ ドイツ	3.871	0.009
ドイツ	↛ フィンランド	6.824	0.000		ドイツ	↛ フィンランド	8.100	0.000
オーストリア	↛ ベルギー	0.802	0.493		オーストリア	↛ ベルギー	2.730	0.043
ベルギー	↛ オーストリア	41.172	0.000		ベルギー	↛ オーストリア	359.014	0.000
オランダ	↛ ベルギー	1.571	0.195		オランダ	↛ ベルギー	6.327	0.000
ベルギー	↛ オランダ	81.102	0.000		ベルギー	↛ オランダ	190.641	0.000
フィンランド	↛ ベルギー	0.198	0.898		フィンランド	↛ ベルギー	6.180	0.000
ベルギー	↛ フィンランド	80.942	0.000		ベルギー	↛ フィンランド	559.842	0.000
オランダ	↛ オーストリア	51.466	0.000		オランダ	↛ オーストリア	187.110	0.000
オーストリア	↛ オランダ	0.573	0.633		オーストリア	↛ オランダ	0.624	0.599
フィンランド	↛ オーストリア	70.396	0.000		フィンランド	↛ オーストリア	281.538	0.000
オーストリア	↛ フィンランド	2.280	0.078		オーストリア	↛ フィンランド	10.220	0.000
フィンランド	↛ オランダ	10.949	0.000		フィンランド	↛ オランダ	2.679	0.046
オランダ	↛ フィンランド	6.667	0.000		オランダ	↛ フィンランド	3.797	0.010

第**4**章

ユーロ圏の政府債務危機は伝染したのか？
—— ユーロ加盟国の財政収支と CDS スプレッドを用いた実証分析

1　序 —— 欧州債務危機は伝染したのか

　2009年からのギリシャ債務危機により他のユーロ圏政府の債務返済への懸念も高まり，金融市場では，それら諸国のイニシャルをとって GIIPS（Greece, Ireland, Italy, Portugal, Spain）と呼ぶようにもなった。たしかに2009年から2012年にかけて GIIPS 諸国政府の財政は悪化し，その国債償還に対して金融市場は懸念を強めた。その懸念をあらわすのが当該国のソブリン CDS スプレッドの上昇である（**図表 4-1，図表 4-2**）。
　第3章での検証やこれらの図から各ソブリン CDS スプレッドは同じ方向に動いており，いわゆる伝染効果が存在する可能性を示唆している[1]。しかし，ソブリン危機自体にも伝染効果はなかったのであろうか。すなわち，欧州債務危機が起きている間にあるユーロ圏政府の財政赤字の悪化が別のユーロ圏政府の財政を実際に悪化させたという現象は起きたのであろうか。もし起きたとすれば，その原因をどのように考察すればいいのであろうか。本章の目的は，このような政府債務危機の伝染効果が欧州債務危機において存在したのかを実証

〔注〕
1) 欧州債務危機下での金融市場における伝染効果の実証分析に関しては，例えば本書第3章，Arghyrou=Kontonikas (2011)，Beirne=Fratzscher (2013) がある。

的に検証することにある。さらに，その効果の理論的な検討を行うことにもある。

　本来，政府債務危機は個別政府の問題であるはずである。なぜなら，政府債務危機とは財政破綻の危機であり，それは当該国の歳入・歳出に依存しているため他国からの影響を受けにくいと考えられる。

　しかし，金融グローバル化の進展は政府債務危機の伝染を誘発する可能性を持っているのではないだろうか。特に通貨統合を達成し地域的なグローバル化が完成したユーロ圏では，政府債務危機（財政危機）の伝染効果が発生したのかどうかが実証的な課題となる。

　ここで，まず政府債務危機の伝染を定義する必要がある。第3章第2節で資産価格の伝染効果の定義を示したが，それらの定義を参考にここでは，一般的な伝染効果の広義として金融変数・マクロ経済変数の国際的波及がある場合を伝染効果としてとらえる。さらに狭義の伝染効果としてはグレンジャーの意味

●図表4-1　欧州債務国の5年物国債CDSスプレッドの推移

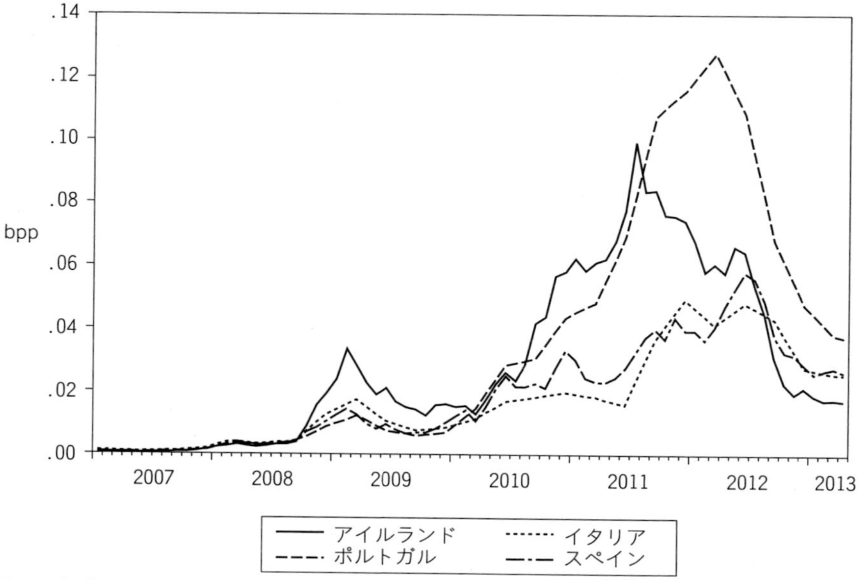

データ出所）Markit.

●図表 4-2　ギリシャの 5 年物国債 CDS スプレッドの推移

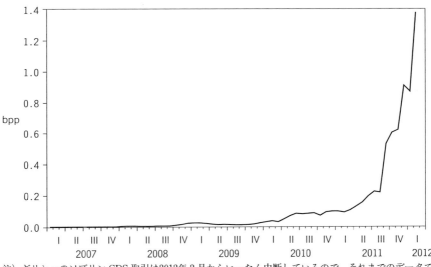

注）ギリシャのソブリン CDS 取引は 2012 年 2 月からいったん中断しているので，それまでのデータでプロットしている。
データ出所）Markit.

での因果性が検出される債務危機の波及が共通ショックではなく，個別ショックで起き得る場合とする。したがって実証的には政府債務危機の伝染を，広義には財政収支の波及としてとらえ，狭義には債務危機国の財政収支が他国の財政収支に有意に正の影響を与えることと定義する。

その定義に基づき，第 2 節ではユーロ圏全体での財政収支の伝染効果の有無を，誤差修正ベクトル自己回帰モデル（VECM）ならびに動学的最小自乗法（DOLS）を用いて検証する。第 3 節では伝染効果が発生した原因について考察する。第 4 節は結論である。

2　広義の政府債務危機の伝染の実態

本節では，まず欧州債務危機において広義の政府債務危機の伝染があったのかどうかを確認する。すなわち，ユーロ圏各国の債務危機が伝播していったの

か，それとも各国独立して起きたのかを確認するために，ベクトル自己回帰（VAR）モデルによる累積インパルス応答を用いる。ここでの対象国はオーストリア（AUS），ベルギー（BEL），フィンランド（FIN），フランス（FR），ドイツ（DE），ギリシャ（GRK），アイルランド（IR），イタリア（IT），オランダ（NET），ポルトガル（POR），スペイン（SPA）であり，推定期間は2004年1月から2013年4月である。利用するデータはEUROSTAT（欧州委員会統計局）による対GDP財政赤字比率である。

●図表4-3　ユーロ圏各国の財政収支での単位根検定の結果

	ADF							
	レベル	定数項	トレンド項	ラグ数	一階の階差	定数項	トレンド項	ラグ数
AUS	−2.691	有り	なし	4	−6.166**	なし	なし	3
BEL	−2.160	有り	なし	3	−10.070**	なし	なし	2
FIN	−1.864	なし	なし	6	−2.257*	なし	なし	5
FR	−0.397	なし	なし	4	−3.841**	なし	なし	3
DE	−1.506	なし	なし	4	−4.651	なし	なし	3
GRK	−2.878	有り	有り	1	−7.481**	なし	なし	0
IR	−0.846	なし	なし	8	−3.396**	なし	なし	7
IT	−3.388*	有り	なし	1	−8.558**	なし	なし	0
NET	−1.833+	なし	なし	10	−2.041*	なし	なし	9
POR	−2.478	有り	なし	3	−11.153**	なし	なし	2
SPA	−2.832	有り	有り	12	−2.289**	なし	なし	9

	KPSS					
	レベル	トレンド項	Bandwidth	一階の階差	トレンド項	Bandwidth
AUS	0.165**	なし	7	0.437	なし	79
BEL	0.703*	なし	8	0.123	なし	17
FIN	0.732*	なし	9	0.156	なし	5
FR	0.602*	なし	9	0.144	なし	4
DE	0.142+	有り	8	0.087	有り	10
GRK	0.612*	有り	8	0.154	なし	4
IR	0.165*	有り	8	0.138	なし	36
IT	1.709**	なし	8	0.053	なし	8
NET	0.588*	なし	9	0.134	なし	2
POR	0.371+	なし	1	0.079	なし	1
SPA	0.163*	有り	9	0.123	なし	3

注）ラグ数はSCによって選択した。定数項，トレンド項は5％水準で有意な場合には付加している。

まず，データの特性を確認するため，ADF検定とKPSS検定によって単位根検定を行った。ラグ次数はSCによって決定した。また定数項とトレンド項は，それぞれ5％水準で有意な場合には付加している。その結果が**図表4-3**に示されているが，それよりすべての対GDP比財政収支比率は非定常データであると判断した。

次に非定常データ間で共和分ベクトルの有無をヨハンセンの共和分検定を用いて検証した。その結果が**図表4-4**に掲げられている。それによると，トレース検定で8つ，最大固有値検定で7つの共和分ベクトルの存在が確認され，両検定の結果より，本章では7つの共和分ベクトルが存在すると判定する。

共和分関係にある変数間でのベクトル自己回帰（VAR）モデルを利用する場合には，誤差修正自己回帰モデル（VECM）を利用すべきである。そこで，本章でもユーロ圏各国の財政収支比率の動きをVECMで推定し，それに基づいて累積インパルス応答を導いた。その結果を図示したのが**図表4-5**である。これより，一概に特定国の財政赤字ショックが他のユーロ圏財政に影響を与えたとまではいえない。南欧諸国の財政ショックはたしかに域内で波及しているものの，その規模と方向性は一様ではない。債務国ギリシャの債務残高増加のインパクトは，スペイン，ドイツなどに波及していることが確認される。

さらに，累積インパルス応答を24期目まで集計したのを**図表4-6**に掲げてい

●図表4-4　財政収支のヨハンセンの共和分検定の結果

共和分ベクトル数	トレース統計値	最大固有値統計値
None	747.665*	179.732*
At most 1	567.933*	164.308*
At most 2	403.625*	110.262*
At most 3	293.363*	71.900*
At most 4	221.463*	56.173*
At most 5	165.290*	53.229*
At most 6	112.062*	40.738*
At most 7	71.324*	35.595*
At most 8	35.729*	20.983
At most 9	14.746	10.459
At most 10	4.287	4.287

*は5％水準で共和分ベクトル数の仮説を棄却することを示す。

●図表 4 - 5　VECM モデルでのインパルス

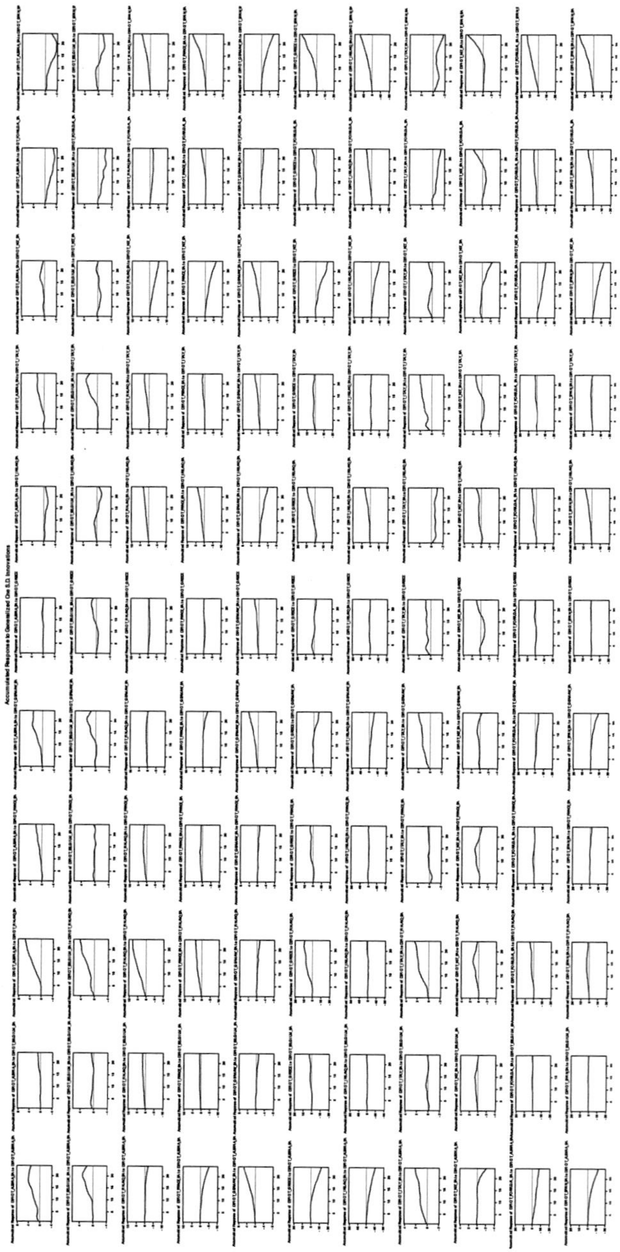

る。表内の影響を受けた指数とはユーロ圏全体からの受けたインパクトをあらわし，影響を与えた指数とはユーロ圏全体に与えたインパクトをあらわす。またインパルス応答の絶対値の累積値は正負に関係なく，ユーロ圏各国の財政収支へのインパクトをあらわす。

図表4-6で影響を受けた指数を見るとスペイン，フィンランドが正の影響を受けており，オーストリアとドイツ，オランダは負の影響を受けていることがわかる。すなわち，後者の3カ国は債務危機が起きると財政を緊縮させていたことになる。また絶対値の累積値でみるとオーストリア，ドイツ，オランダ，ポルトガル，スペインが大きな影響（50以上）を受けたことになる。

図表4-6で影響を与えた観点で累積インパルス応答をみると，オーストリア，ドイツ，オランダはユーロ圏での負の財政ショックを受けて緊縮を行うことを示すが，それ以外の国は財政赤字をもたらしたことを示す。したがって，ユーロ圏での財政赤字が起きると，ユーロ圏各国に少なからぬインパクトを与

●図表4-6　ユーロ圏各国での財政収支インパルスの累積値（24期）

	累積インパルス応答		インパルス応答の絶対値の累積値	
	影響を受けた指数	影響を与えた指数	影響を受けた指数	影響を与えた指数
AUS	−72.812	9.400	92.022	20.652
BEL	8.753	7.266	11.183	15.215
FIN	34.992	4.810	37.701	24.214
FR	3.948	5.920	11.324	34.471
DE	−37.860	0.484	51.368	28.988
GRK	4.189	18.033	7.687	81.290
IR	26.107	−17.262	37.965	194.503
IT	15.387	4.536	17.573	13.006
NET	−81.982	6.745	92.760	12.643
POR	31.961	5.823	50.702	49.166
SPA	94.151	−18.921	115.879	52.014

注1）負は緊縮をあらわす。
注2）24期までの累積インパルス応答値をあらわす。
注3）インパルスを求めるときには変数の順序にインパルス応答が依存されないGeneralized Impulseを利用している。
注4）影響を受けた指数とはユーロ圏全体からの受けたインパクトをあらわし，影響を与えた指数とはユーロ圏全体に与えたインパクトをあらわす。絶対値の累積値は，緩和・緊縮に関係なく，ユーロ圏各国の財政収支へのインパクトをあらわす。

えることが確認される。特にギリシャは累積的に正の影響をユーロ圏全体に与えており，絶対値においても大きな影響を与える。アイルランドは，ユーロ圏財政に負の影響を与えているが，絶対値においてはもっとも大きな影響を与えていることが分かる。

当該国以外のユーロ圏に与えたインパクトをみるとアイルランドとスペインの財政赤字増加が，それ以外の国には財政緊縮のインパクトを与えたことを示す。また絶対値のインパルス応答の累積値によって財政ショックのインパクトの大きさを比較すると，アイルランドとギリシャの他国に与える影響が大きかったことがわかる。また，オーストリア，オランダ，スペインが財政ショックからの影響を大きく受けたことがわかる。

以上より，財政ショックの伝播がユーロ圏ではみられたことが確認され，ギリシャ，アイルランドの財政危機国のショックが，ユーロ圏諸国に影響を与えた可能性のあることを示唆する。しかし，ここではユーロ圏全体の財政収支のインパクトで検証しているので，個別の危機の伝染があったのかどうかは明らかではない。そこで次節では各国別の要因を検証する。

3　狭義の政府債務危機の伝染効果の実証

3.1　各国別の債務危機の状況

次に各国の財政収支の決定要因を検証し，南欧の財政赤字の影響があるのかを検証する。前項の VECM によるインパルス応答のみでは財政赤字が伝播したとしても，それが債務国の個別要因が波及したのか，地域ないしはグローバルに共通の要因が影響を与えたのかが識別できない。そこで，各国の対 GDP・財政収支比率を被説明変数とし，各国個別要因，地域要因，グローバル要因，伝染要因のそれぞれを説明変数として推定する。

個別要因として取り上げたのは各国の 5 年物国債 CDS スプレッド，各国の一人あたり実質 GDP 成長率である。CDS スプレッドが政府債務利払いに影響を与えること，また成長率が高まることで税収が増加し財政健全化につながると想定される。ただし，財政に影響を与えるのにはタイムラグがあるものと考

えられ，3期前のCDSスプレッドを採用し成長率に関しては6期前を説明変数とした（回帰修正誤差が最小値となるラグ次数を選択した）。

地域的要因としては当該国の成長率を除いた各国GDPで加重平均したユーロ圏成長率を求め，それを説明変数として採用した。またグローバル要因としては米国経済の影響を考え，6期前のVIXを採用した。伝染要因としては，債務危機に直面した南欧諸国を中心に，ギリシャ，ポルトガル，アイルランド，スペイン，イタリアの財政収支比率を採用した。ただし，タイムラグを想定し3ヵ月前の変数とした。なお，データ出所は以下の通りである。CDSスプレッドはMarkit社，実質経済成長率，対GDP財政収支比率は欧州委員会統計局(EUROSTAT)より採集した。またVIXはセントルイス連銀経済データベース(FRED)より採取した。推定する対象国はベルギー，フランス，ドイツ，ギリシャ，アイルランド，イタリア，オランダ，ポルトガル，スペインの9ヵ国とした。ただし，伝染原因国ともいえる南欧諸国については，伝染要因として当該国自身の説明変数を含む場合には，その変数を除外して推定する。推定期間は2004年1月から2012年12月とする。ただし，CDSスプレッドのデータの利用可能性により，ギリシャに関しては2004年1月から2012年2月とし，オランダに関しては2006年2月から2012年12月とした。

次に財政収支比率を除くデータの特性を調べるために，ADF検定とKPSS検定によって単位根検定を行った。それらの単位根検定の結果が**図表4-7**に掲げてある。その結果，各国の実質GDP成長率を除く諸変数は単位根を持つことを有意に棄却できなかった。したがって，実質GDP成長率を除く各変数はレベルでは非定常であると判断される。

以上のように，各国のCDSスプレッド，財政収支比率，そしてVIXのレベルでのデータは単位根を持つ非定常データであり，一人あたり実質GDP成長率に関しては定常データであることが確認された。そこで，非定常データ間で長期的均衡関係があるかどうかを確認するために，ヨハンセンの共和分検定を行った。その結果が**図表4-8**に掲げられている。

その結果，すべての国の非定常データ間では長期的均衡関係があることが認められた。共和分関係のある変数を含む場合，通常の最小自乗法は適当でないため，共和分関係のある変数のリード・ラグ項を含む動学的最小自乗法(DOLS)

●図表4-7　単位根検定

各国一人あたり実質成長率（季節調整済み）

	ADF 検定							
	レベル				一階の階差			
	t 統計値	定数項	トレンド項	ラグ数	t 統計値	定数項	トレンド項	ラグ数
AUS								
BEL	−3.264**	有り	なし	3	−5.571**	なし	なし	2
FIN								
FR	−2.638*	有り	なし	3	−7.291**	なし	なし	2
DE	−2.660*	なし	なし	10	−2.814**	なし	なし	9
GRK	−1.274	なし	なし	9	−6.286**	なし	なし	8
IR	−2.898**	なし	なし	3	−6.872**	なし	なし	8
IT	−2.377*	なし	なし	3	−7.477**	なし	なし	2
NET	−2.262*	なし	なし	10	−3.398**	なし	なし	9
POR	−2.240*	有り	なし	4	−5.342**	なし	なし	8
SPA	−2.107*	なし	なし	3	−7.417**	なし	なし	2

	KPSS 検定					
	レベル			一階の階差		
	LM 統計値	トレンド項	Bandwidth	LM 統計値	トレンド項	Bandwidth
AUS						
BEL	0.268	なし	8	0.033	なし	5
FIN						
FR	0.270	なし	8	0.047	なし	7
DE	0.049	なし	4	0.028	なし	6
GRK	1.052**	なし	8	0.193	なし	38
IR	0.177*	なし	6	0.419+	なし	90
IT	0.336	なし	8	0.040	なし	6
NET	0.497*	なし	8	0.034	なし	4
POR	0.584*	なし	7	0.208	なし	38
SPA	0.822**	なし	8	0.058	なし	10

5年物 CDS スプレッド

	ADF 検定							
	レベル				一階の階差			
	t 統計値	定数項	トレンド項	ラグ数	t 統計値	定数項	トレンド項	ラグ数
BEL	−1.572	なし	なし	1	−7.237**	なし	なし	0
FR	−1.158	なし	なし	1	−6.364**	なし	なし	0
DE	−0.996	なし	なし	2	−7.322**	なし	なし	1
GRK	−1.034	なし	なし	22	5.528	なし	なし	21
IR	−1.141	なし	なし	2	−5.214*	なし	なし	1
IT	−0.548	なし	なし	3	−6.531**	なし	なし	2
NET	−2.451	有り	なし	1	−5.251**	なし	なし	0
POR	2.514	なし	なし	24	−2.460**	なし	なし	23
SPA	−0.666	なし	なし	1	−7.083**	なし	なし	0

	KPSS 検定					
	レベル			一階の階差		
	LM 統計値	トレンド項	Bandwidth	LM 統計値	トレンド項	Bandwidth
BEL	0.119+	有り	8	0.118	なし	1
FR	0.160+	有り	8	0.077	なし	3
DE	0.115+	有り	8	0.063	なし	3
GRK	0.592*	なし	10	0.184	有り	10
IR	0.801**	なし	9	0.147	なし	5
IT	0.942**	なし	9	0.057	なし	2
NET	0.919**	なし	7	0.042	なし	4
POR	0.772**	なし	9	0.091	なし	7
SPA	0.988**	なし	9	0.082	なし	4

第4章 ユーロ圏の政府債務危機は伝染したのか？

の結果

当該国を除くユーロ圏成長率（6期前）

	ADF 検定							
	レベル				一階の階差			
	t統計値	定数項	トレンド項	ラグ数	t統計値	定数項	トレンド項	ラグ数
BEL	−3.061*	有り	なし	11	−5.205**	なし	なし	12
FR	−3.564**	有り	なし	5	−8.776**	なし	なし	4
DE	−3.759**	有り	なし	5	−8.809**	なし	なし	4
GRK	−3.080	有り	なし	11	−4.962**	なし	なし	12
IR	−3.556**	有り	なし	12	−5.577**	なし	なし	12
IT	−3.087*	有り	なし	11	−5.306**	なし	なし	12
NET	−3.535**	有り	なし	12	−5.289**	なし	なし	12
POR	−3.071**	有り	なし	11	−5.264**	なし	なし	12
SPA	−3.531**	有り	なし	12	−5.349**	なし	なし	12

	KPSS 検定					
	レベル			一階の階差		
	LM統計値	トレンド項	Bandwidth	LM統計値	トレンド項	Bandwidth
BEL	0.140	なし	30	0.087	なし	20
FR	0.051	なし	9	0.139	なし	27
DE	0.086	なし	10	0.168	なし	27
GRK	0.345467+	なし	62	0.139	なし	27
IR	0.201	なし	35	0.091	なし	21
IT	0.178	なし	31	0.087		21
NET	0.168	なし	37	0.085	なし	21
POR	0.165	なし	32	0.090	なし	21
SPA	0.167	なし	36	0.084	なし	21

VIX

ADF 検定							
レベル				一階の階差			
t統計値	定数項	トレンド項	ラグ数	t統計値	定数項	トレンド項	ラグ数
−2.3959	有り	なし	2	−9.370**	なし	なし	1

KPSS 検定					
レベル			一階の階差		
レベル	トレンド項	Bandwidth	一階の階差	トレンド項	Bandwidth
0.198*	有り	5.000	0.048872	なし	5

84

図表4-8 ヨハンセンの共和分検定の結果

推計方法　ヨハンセンの共和分検定（トレンド項なし）
変数　　　5年物国債CDSスプレッド、当該国債財政収支比率、ギリシャ財政収支、ポルトガル財政収支、アイルランド財政収支、スペイン財政収支、イタリア財政収支

国名	ベルギー			フランス			ドイツ			ギリシャ			アイルランド		
推計期間	2004年4月～2012年12月			2004年4月～2012年12月			2004年4月～2012年12月			2004年12月～2012年2月			2004年4月～2012年12月		
サンプル数	105			105			105			105			105		
ラグの数	2			1			1			1			1		
共和分ベクトルの数	固有値	トレース統計値	最大固有値統計値	固有値	トレース統計値	最大固有値統計値	固有値	トレース統計値	最大固有値統計値	固有値	トレース統計値	最大固有値統計値	固有値	トレース統計値	最大固有値統計値
None	0.4153	219.6837*	57.9579*	0.4737	253.7995*	67.3991*	0.4473	241.8208*	62.2629*	0.7313	295.2858*	128.7793*	0.4564	197.0826*	66.4459*
At most 1	0.3648	161.7258*	49.0139*	0.4426	186.4004*	61.3688*	0.3748	179.558*	49.3100*	0.4397	166.5065*	56.7770*	0.3712	130.6367*	50.5780*
At most 2	0.2805	112.7119*	35.5482	0.3488	125.0316*	45.0378*	0.3351	130.248*	42.8519*	0.4160	109.7296*	52.7146*	0.2911	80.0587*	37.5073*
At most 3	0.2357	77.16373*	29.0334	0.2474	79.9938*	29.8425	0.2579	87.3961*	31.3151	0.2158	57.01495*	23.8264	0.1767	42.5514	21.1957
At most 4	0.1759	48.1304	20.9005	0.2291	50.1513	27.3200	0.2427	56.0810*	29.1853*	0.1851	33.1885	20.0554	0.1377	21.3557	16.1517
At most 5	0.1595	27.2299	18.7636	0.1443	22.8314	16.3595	0.1639	26.8958	18.7894	0.1147	13.1332	11.9360	0.0352	5.2039	3.9066
At most 6	0.0602	8.4663	6.7063	0.0451	6.4718	4.8433	0.0476	8.1063	5.1226	0.0121	1.1972	1.1972	0.0118	1.2974	1.2974
At most 7	0.0162	1.7601	1.7601	0.0154	1.6286	1.6286	0.0280	2.9837	2.9837						

*は5%水準で帰無仮説を棄却することを示す。

国名	イタリア			オランダ			ポルトガル			スペイン		
推計期間	2004年4月～2012年12月			2006年2月～2012年12月			2004年4月～2012年12月			2004年4月～2012年12月		
サンプル数	105			105			105			105		
ラグの数	1			1			1			1		
共和分ベクトルの数	固有値	トレース統計値	最大固有値統計値	固有値	トレース統計値	最大固有値統計値	固有値	トレース統計値	最大固有値統計値	固有値	トレース統計値	最大固有値統計値
None*	0.6010	289.9402*	100.1462*	0.5209	221.8873*	65.4924*	0.4247	174.9436*	60.2583*	0.6614	337.1764*	118.0518*
At most 1*	0.4318	189.794*	61.6081*	0.4334	156.3949*	50.5631*	0.3552	114.6853*	47.8247*	0.5175	219.1246*	79.4326*
At most 2*	0.3407	128.1859*	45.4115*	0.3416	105.8318*	37.1996	0.2107	66.8606	25.7844	0.4022	139.692*	56.0721*
At most 3*	0.2507	82.7744*	31.4534	0.2252	68.6322	22.7066	0.1738	41.0762	20.8052	0.2838	83.6199*	36.3793*
At most 4	0.2032	51.3211	24.7625	0.2122	45.9257	21.2300	0.1352	20.2710	15.8301	0.1770	47.2406	21.2291
At most 5	0.1674	26.5585	19.9715	0.1650	24.6956	16.0490	0.0238	4.4408	2.6214	0.1663	26.0015	19.8194
At most 6	0.0470	6.5871	5.2451	0.0712	8.6467	6.5703	0.0166	1.8195	1.8195	0.0447	6.1821	4.9818
At most 7	0.0122	1.3420	1.3420	0.0231	2.0764	2.0764						

*は5%水準で帰無仮説を棄却することを示す。

を利用する[2]。

本節の目的は各国の財政収支比率がユーロ圏債務危機国の影響を受けたという，伝染効果が認められるのかどうかであり，そのために次の式をDOLSによって推計する。

$$deficit_{i,t} = \alpha + \beta_1 CDS_{i,t} + \beta_2 deficit\_GRK_{t-3} + \beta_3 deficit\_POR_{t-3}$$
$$+ \beta_4 deficit\_IR_{t-3} + \beta_5 deficit\_SPA_{t-3} + \beta_6 deficit\_IT_{t-3}$$
$$+ \gamma_1 Growth_{i,t-6} + \gamma_2 Growth\_EURO_{i,t-6} + \delta VIX_t$$
$$+ \theta TREND_{i,t} + \tau_1 \sum_i^n CDS_{i,t-n} + \tau_2 \sum_i^n CDS_{i,t+n}$$
$$+ \tau_3 \sum_i^n deficit\_GRK_{i,t-n} + \tau_4 \sum_i^n deficit\_GRK_{i,t+n}$$
$$+ \tau_5 \sum_i^n deficit\_POR_{i,t-n} + \tau_6 \sum_i^n deficit\_POR_{i,t+n}$$
$$+ \tau_7 \sum_i^n deficit\_IR_{i,t-n} + \tau_8 \sum_i^n deficit\_IR_{i,t+n}$$
$$+ \tau_9 \sum_i^n deficit\_SPA_{i,t-n} + \tau_{10} \sum_i^n deficit\_SPA_{i,t+n}$$
$$+ \tau_{11} \sum_i^n deficit\_IT_{i,t-n} + \tau_{12} \sum_i^n deficit\_IT_{i,t+n}$$
$$+ \tau_{13} \sum_i^n VIX_{i,t-n} + \varepsilon_t \tag{1}$$

ここで，*deficit*は対GDP財政赤字比率をあらわし，iは国をtは期間をあらわす。CDSは5年物国債CDSスプレッドを，*deficit_GRK*はギリシャの財政赤字比率を，*deficit_POR*はポルトガルの財政赤字比率を，*deficit_IR*はアイルランドの財政赤字比率を，*deficit_SPA*はスペインの財政赤字比率を，*deficit_IT*はイタリアの財政収支比率をそれぞれあらわす。また，*Growth*はi国の一人あたり実質成長率を，*Growth_EURO*はi国を除くユーロ圏全体の加重平均した一人あたり実質成長率を示す。さらに*VIX*は米国株式市場のボラティリティをあらわし，*TREND*はトレンド項をあらわす。ただし，トレンド

〔注〕

2）共和分関係のある変数を含む推計式を推計する方法としてはDOLS以外にもFully-modified OLS, Canonical Cointegrating Regressionが利用できる。

項に関しては5％の棄却水準で有意であれば説明変数に加えるが，有意でない場合には加えないものとする。

　CDSスプレッドと$Growth$は財政収支の個別要因，$Growth\_EURO$は地域的要因，VIXはグローバル的要因，そして$deficit\_GRK$, $deficit\_POR$, $deficit\_IR$, $deficit\_SPA$, $deficit\_IT$は伝染効果要因といえる。ただし，伝染効果を与えると想定した国の財政赤字を被説明変数とした推計には，当該国の財政収支比率を説明変数から除外する。

　以上の推計結果を**図表4-9**にまとめた。ただし，係数の正は説明変数が増加すれば財政黒字になることを示し，負であれば財政赤字になることを表す。図表4-9によれば，ベルギー財政はCDSスプレッドには有意ではない。ギリシャとアイルランドの財政収支に関して有意に負であり，スペインに関しては有意に正となり，ポルトガルとイタリアに関しては有意ではない。したがって，伝染効果も一意の効果を与えるのではなく，ギリシャの財政赤字はベルギーの財政緊縮をもたらし，スペインの財政赤字はベルギーの財政赤字をもたらすことを示唆する。成長率，ユーロ圏成長率に関しては有意ではない。さらにグローバル要因とした米国証券市場のボラティリティであるVIXに関しては有意に負である。以上より，ベルギーの財政赤字は個別要因，地域的要因からの影響からではなく，伝染効果要因およびグローバル要因からもたらされたことを示唆する。

　フランスはCDSスプレッドの係数は有意に負であり，その上昇は有意に財政赤字をもたらすことを示唆する。伝染要因に関してはギリシャ，ポルトガル，アイルランド，スペイン，イタリアは有意であるが，係数をみるとギリシャ，ポルトガル，アイルランドは正であり，スペイン，イタリアは負である。すなわち，スペインの財政赤字はフランス財政の緊縮をもたらすことを意味する。またギリシャの財政赤字はフランスの財政赤字をもたらすことを意味する。成長率に関しては有意に正であり，成長率の上昇は財政収支を改善することを示す。地域要因のユーロ圏成長率の係数も有意に正であり，地域要因であるユーロ圏成長率も正の効果をもたらす。グローバル要因のVIXについては有意ではない。以上より，個別要因，地域的要因，伝染効果要因がフランスの財政悪化をもたらしたことを示唆しグローバル要因は影響を有意に与えなかったとい

第 4 章　ユーロ圏の政府債務危機は伝染したのか？

● 図表 4 - 9　DOLS の推計結果

被説明変数：対 GDP 財政収支比率（季調済み）
推定方法 Dynamic Least Squares (DOLS)
推定期間：2004年11月～2012年12月

国名	ベルギー			フランス			ドイツ			ギリシャ			アイルランド		
説明変数	係数	標準誤差	P値	係数	標準誤差	P値	係数	標準誤差	P値	係数	標準誤差	P値	係数	標準誤差	P値
5年物CDSスプレッド（3期前）	−0.855	0.698	0.229	−340.433	65.894	0.000	35.449	167.369	0.833	−402.590	163.696	0.028	202.078	87.569	0.024
ギリシャ財政収支比率（1期前）	655.536	131.836	0.000	0.671	0.103	0.000	−0.121	0.124	0.338				0.200	0.725	0.783
ポルトガル財政収支比率（1期前）	−1.288	0.447	0.007	0.383	0.102	0.001	0.073	0.074	0.335	0.218	0.334	0.524	0.018	0.348	0.959
アイルランド財政収支比率（1期前）	−1.304	0.164	0.000	0.085	0.012	0.000	0.079	0.028	0.007	−0.474	0.255	0.084			
スペイン財政収支比率（1期前）	0.003	0.064	0.962	−0.283	0.137	0.044	0.309	0.162	0.062	−0.305	0.583	0.610	1.177	0.666	0.081
イタリア財政収支比率（1期前）	2.013	0.456	0.000	−0.284	0.100	0.008	0.451	0.253	0.081	−0.174	1.444	0.906	0.874	0.910	0.340
定数項	0.467	0.608	0.448	−0.941	1.284	0.467	−7.226	2.218	0.002	−5.383	6.204	0.400	19.417	8.182	0.020
トレンド項	1.273	1.786	0.481	0.045	0.007	0.000	0.071	0.011	0.000				−0.193	0.061	0.002
当該国の成長率（6期前）	−16.762	4.918	0.002	0.477	0.182	0.011	0.127	0.038	0.002	0.113	0.046	0.026	−0.382	0.425	0.371
当該国を除く（ユーロ圏成長率（6期前）	0.002	0.289	0.994	0.046	0.053	0.392	−0.069	0.150	0.645	−1.477	0.799	0.086	−0.884	1.378	0.523
VIX（6期前）	0.027	0.056	0.627	−0.001	0.013	0.922	0.035	0.018	0.053	0.022	0.059	0.722	−0.069	0.135	0.611
リード・ラグ次数	3			3			3			6			1		
決定係数	0.944			0.983			0.958			0.989			0.827		
自由度調整済み決定係数	0.841			0.966			0.913			0.933			0.772		
回帰標準誤差	0.933			0.354			0.530			0.888			4.969		
ダービン・ワトソン比	1.268			1.091			0.869			1.880			0.618		

注）ギリシャは推定期間2004年12月から2012年2月まで

国名	イタリア			オランダ			ポルトガル			スペイン		
説明変数	係数	標準誤差	P値	係数	標準誤差	P値	係数	標準誤差	P値	係数	標準誤差	P値
5年物CDSスプレッド（3期前）	−51.396	16.037	0.002	136.221	38.158	0.001	−0.285	1.453	0.846	−174.013	13.413	0.000
ギリシャ財政収支比率（1期前）	0.101	0.072	0.163	0.255	0.031	0.000	111.570	32.009	0.001	0.449	0.086	0.000
ポルトガル財政収支比率（1期前）	0.157	0.059	0.009	0.214	0.040	0.000				−0.140	0.125	0.266
アイルランド財政収支比率（1期前）	0.058	0.028	0.041	−0.036	0.009	0.001	−0.537	0.438	0.226	0.164	0.037	0.000
スペイン財政収支比率（1期前）	0.034	0.066	0.612	−0.125	0.048	0.014	−0.056	0.125	0.655			
イタリア財政収支比率（1期前）				−0.103	0.083	0.223	0.440	0.563	0.438	1.191	0.224	0.000
定数項	−6.650	0.935	0.000	4.202	0.950	0.000	1.610	0.636	0.015	8.272	1.065	0.000
トレンド項	0.051	0.011	0.000	−0.035	0.007	0.000	−2.672	2.368	0.266			
当該国の成長率（6期前）	0.465	0.169	0.007	1.224	0.074	0.000	−3.197	5.781	0.583	0.913	0.292	0.003
当該国を除く（ユーロ圏成長率（6期前）	0.331	0.143	0.023	0.566	0.078	0.000	−0.077	0.043	0.081	0.064	0.214	0.765
VIX（6期前）	0.030	0.011	0.009	−0.020	0.006	0.005	0.083	0.051	0.110	−0.109	0.016	0.000
リード・ラグ次数	1			3			3			3		
決定係数	0.688			0.994			0.898			0.986		
自由度調整済み決定係数	0.591			0.983			0.756			0.976		
回帰標準誤差	0.771			0.351			1.481			0.878		
ダービン・ワトソン比	0.710			1.339			1.045			1.418		

注）オランダの推定期間は2006年2月～2012年12月まで。

える。

　ギリシャはCDSスプレッドの係数は有意に負であり，係数値は他国に比べてもっとも大きい。したがって，CDSスプレッドの上昇は財政赤字をもたらすことを強く示す。伝染効果要因についてはいずれも有意ではない。成長率については有意に正であり，ユーロ圏成長率については有意ではない。VIXに関しても有意な結果は得られなかった。以上より，ギリシャの財政赤字はCDSスプレッドの動きと自国の成長率に影響を受けることとなり，伝染効果は見られない。したがって，ギリシャが伝染の源泉ということができる。

　ドイツはCDSスプレッドの係数は有意ではなく，成長率に有意に正である。伝染効果要因としては，アイルランドの財政収支のみが有意に正である。ただし10％水準ではスペイン，イタリアは有意に正である。成長率の係数に関しては有意に正であるが，ユーロ圏成長率に関しては有意な結果は得られなかった。したがって，ドイツの財政収支比率は自国の成長率の要因が支配的であるが，そうであってもアイルランドの財政赤字の影響を一定程度受けたことを示唆する。

　アイルランドはCDSスプレッドに有意に正である。したがって，自国への不安要因はアイルランド財政に規律を与えたことを示唆する。アイルランドは銀行危機によって政府が金融機関に資本注入する必要性に迫られた。その結果として財政が悪化しCDSスプレッドも上昇したが，その後，財政収支を改善する傾向をみせたことが，この結果に表れているといえる。伝染効果要因はいずれも5％の棄却水準では有意ではない。10％水準で判断すればスペインの財政収支に有意に正の係数である。したがって，ギリシャと同様にアイルランドが債務危機伝染の源泉の可能性が高いが，アイルランドもスペインの財政赤字の影響を受けているということができよう。さらに，自国成長率，ユーロ圏成長率ともに有意ではない。またトレンド項に有意に正である。以上より，スペイン財政の影響があるもののアイルランドは債務危機の源泉の可能性が高く，また金融市場の不安感を受け，財政規律を回復したものといえる。

　イタリアは，CDSスプレッドに関して有意に負である。したがって，CDSの上昇は財政赤字をもたらしたすことを強く示す。伝染効果要因のうち，ポルトガル，アイルランドのみが有意に正となっている。また，成長率とユーロ圏成

長率，トレンド項については有意に正である。したがって，自国およびユーロ圏の成長率の上昇はイタリア財政収支の改善に寄与することを意味する。さらに VIX についても有意に正である。以上より，イタリアも他の債務危機国からの影響を受け，財政赤字が拡大した可能性を示し，さらに地域要因，グローバル要因にも影響を受けやすい構造を持っているといえる。

　ポルトガルは CDS スプレッドには有意ではなく，金融市場の影響を受けなかったことを示唆する。また伝染効果要因に関しては，ギリシャの財政比率のみが有意に正であり係数の値も大きい。すなわち，ポルトガルの財政収支はギリシャの財政悪化の影響を支配的に受けたものと考えられる。さらに，自国の成長率にもユーロ圏の成長率にも有意ではない。ただし，10%の棄却水準ではユーロ圏成長率が有意に正の影響を与えている。VIX に関しても有意ではない。以上より，ポルトガル財政はギリシャ財政の影響を強く受け，地域要因からも一定程度，影響を受けたことを示唆する。

　オランダは CDS スプレッドが上昇することで財政収支は黒字化することを有意に示している。すなわち，CDS スプレッドの上昇は財政規律を与えることを示唆する。またギリシャ，ポルトガル，スペインの財政収支には有意に正であり，それらの財政収支赤字によりオランダの財政赤字をもたらすという伝染効果がみられる。しかし，アイルランドについては係数は小さいものの有意に負であり，アイルランドの財政赤字増加はオランダの緊縮をもたらしたことを示唆する。さらに，イタリア財政に関しては有意ではない。成長率に関しては有意に正であり，成長率の上昇は財政収支を改善することを示す。ユーロ圏の成長率にも自国成長率の半分の程度で財政収支にプラスの影響を有意に与える。また，グローバル要因である VIX に関しては有意に負の係数であり，米国金融市場での不安は財政悪化をもたらすことを示唆する。

　スペインは CDS スプレッドが上昇することで財政収支は赤字化することを有意に示している。すなわち，CDS スプレッドの上昇は財政を悪化させることを示唆する。またギリシャ，アイルランド，イタリアの財政収支には有意に正であり，それらの財政収支赤字によりスペインの財政赤字をもたらすという伝染効果がみられる。ポルトガル財政に関しては有意ではない。成長率に関しては有意に正である。ユーロ圏の成長率には有意ではなく，地域的要因には影響

を受けないことを示唆する。

3.2 推計結果の小括

　以上の推計結果を次のようにまとめることができる。まず，第2節で行った推計により，①各国の財政比率の間では共和分関係が存在することが確認された。さらに，その財政ショックの伝播をVECMによって検証した結果，ユーロ圏での財政赤字が起きると，ユーロ圏各国に少なからぬインパクトを与えることが確認される。特に，ギリシャは正の影響をユーロ圏全体の財政収支に与えており，絶対値においても大きな影響を与える。アイルランドは，ユーロ圏財政に負の影響を与えているが，絶対値においてはもっとも大きな影響を与えていることが分かる。したがって，ユーロ圏内で財政収支は伝播し，いわゆる伝染効果を与える可能性を示唆している。

　②さらに本節でユーロ圏主要各国ごとの財政赤字比率をDOLSによって推計した結果，多くの国で債務危機国であるギリシャ，ポルトガル，アイルランド，スペイン，イタリアの財政収支の影響を有意に受けていることが確認された。ただし，その影響の受け方は一様ではなく，例えばギリシャの財政赤字はオランダに対しては有意に正であるがドイツには有意ではないなど，各国財政に与える影響が異なっている結果となった。特にアイルランドの財政赤字の影響に関しては有意に符号が逆となる例がある。例えばドイツ財政は有意に正であるが，オランダに関しては有意に負である。これは，アイルランド政府がいったんは財政赤字を膨張させたが，その後，財政再建に積極的に取り組み財政赤字を削減していったため，そのアイルランド財政の動きと各国財政の変動が有意に反応した時期が異なることを示唆する。以上より，ユーロ圏内の債務危機が一定程度，ユーロ圏全体に波及していき各国財政を悪化させた要因になったものといえる。

4　政府債務危機の伝染の原因

　以上のように，ユーロ圏諸国の債務赤字の要因として伝染要因が有意に影響を与えていることが確認された。本節では，その原因を検討することである。

まずは政府債務危機の原因を検討し，その上で伝染の原因を検討する。

4.1 政府債務危機の原因

政府債務危機の原因として，第1にはファンダメンタルの要因，第2には政府の返済意志の問題，第3には国債市場での国債価格の暴落による借換えの問題があげられる。

第1の財政危機のファンダメンタルに基づく原因としては，歳入不足およびまたは歳出の拡大による財政赤字の悪化によるものである。歳入不足の原因としては例えば，成長率の低下による短期的な要因や高齢化による労働人口減少による長期的な要因が挙げられる。歳出増加に関する要因としては，金融危機対策の一環として，流動性問題を抱えた銀行への資金注入や失業給付の増加，そして景気対策としての公共事業費の増加などがあげられる。

第2の返済意志の問題とは，政府が国債償還を行う意志を持たない場合に生ずる。意志を持たない場合とは，過剰な財政支出を行ってきた政府が財政規律を強めようとすると国民の反発にあい，選挙で政府与党が敗退することが予想されれば，政府は財政改革に取り組まず返済しないデフォルトを選択する誘因をもつ。その一方で，債務不履行を行えば，リスクが高まりその後の国債発行ができなくなったり，公共サービスの低下による民意の離反，また対外借入も困難となるなど，将来の財政運営が厳しくなるといったペナルティが考えられる。

第3の国債価格の暴落による借換えが困難となることを通じて財政危機が発生する。当該国政府の財政状況が悪化し，国債価格の低下が予想されると，投機家が国債の売却を急ぎ国債価格が下落してしまう。そのため国債発行による資金調達が困難となり，財政危機が到来する。このような状況に対して金融市場でリスクが上昇したと認知されれば，CDS の売りにつながり，それが国債利回りをさらに上昇させる可能性もある。国債価格の売却はファンダメンタルの要因である財政悪化の予想によって起き得るが，その予想形成は世界的に広がる投機家たちであり，彼らのポートフォリオの変更によって当該国政府のソブリン CDS スプレッドならびに国債価格が下落しうる。

4.2 政府債務危機の伝染の原因

　前項の政府債務危機の要因のうち，外国の財政危機の影響が伝わるチャネルを持つものを検討してゆく。まず貿易連関を通じたものと，国際金融市場を通じたものが考えられる。

　前者の貿易連関を通じたものとは次のような効果を想定する。先に挙げた政府債務危機の第1の要因のファンダメンタル要因のうち，歳入側では成長率の低下に関して地域的に隣接した国・地域での成長率低下は貿易連関を通じて当該国にも影響を与えることが考え得るが，それは景気伝播（transmission）であり，経済の相互依存関係が進展すると想定できる状況である。例えば，開放経済のA国の景気後退があり，その対応のために当該政府が財政支出を増加させるとしよう。その景気後退が相互依存関係にあるB国に伝播すれば，その国の政府も財政支出拡大で対応しようとする可能性は高い。さらに両国とも財政余剰がないとすれば，両国の財政支出拡大が時間差で現れることとなり，Aの財政赤字がBの財政赤字に伝染したように観察される。ただし，これは本章で定義した財政危機の伝染効果の1つであるが，効果が表れるのに時間がかかるであろう。またファンダメンタルな要因によるものであり，過剰な伝播を招く恐れは少ないものといえる。

　また，国際金融市場を通じた伝染といえるチャネルは，次のようなものである。外国での景気後退によりその国の政府の財政赤字により財政危機が発生し，そのことが金融市場での国債利回り，あるいはCDS市場でのCDSスプレッドの上昇をもたらす[3]。それが当該国の利回り，あるいはCDSスプレッドにも正の影響を与えるとすれば，当該国での投資を減退させ成長率を押し下げることにより，歳入を減少させる。また，その国債利回り，あるいはCDSスプレッドの上昇は当該国政府の国債利払い費を増加させるので歳出増につながる。また地域的な金融危機による外国の景気後退により，当該国でも景気が後退すれば両国とも景気対策のために歳出が増加する。ただし，先に景気後退が訪れた外国政府の財政赤字がまずは増加する。

〔注〕
3）CDSスプレッドと国債利回りの関係については本書第2章および高屋（2014c）がある。

一方,反対の財政への反応もありうる。負の景気伝播を受けた国のCDSスプレッドが上昇し,それを懸念した当該国政府が財政健全化を進めれば財政黒字の方向にすすむ。ここで伝染効果としてとらえられるのは,正の効果,すなわちある国の財政赤字が発生すれば同方向に他国も財政赤字となるものとしてとらえるのが適当であろう。

　第2の返済意志に関しては,政府の返済意志に外国政府が直接的に影響を与えることはないものと考えられるが,間接的には外国政府のデフォルトを観察することにより返済意志を通じた伝染プロセスが想定できる。ただし,返済不履行を起こしたときのペナルティとして対外関係の悪化や民間企業も含む対外借入の困難などがあり,外国の影響を完全に視野に入れていないとはいえない。また他国の債務不履行の状況をみて,それに対するペナルティが軽ければ,当該国政府も債務不履行を実行してもペナルティが軽いものと認識する可能性がある。いわゆるモラルハザードを他国の返済意志によって誘発することはあり得る。したがって,債務危機に先んじて陥った国への対応を観察して,それに続く債務国が債務不履行を選択する可能性は高い。

　第3の国債価格の暴落に関しては,金融市場での伝染効果が多数の研究により確認されている。本書第3章でもソブリンCDS市場での伝染効果が確認されている。国債価格ならびにCDSスプレッドの伝染が確認された背景には,第3章で示されたように,当該国の財政赤字悪化などのファンダメンタル要因だけでなく,EU全体の経済不安を伝えるニュースによる要因などがある。特にニュースの要因が危機前後では支配的な要因になっており,当該国の財政状況だけでなくユーロ圏全体の経済状況やユーロ圏内の財政危機国のニュースに反応してそれ以外の国の国債やCDSを売却したものと推察される。したがって,必ずしも合理的ではない金融市場での投機家の予想ならびにそれに基づく行動がCDSスプレッドを動かし,そのCDSスプレッドの類似した,しかし必ずしも財政危機に陥ってはいない他国のCDSに伝染し,それを通じて当該国政府の国債価格を引き下げる可能性がある。また本書第2章で示したように,CDSスプレッドの伝染が財政赤字国の中で観察されており,その伝染効果が債務危機を拡大したものといえる。

　2009年からのギリシャ政府の債務危機から端を発した欧州債務危機では政府

債務危機の伝染がみられた。その原因としては，上記の第1の景気の伝播を通じた債務危機と，第3のCDS市場での伝染による財政危機があげられる。特に近年の金融自由化により金融取引の規模が格段に拡張した金融資本主義と呼ばれる構造が生まれ，CDS市場を通じた財政危機の可能性も高くなっている。CDSスプレッドに対して負の係数が推計されたユーロ圏諸国は，金融市場による債務返済が強く求められるか，あるいは債務返済不能の状態に追い込まれるリスクがあるものといえる。正の係数が推計されたドイツのような国であっても，財政規律を回復するに際して，ドイツ政府自身の判断でも金融市場の反応を考慮せざるを得ないことを示している。どちらのケースにせよ，金融市場の動向が各国財政の判断に強い影響を与えていることを示唆している。

5 むすび ── 政府債務危機の伝染防止にむけて

本章第2節，第3節での分析により欧州債務危機の発生後，ユーロ圏各国の財政収支の連動性が高くなり，南欧諸国を中心とする債務危機国の財政赤字拡大の動きは，他のユーロ圏財政に影響を与えたことが実証的に確認された。第4節ではそれを引き起こす要因としてファンダメンタルの要因と金融市場の要因に分けて検討した。ただし，債務危機国からの直接的な影響とともにユーロ圏諸国のCDSスプレッドの反応をみると後者の金融市場からの要因の影響も大きいことが示唆された。

そこで政府債務危機の伝染の防止に関しては，ファンダメンタルズへの対応は必要であろう。ユーロ圏内では市場統合が完成しており，貿易規制を復活させることはできない。そのため各国の景気の連動性は他地域に比べて高いといえる。すなわち，ユーロ圏での景気連動性を前提にして，伝染防止をしなければならない。そのため，景気変動を財政政策に委ねずに要素移動によって行うことができればいい。しかし，そのような最適通貨圏の条件が常に満たされるとはいえず，一時的には財政支出による景気循環抑制的な政策手段にも頼る必要があろう。高屋（2009）が提唱したように，ユーロ圏各国が景気抑制のための財政ファンドを積み立て，そこから支出すれば景気後退に陥ったユーロ圏加盟国のみが財政支出を行うよりも負担は軽く，財政危機を防げるのではないか

と考える。

　また，CDS 市場からの影響が大きいことが本書の推計の結果，確認された。ソブリン CDS スプレッドは本源的証券である国債に対する保険的機能を提供するデリバティブ商品であるので，当該国国債のリスクを反映する価格である。本来であれば，本源的証券のリスクを適切に反映するプライシングがされるはずである。しかし，ユーロ導入後の動きをみると，2007年までは安定成長協定のもとで財政赤字を抑制することが続けられていたとはいえ，各国財政には格差があった。しかし，ユーロ圏各国のソブリン CDS スプレッドは，ほぼ同一である。その一方で，ギリシャ危機が報じられた2009年10月以降は，急激に上昇している。これは合理的な価格付けがなされていなかったことを示唆している。特にギリシャ危機後のギリシャ国債の CDS スプレッドの上昇はあまりに急激であり，また高屋（2014）が示したように，CDS スプレッドはニュースによっても大きく影響を受けることが明らかであり，これは投機家の Herding 現象を反映したものかもしれない。

　このような CDS スプレッドの動きによって各国の財政収支が影響を受けるとすれば，CDS 市場をはじめとした金融市場の投機的な特徴を抑制する必要があろう。すなわち，金融規制の強化が求められるものと考える。ユーロ圏ではグローバル化が地域的には完成している。そのため EU が金融規制の共通ルールを策定しているため，ユーロ圏内での金融規制の進む方向性は金融危機以前に比べて規制強化に向かっている。その代表的な新たな規制が第 7 章で述べる銀行同盟である。EU の銀行同盟には①欧州中央銀行によるクロスボーダー取引を行う金融機関に対する一元的監視・規制，②金融機関の破綻処理の一元化が含まれる。銀行同盟による規制によって従来，各国で異なっていた規制・監督のルール・方式が，大手の金融機関に限られるとはいえ統一されることとなり，異なる規制による競争上のゆがみが是正されることが期待される。危機に対する事前・事後のルールができることにより，金融機関による投機的な行動を一定程度，抑制されるかもしれない。しかし，規制の目を逃れた行動や，ヘッジファンド等のシャドーバンキングの行動をどの程度まで規制対象にできるのかは，今後の課題である。

　また金融危機が起きる以前では，金融監督・規制の分野はミクロでの個別金

融機関の健全性などを対象にしてきたが，金融グローバル化の下で金融リスクの伝播や伝染が一般的に観察されることになり，金融システム全体に影響を及ぼすシステミック・リスクの危険性が認知されたため，マクロ的な金融環境も考慮した金融監督が必要であるとの認識になっている。EUでは欧州システミック・リスク理事会（European Systemic Risk Board：ESRB）を創設し，ミクロプルーデンス政策を担い，欧州銀行監督機構（European Banking Authority：EBA）とともに金融監督の柱となっている。この理事会では金融システム全体に潜在するリスクを監視し，リスクが高まれば対応することが求められる。この理事会には，議決権を有するメンバーとして欧州中央銀行（ECB）の総裁・副総裁，各国中央銀行総裁，欧州委員会代表，欧州監督機構議長，欧州保険・企業年金監督機構（European Insurance and Occupational Pensions Authority：EIOPA）議長，欧州証券市場監督機構（European Securities and Markets Authority：ESMA）議長，専門家からなる学術的諮問委員会の議長・副議長，政策当局者からなる技術的諮問委員会の議長がなり，議決権を有しないメンバーとして各国監督当局者の代表および経済財政委員会の議長が入っている。そのような構成によってEU域内でのマクロプルーデンスを行うため，EU加盟各国間およびEU，ECBとの調整も行いながら，これから起き得るであろう金融システムの不安定性に対処しようとしている。

　ただし，マクロプルーデンス政策によって本章で強調したようなCDS取引をはじめとするデリバティブ商品を用いた投機的取引の影響をどの程度まで予測し，それを抑制できるかは不明である。これからのこの政策の運用を見守ることと同時に，EUでの最適なマクロプルーデンス政策はいかにあるべきかを検討する必要がある。これについては今後の課題としたい。

　国際的な金融規制では米国のボルカールールが適用されれば金融機関にとって規制強化となるものの，それが現実的に適用できるのかどうか不明であり，また適用されたとしてもシャドーバンキングなどの抜け穴をどう防げるのかも不明なままである。ただ，ボルカールールを含む新しい米国の金融監督規制が実行されれば，米国のローカルルールが国内では適用される。またEUも銀行同盟を中心とした金融規制が実行されればEUローカルのルール適用が求められる。そのような現状を**図表4-10**の金融規制のトリレンマ図では②の方向性

●図表 4-10　国際金融規制のトリレンマ

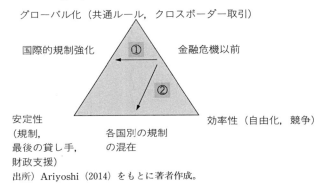

出所) Ariyoshi (2014) をもとに著者作成。

へと金融業を向かわせることとなる。ローカルルールが混在する金融規制の状態になったとすると金融取引，特に投機的取引を行うヘッジファンドを含むシャドーバンキングの行動を抑制することができるのであろうか。異なるルールが混在する場合，その違いを利用した投機的な動きをかえってとりやすくなる。それが金融市場の肥大化，投機家の流れを抑え，債務危機などの経済危機の芽を摘むことが難しくなるであろう。

　それを防ぐには，シャドーバンキングを含む投機家を対象にした国際的な統一したルールが必要であろう。これは自由な取引をある程度，規制することとなるのでその意味では効率性を損なうこととなるが，債務危機の回避を含む長期的な金融安定性を確保できるのであれば，それは金融市場の「安定効率性」を保証し，市場の質を高めるものとなるであろう。

第5章

欧州債務危機は実体経済を抑制したのか？
——構造変化を考慮した投資関数の推定による欧州債務危機の実体経済への影響の検証

1　序

　政府債務危機，あるいはソブリン債務危機は近年の主要なものだけでも1980年代の中南米債務危機，1994年のメキシコ危機，2001年のアルゼンチン危機といったものが挙げられる。しかし，OECD加盟の先進国であり，通貨統合を行ったギリシャという国のデフォルト危機は今まで経験したことがなく，欧州ならびに国際経済に与える影響も予測できないものである。そのため，欧州債務危機がギリシャだけでなく他の欧州諸国の政府のリスクを引き上げてきた。そのリスクの高まりが当該国の景気を停滞させ，それがまたデフォルト・リスクを高めるという負の連鎖にある。

　最近の公的債務と実質成長に関する実証研究では，対GDP政府債務比率の上昇は実質成長率を引き下げるという研究がある[1]。しかし他の多くの研究では，実質成長率に対して対GDP政府債務比率は最適水準があり，債務比率がゼロであることが成長率を高めてはいないという研究もある[2]。したがって，公的債務比率の上昇が実体経済にどのように影響を与えるのかは，必ずしも定

〔注〕
1) 例えばKumar＝Woo（2010），Schclarek（2004）がある。
2) 例えばReinhart＝Rogoff（2010），Checherita＝Rother（2010），Padoan et al.（2012），Egert（2012）がある。

まった見解があるわけではない。

本章では公的債務残高を明示的に扱う代わりに，市場での政府債務リスクを明示的に取り上げ，それを通じて実体経済がどのように欧州債務危機によって影響を受けたかを検証する。言い換えると，債務危機を経験した欧州諸国の市場評価によるソブリンリスクが当該国の実体経済にどのような影響を与えたのかを実証的に検討する。特にここで着目するリスクの指標としてCDSスプレッドを取り上げる。CDSスプレッドについては第1章でも説明したが，CDS（Credit Default Swap）とは債券発行体の信用リスクを売買する取引である。信用リスクをヘッジしたい主体は，その保証のためにProtectionの買い手となり，信用リスクを引き受ける主体がその売り手となる。ただし，そのProtectionの売買が市場取引され，第三者間でも行われる。当該債券の発行体の信用が高いと，その需要が高まりCDSスプレッドは低下するが，信用が低くなるとその

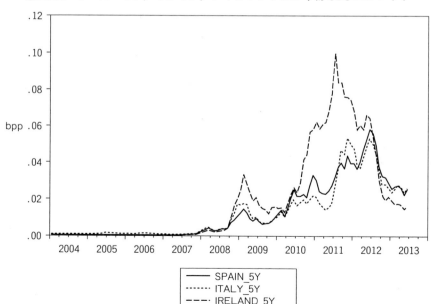

●図表5-1　スペイン，イタリア，アイルランドの5年物CDSスプレッド

データ出所）Markit社より提供。

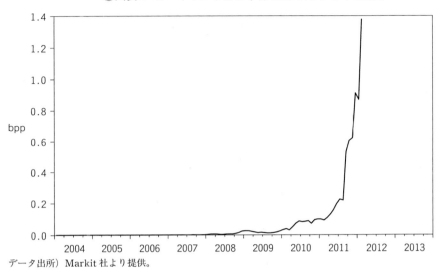

●図表 5-2　ギリシャの5年物 CDS スプレッドの動き

データ出所）Markit 社より提供。

売りが増加し，CDS スプレッドは上昇する。このように，CDS の価格ともいえる CDS スプレッドは市場による発行体の信用評価に依存しており，これは発行体のリスクの市場評価といえる。したがって，ここでは欧州各国の国債 CDS スプレッドを利用して，当該国のリスク指標とする。

　また，実体経済への影響をとらえるには実質 GDP の変動が重要である。さらに，実質 GDP 変動に大きく影響を与える要因には設備投資がある。景気変動により消費の変動よりも設備投資の変動は依存しやすい。設備投資の下落があれば景気を減退させやすい。したがって，本章では債務危機によって欧州各国の設備投資にどのような影響があったかを検証する。

　以下，第2節では設備投資関数の推計方法の説明を行う。第3節では設備投資関数の推計結果を説明する。第4節では推計結果を考察する。第5節ではむすびである。

2　推計方法

　本章での設備投資関数の推計の目的は次の通りである。まず，本章での推計の目的は景気循環を主導する設備投資の変動が欧州債務危機でどのように影響を受けたのかを推計することである。それを通じて，債務危機が実体経済にどのような影響を与えたのかを検証することである。その際，リーマン・ショックや債務危機の構造変化によって分割された期間も同時に推計することも，本章の目的である。

　ユーロ導入後，欧州債務危機前後の期間における欧州各国の設備投資関数を推計するのが本章の目的である。しかし，100年に一度といわれたように未曾有の金融危機を経験し，その後，政府債務危機に直面した欧州各国では，企業の投資決定に構造変化が起きていたと想定できる。通常，構造変化を想定した推計では構造変化の時期を先験的に特定して時期を区分するか，説明変数にダミー変数を加えて推計することが考えられる。

　しかし，ユーロ加盟各国で構造変化の時期が特定できず，その構造変化の時期を特定するための推計方法が必要となる。本章では，複数構造変化テスト（multiple breakpoint tests）を採用して推計を行う。また，採用した構造変化テストは Bai and Perron（1998）による Bai-Perron tests of L+1 vs. L sequentially と，Yao, Yi-Ching（1988）および Liu, Wu, and Zidek（1997）による compare information criteria である。

　構造変化期の推定にあたっては，すべての被説明変数が構造変化しうるものとして推計した。2004年から2013年の比較的短期ではあるが，金融危機，債務危機を経験した欧州の経済状況を考慮し，投資決定主体の持つリスク感応度の構造変化があるものと想定する。

　また投資に関する推計モデルは次の通りである。

$$\Delta(I_t) = \alpha + \beta \Delta R_{t-1} + \gamma Growth_{t-1} + \delta Loan\_growth_{t-1} + \varepsilon_t \tag{1}$$

　ここで，α は定数項を，I は実質粗固定資本形成，R は CDS スプレッド，$Growth$ は実質成長率（前月比），$Loan\_Growth$ は貸出成長率（前月比）を，ε

は誤差項，tは当該期間を，iはラグ次数を，Δは変化率をそれぞれあらわす。推計対象のユーロ圏諸国として債務危機を経験した国を中心にギリシャ，スペイン，イタリア，アイルランド，そしてドイツを取り上げた。推計期間は2004年1月～2013年5月である。

(1)式の推定において理論的に予想される符号としてβは負，γ，δは正である。まずCDSスプレッドRに関して，債務危機などにより当該国政府のデフォルト・リスクが高まると，景況感が悪化し，企業の投資を抑制する判断が働きやすいと想定される。また実質成長率$Growth$に関して，過去の成長率が高いと将来の予想成長率が高まり，投資を増加させるものと想定される。また企業に対する金融機関の貸出成長率が高いという情報は，企業への信用枠が増える傾向を示すものといえ，過去の貸出成長率が高いと信用枠が拡がり，投資を増加させやすいといえる。逆に，金融機関の不良債権が増大すると，信用枠を低下させるものと考えられ，そうすると企業投資も減退させることとなる。

推定に利用したデータは次の通りである。粗固定資本形成の変化率は欧州委員会統計局（EUROSTAT）のGDP構成要素（四半期）から採取したものを月次にスムージング変換し月次データを作成した。さらに，そのデータにホドリック・プレスコットフィルター（HPフィルター）を用いてフィルタリングしたトレンド値を被説明変数とした[3]。設備投資は経済状況によって大きく変動することが知られており，確かにそのサイクルを説明することも重要であるが，本章では欧州債務危機が投資のトレンドにどのような影響を与えたのかを分析することを主目的とする。そのため，ここでは投資のトレンド値を被説明変数に選択した。

また，Rは当該国政府のソブリンCDSスプレッドを示す。これはMarkit社からの提供データ（日次）を月次に変換した。$Growth$はEUROSTATの鉱工業生産指数（全産業，月次）データを用いて，前月比成長率を求めた。貸出成長率$Loan\_Growth$はEUROSTATが提供する当該国内の金融機関の全国内居住者向け貸出データを前期比で成長率を求め，それを用いた。

説明変数のラグ次数はAICおよびSCに基づいて判断した。さらに，推計方

〔注〕
[3] HPフィルターのスムージング・パラメータとして14400を利用した。

法は最小自乗法を用いた。ただし，ダービンワトソン比（以下，DW 比）が2から大きく離れている場合，すなわち残差が系列相関している場合には，誤差の系列相関が不均一分散であるので不偏性が成り立たない。不均一分散と誤差の自己相関を考慮した分散共分散行列の計算法である Newey=West(1987)による HAC 分散共分散行列を用いて分散共分散行列を計算することとする。

3　推計結果

　ドイツの構造変化の推計結果と(1)式の推計結果は**図表5-3**と**図表5-4**に挙げたとおりである。まず図表5-3より，ドイツの構造変化の時期は Bai=Perron 検定と compare information criteria での Schwarz による棄却値は異なる結果を示している。ただし，Bai=Perron 検定と compare information criteria での LWZ による棄却値とでは，同じ構造変化数と時期を示しており，ここでは後者の構造変化数を3期，変化の時期を2006年1月，2008年6月，2011年2月とする。したがって推計期間は4期間に分割され，それぞれ最初の第1期から第4期までとする。

　推計式(1)の結果である図表5-4を見ると，ユーロ導入初期の第1期では投資に関して CDS スプレッドは有意ではなく，過去の実質成長率と貸出成長率に有意に正の値を示している[4]。ただし，DW 比は2から離れており，HAC 共分散行列を用いて推計している。第1期は欧州危機が顕在化してはおらず，ドイツなどの欧州先進国で景気後退の影響が残る時期である。この時期では過去の成長率と貸出に投資が依存していたものといえる。

　第2期も欧州危機は顕在化しておらず，一時的な景気低迷から脱出した時期である。このときも CDS スプレッドは有意ではなく，また貸出成長率も有意ではない。この時期には過去の成長率が有意に正であり，この時期は主に過去の成長率に基づいてドイツ経済の成長を予想し，投資を拡大させたといえる。

　第3期では，第2期と同様に CDS スプレッド，貸出成長率は有意ではない。

〔注〕
4）ここで棄却水準を5％とする。以下，有意と表現するのは5％水準で棄却できない場合である。

●図表 5-3 ドイツ

構造変化テスト：	Bai-Perron tests of L+1 vs. L sequentially determined breaks
推定された構造変化の数	3
構造変化の時期	2006年1月，2008年6月，2011年2月

構造変化テスト	F値	Scaled F値	棄却値
0 vs. 1*	70.36802	281.4721	16.19
1 vs. 2*	161.9371	647.7484	18.11
2 vs. 3*	363.2708	1453.083	18.93
3 vs. 4	0	0	19.64

構造変化テスト：	Compare information criteria for 0 to M globally determined breaks
推定された構造変化の数	3
構造変化の時期	2005年12月，2008年9月，2011年2月

Schwarz criterion selected breaks：	4
LWZ criterion selected breaks：	3

構造変化数	# of Coefs.	残差平方和	対数尤度	Schwarz* 棄却値	LWZ* 棄却値
0	4	10.10835	−23.6573	−2.25665	−2.11218
1	9	4.118471	27.52185	−2.94681	−2.61988
2	14	0.765358	123.4468	−4.42197	−3.91031
3	19	0.058777	269.7422	−6.78083	−6.08194
4	24	0.040701	290.6899	−6.94061	−6.05171
5	29	0.057515	270.9798	−6.38709	−5.30509

＊SC，LWZのそれぞれの基準値の最低値を太字で示している。

過去の実質成長率のみが有意に正である。したがって，欧州危機の前後でも過去の成長率に依存して投資が決定されたものといえる。

第4期では，CDSスプレッドは有意ではないものの，過去の実質成長率が有意に正で，貸出成長率が有意に負である。この時期には貸出成長率に投資が負に反応しているのは，貸出成長率が減退しても投資は増加していることを示唆している。欧州金融危機により，ドイツの金融機関といえども不良債権を抱え貸出を抑制する傾向にあった。そのためドイツ企業は貸出抑制に直面していたものの，過去の成長率がプラス成長であり，将来もその正の成長を期待して，

●図表 5-4　ドイツ

推計期間	2004年1月～2013年6月		
第1期：2004年1月：2005年12月--24 obs			
説明変数	係数	t値	P値
定数項	−0.306	−7.484	0.000
CDS (t−i)	148.309	0.565	0.574
成長率 (t−i)	6.282	45.037	0.000
貸出成長率 (t−i)	4.721	2.095	0.039
第2期：2006年1月-2008年5月--29 obs			
説明変数	係数	t値	P値
定数項	1.175	75.183	0.000
CDS (t−i)	152.335	1.480	0.142
成長率 (t−i)	2.680	46.123	0.000
貸出成長率 (t−i)	0.833	1.213	0.228
第3期：2008年6月-2011年1月--32 obs			
説明変数	係数	t値	P値
定数項	0.986	135.310	0.000
CDS (t−i)	1.999	0.443	0.658
成長率 (t−i)	1.757	52.330	0.000
貸出成長率 (t−i)	−0.283	−0.498	0.619
第4期：2011年2月-2013年6月--29 obs			
説明変数	係数	t値	P値
定数項	0.288	13.445	0.000
CDS (t−i)	−0.555	−0.204	0.839
成長率 (t−i)	3.789	33.161	0.000
貸出成長率 (t−i)	−3.143	−3.124	0.002
構造変化の回数	3		
構造変化の特定方法	Bai-Perron tests of L+1 vs. L sequentially determined breaks		
Break selection : Trimming 0.15, Max. breaks 5, Sig. level 0.05			
HAC standard errors & covariance (Bartlett kernel, Newey-West automatic bandwidth＝8.0580, NW automatic lag length＝4)			
被説明説明変数のラグ次数	2		
自由度修正済み決定係数	0.998	AIC	−4.433
回帰標準誤差	0.025	SC	−4.049
残差平方和	0.060	ダービンワトソン比	0.501
F値	3399.243		

第5章　欧州債務危機は実体経済を抑制したのか？

投資を増加させてきたものといえる。このことは欧州債務危機下にあってドイツ経済が好調であったことを背景にドイツ企業が設備投資を増加させ，それがまたドイツ経済を上向かせてきたことを示唆している。

次にスペインの構造変化の推計結果と(1)式の推計結果は**図表 5 - 5 ，図表 5 - 6** に掲げている。図表 5 - 5 より，スペインの構造変化の時期は Bai＝Perron 検定と Compare information Criteria ともに 5 つの構造変化期を示している。それは2005年 6 月，2006年11月，2008年 4 月，2009年 9 月，2011年 2 月である。したがって，推計期間は 6 期間に分割され，それぞれ最初の第 1 期から第 6 期までとする。

それをもとに推計式(1)を推計した結果が図表 5 - 6 である。図表 5 - 6 を見ると，ユーロ導入初期の第 1 期では投資に関して CDS スプレッドと貸出成長率

●図表 5 - 5　スペイン

推定された構造変化の数		5			
構造変化の時期		2005年 6 月, 2006年11月, 2008年 4 月, 2009年 9 月, 2011年 2 月			
Break Test	F-statistic	Scaled F-statistic	Critical Value**		
0 vs. 1*	249.0171	996.0686	16.19		
1 vs. 2*	33.10983	132.4393	18.11		
2 vs. 3*	26.65901	106.636	18.93		
3 vs. 4*	7.500921	30.00368	19.64		
4 vs. 5	1.277222	5.108887	20.19		
推定された構造変化の数		5			
構造変化の時期		2005年 6 月, 2006年11月, 2008年 4 月, 2009年 9 月, 2011年 2 月			
Schwarz criterion selected breaks：			5		
LWZ criterion selected breaks：			5		
構造変化数	# of Coefs.	残差平方和	対数尤度	Schwarz* 棄却値	LWZ* 棄却値
0	4	13.54298	−40.3302	−1.96415	−1.81968
1	9	1.302601	93.13563	−4.09793	−3.771
2	14	0.45912	152.5756	−4.933	−4.42134
3	19	0.201574	199.4954	−5.54843	−4.84954
4	24	0.099235	239.8893	−6.04937	−5.16047
5	29	0.064911	264.0843	−6.26611	−5.18411

●図表 5-6　スペイン

推計期間	2004年1月〜2013年6月		
分割期間：2004年1月-2005年5月--17 obs			
説明変数	係数	t 値	P 値
定数項	1.025	5.468	0.000
CDS（t－i）	700.211	1.025	0.308
成長率（t－i）	5.048	7.887	0.000
貸出成長率（t－i）	2.330	1.085	0.281
分割期間：2005年6月-2006年10月--17 obs			
説明変数	係数	t 値	P 値
定数項	1.991	123.024	0.000
CDS（t－i）	36.847	0.107	0.915
成長率（t－i）	2.227	36.034	0.000
貸出成長率（t－i）	−0.192	−0.274	0.785
分割期間：2006年11月-2008年3月--17 obs			
説明変数	係数	t 値	P 値
定数項	2.080	31.876	0.000
CDS（t－i）	−141.463	−3.825	0.000
成長率（t－i）	3.118	46.446	0.000
貸出成長率（t－i）	−1.090	−0.330	0.742
分割期間：2008年4月-2009年8月--17 obs			
説明変数	係数	t 値	P 値
定数項	3.165	23.196	0.000
CDS（t－i）	13.811	3.346	0.001
成長率（t－i）	4.847	34.655	0.000
貸出成長率（t－i）	21.421	7.820	0.000
分割期間：2009年9月-2011年1月--17 obs			
説明変数	係数	t 値	P 値
定数項	0.768	8.796	0.000
CDS（t－i）	−1.902	−0.790	0.432
成長率（t－i）	2.496	24.977	0.000
貸出成長率（t－i）	2.584	0.848	0.399

分割期間：2011年2月-2013年6月--17 obs			
説明変数	係数	t値	P値
定数項	−0.491	−20.265	0.000
CDS (t−i)	0.757	0.654	0.515
成長率 (t−i)	0.763	16.212	0.000
貸出成長率 (t−i)	−0.418	−0.732	0.466
構造変化の回数	5		
構造変化の特定方法	Bai-Perron tests of L+1 vs. L sequentially determined breaks		
Break selection: Trimming 0.15, Max. breaks 5, Sig. level 0.05			
HAC standard errors & covariance (Bartlett kernel, Newey-West automatic bandwidth=8.0580, NW automatic lag length=4)			
被説明説明変数のラグ次数	1		
自由度修正済み決定係数	0.998	AIC	−4.212
回帰標準誤差	0.027	SC	−3.636
残差平方和	0.065	ダービンワトソン比	1.442
F値	18083.470		

は有意ではなく，過去の実質成長率のみが有意に正の値を示している。ただし，このケースでもDW比は2から離れており，HAC共分散行列を用いて推計している。第1期はユーロ導入で景気上昇期待のある時期であり，過去の正の成長率に投資が依存していたものといえる。

　第2期も景気上昇期待のある時期であり，このときもCDSスプレッドと貸出成長率は有意ではない。この時期は第1期同様，過去の成長率が有意に正であり，この時期は主に過去の成長率に基づいてスペイン経済の成長を予想し，投資を拡大させたといえる。

　第3期では，第2期と同様に貸出成長率は有意ではないものの，CDSスプレッドが有意に負であり，また過去の実質成長率が有意に正である。この時期にはリーマン・ショックまであるが，2007年7月のパリバ・ショックを挟んだ時期であり，欧州危機のリスクの高まりがスペインの投資に影響を与えたものといえる。

　第4期では，CDSスプレッドは有意に負であり，過去の実質成長率は有意に

正で，貸出成長率が有意に正である。この時期にはCDSスプレッドが上昇し，またスペイン経済も景気後退を経験しており，それが投資に影響を与えている。さらに，貸出成長率に投資が負に反応しているのは，スペインの金融機関の不良債権問題が浮上し，貸出成長率が減退し資金制約のため投資も減退していることを示唆している。欧州金融危機により，スペイン金融機関は不良債権を抱え貸出を抑制する傾向にあったことを示唆する。

第5期ではCDSスプレッドは有意ではないものの負の係数であり，貸出成長率は有意ではないものの正の係数である。実質成長率のみが有意となっている。この時期，スペイン経済は欧州債務危機の影響を受け，CDSスプレッドは高止まりしており，それに有意には反応してはおらず，景気後退の予想により，投資を減退させていったことを示唆している。

第6期でもCDSスプレッド，貸出成長率がともに有意ではなく，実質成長率のみが有意となっている。しかし第5期とは違い，CDSスプレッドと貸出成長率の符号がそれぞれ予想される符号とは逆になっておりCDSスプレッドと貸出に投資は影響を受けず，成長率の予想に依存している。

次にイタリアの構造変化の推計結果と(1)式の推計結果は図表5-7，図表5-8に掲げている。図表5-7より，イタリアの構造変化の時期はBai＝Perron検定とcompare information criteriaともに5つの構造変化期を示している。それは2006年1月，2007年6月，2009年2月，2010年9月，2012年2月である。したがって，推計期間は6期間に分割され，それぞれ最初の第1期から第6期までとする。

それをもとに推計式(1)を推計した結果が図表5-8である。図表5-8を見ると，ユーロ導入初期の第1期では投資に対してCDSスプレッドは有意に負であり，過去の実質成長率と貸出成長率は有意に正の値を示している。ただし，このケースでもDW比は2から離れており，HAC共分散行列を用いて推計している。ユーロ導入前の第1期でもCDSスプレッドに反応していたといえる。この時期でもイタリア国債のCDSスプレッドは変動し，その不安が投資を抑制する働きを示している。また過去の実質成長率と貸出成長率が投資のトレンドに依存する。

第2期も景気上昇期待のある時期であり，この時期にCDSスプレッドと貸

●図表 5-7　イタリア

		Scaled	Critical
推定された構造変化の数	5		
構造変化の時期	2006年1月, 2007年6月, 2009年2月, 2010年9月, 2012年2月		

Break Test	F-statistic	Scaled F-statistic	Critical Value**
0 vs. 1*	81.33819	325.3528	16.19
1 vs. 2*	96.51514	386.0606	18.11
2 vs. 3*	210.7371	842.9486	18.93
3 vs. 4*	18.74959	74.99835	19.64
4 vs. 5	0	0	20.19

推定された構造変化の数　　5
構造変化の時期　　2006年1月, 2007年6月, 2009年2月, 2010年9月, 2012年2月

Schwarz criterion selected breaks : 5
LWZ criterion selected breaks : 5

構造変化数	# of Coefs.	残差平方和	対数尤度	Schwarz* 棄却値	LWZ* 棄却値
0	4	8.506136	−13.8206	−2.42923	−2.28476
1	9	1.040732	105.9286	−4.32236	−3.99543
2	14	0.486115	149.319	−4.87587	−4.36421
3	19	0.073192	257.2406	−6.5615	−5.86261
4	24	0.040628	290.7927	−6.94241	−6.05351
5	29	0.026041	316.1449	−7.17946	−6.09746

出成長率は有意ではない。この時期は第1期とは異なり過去の成長率のみが有意に正であり，この時期は過去の成長率に基づいてイタリア経済の成長を予想し，投資を拡大させたといえる。

　第3期では，リーマン・ショック前であるが2007年7月のパリバ・ショックが起きた時期であり，CDSスプレッドが有意に負であり，企業は欧州危機のリスクを感じ取っていることを示唆する。また過去の実質成長率が有意に負である。この時期に欧州危機によって貸出成長率が抑制されたとしても，またリスクがあると考えられても，まだ正の過去の成長率に依存して投資を拡大させようとしてきたことを示唆する。

　第4期では，CDSスプレッドと貸出成長率は有意ではなくなり，過去の実質

●図表 5-8　イタリア

推計期間	2004年1月〜2013年6月		
分割期間：2004年1月-2005年12月--24 obs			
説明変数	係数	t 値	P 値
定数項	0.586	41.650	0.000
CDS（t−i）	21.530	2.035	0.045
成長率（t−i）	1.007	6.206	0.000
貸出成長率（t−i）	1.039	2.099	0.039
分割期間：2006年1月-2007年5月--17 obs			
説明変数	係数	t 値	P 値
定数項	0.248	22.874	0.000
CDS（t−i）	0.421	0.057	0.955
成長率（t−i）	2.440	63.142	0.000
貸出成長率（t−i）	−0.117	−1.371	0.174
分割期間：2007年6月-2009年1月--17 obs			
説明変数	係数	t 値	P 値
定数項	0.203	71.395	0.000
CDS	−4.980	−8.419	0.000
成長率	2.314	352.147	0.000
貸出成長率	−0.043	−2.549	0.013
分割期間：2009年2月-2010年8月--17 obs			
説明変数	係数	t 値	P 値
定数項	−0.555	−5.071	0.000
CDS（t−i）	5.813	1.616	0.109
成長率（t−i）	0.957	2.230	0.028
貸出成長率（t−i）	0.745	1.037	0.303
分割期間：2010年9月-2011年6月--19 obs			
説明変数	係数	t 値	P 値
定数項	0.067	1.761	0.082
CDS（t−i）	0.448	0.620	0.537
成長率（t−i）	3.657	29.389	0.000
貸出成長率（t−i）	0.127	0.218	0.828

分割期間：2011年7月-2013年6月--24 obs			
説明変数	係数	t値	P値
定数項	0.342	3.427	0.001
CDS (t−i)	−1.879	−1.402	0.164
成長率 (t−i)	4.432	17.078	0.000
貸出成長率 (t−i)	1.131	1.275	0.205
構造変化の回数	5		
構造変化の特定方法	Break type: Bai-Perron tests of 1 to M globally determined breaks		
Break selection: Trimming 0.15, Max. breaks 5, Sig. level 0.05			
HAC standard errors & covariance (Prewhitening with lags from AIC maxlags, Bartlett kernel, Newey-West automatic lag length=4)			
被説明説明変数のラグ次数	1		
自由度修正済み決定係数	0.999	AIC	−5.125
回帰標準誤差	0.017	SC	−4.549
残差平方和	0.026	ダービンワトソン比	0.675
F値	12384.560		

　成長率は有意に正である。この時期にはギリシャでの債務危機はまだ顕在化しておらず，CDS スプレッドの上昇はみられていない。さらに，イタリアの金融機関の経営不安もあるが貸出成長率が投資に有意に反応していない。また，この時期のイタリアの財政赤字は深刻化しておらず，過去の正の成長率に依存して投資を拡大させようとしてきたことを示唆する。

　第5期ではギリシャ債務危機が顕在化する時期であるが，この時期には CDS スプレッドと貸出成長率ともに有意ではない。この時期に成長率の低下がみられ，過去の成長率低下に基づいて投資の低下を判断していることを示唆する。

　第6期でも CDS スプレッド，貸出成長率がともに有意ではなく，実質成長率のみが有意となっている。しかし第5期とは違い，CDS スプレッドは予想される負の符号となっており，債務危機の不安感が投資をする傾向にあるが，景気後退の予想が現在の投資を抑制する傾向にあることを示唆する。

　次にアイルランドの構造変化の推計結果と(1)式の推計結果は**図表5-9，図表5-10**に掲げている。図表5-9より，アイルランドの構造変化の時期は Bai=

● 図表 5-9　アイルランド

推定された構造変化の数	4		
構造変化の時期	2005年8月，2006年11月，2009年6月，2010年11月		

Break Test	F-statistic	Scaled F-statistic	Critical Value**
0 vs. 1*	36.90363	147.6145	16.19
1 vs. 2*	210.0089	840.0355	18.11
2 vs. 3*	49.81854	199.2742	18.93
3 vs. 4*	46.93796	187.7519	19.64
4 vs. 5	0	0	20.19

推定された構造変化の数	4		
構造変化の時期	2005年8月，2006年11月，2009年6月，2010年11月		

Schwarz criterion selected breaks :		4
LWZ criterion selected breaks :		4

構造変化数	# of Coefs.	残差平方和	対数尤度	Schwarz* 棄却値	LWZ* 棄却値
0	4	181.6308	−171.734	0.781013	0.933121
1	9	19.96489	−61.3341	−1.19673	−0.85203
2	14	10.36112	−28.5384	−1.62239	−1.08206
3	19	2.33721	45.91677	−2.88123	−2.1419
4	24	0.941274	91.39071	−3.56045	−2.6183
5	29	0.823702	98.06199	−3.46362	−2.3143

　Perron検定とcompare information criteriaともに5つの構造変化期を示している。それは2005年8月，2006年11月，2009年6月，2010年11月である。したがって，推計期間は5期間に分割され，それぞれ最初の第1期から第5期までとする。

　それをもとに推計式(1)を推計した結果が図表5-10である。図表5-10を見ると，ユーロ導入初期の第1期では投資に対してCDSスプレッド，実質成長率，貸出成長率のいずれも有意ではない。ただし，このケースでもDW比は2から離れており，HAC共分散行列を用いて推計している。第1期はユーロ導入で景気上昇期待のある時期であるが，いずれの説明変数にも投資は依存していない。

　しかし第2期では，CDSスプレッド，実質成長率に対して有意に正である。

第 5 章　欧州債務危機は実体経済を抑制したのか？

●図表 5 - 10　アイルランド

推計期間	2004年 1 月～2013年 6 月		
分割期間：2004年 1 月 -2005年 7 月 -- 19 obs			
説明変数	係数	t 値	P 値
定数項	3.270	11.995	0.000
CDS (t−i)	424.544	0.701	0.485
成長率 (t−i)	−1.374	−1.523	0.132
貸出成長率 (t−i)	0.569	0.329	0.743
分割期間：2005年 8 月 -2006年10月 -- 15 obs			
説明変数	係数	t 値	P 値
定数項	−8.850	−13.178	0.000
CDS (t−i)	4071.511	6.914	0.000
成長率 (t−i)	41.395	17.028	0.000
貸出成長率 (t−i)	0.108	0.021	0.983
分割期間：2006年11月 -2009年 5 月 -- 31 obs			
説明変数	係数	t 値	P 値
定数項	−3.637	−65.976	0.000
CDS (t−i)	−55.696	−4.617	0.000
成長率 (t−i)	18.610	50.893	0.000
貸出成長率 (t−i)	7.954	4.809	0.000
分割期間：2009年 6 月 -2010年10月 -- 17 obs			
説明変数	係数	t 値	P 値
定数項	−4.903	−109.935	0.000
DS (t−i)	12.372	1.659	0.101
成長率 (t−i)	7.593	17.663	0.000
貸出成長率 (t−i)	2.867	2.303	0.024
分割期間：2010年11月 -2012年 4 月 -- 18 obs			
説明変数	係数	t 値	P 値
定数項	−12.314	−17.395	0.000
CDS (t−i)	−5.031	−1.564	0.122
成長率 (t−i)	43.544	15.040	0.000
貸出成長率 (t−i)	−0.392	−1.266	0.209

構造変化の回数	5		
構造変化の特定方法	Bai-Perron tests of L+1 vs. L sequentially determined breaks		
Break selection : Trimming 0.15, Max. breaks 5, Sig. level 0.05			
HAC standard errors & covariance (Bartlett kernel, Newey-West automatic bandwidth= 6.5138, NW automatic lag length=4)			
被説明説明変数のラグ次数	5		
自由度修正済み決定係数	0.999	AIC	−1.428
回帰標準誤差	0.108	SC	−0.907
残差平方和	0.941	ダービンワトソン比	0.729
F 値	5839.21		

　この時期はアイルランドでは景気上昇期待のある時期であり，CDS スプレッドも小さく，それが上昇したとしても投資を抑制することはなく，むしろ過去の成長率に基づく景気上昇期待によって投資を拡大させたことが示唆される。

　第3期では，第2期は異なり CDS スプレッドが有意に負であり，また過去の実質成長率が有意に正であり，同様に貸出成長率も有意に正である。この時期にはパリバ・ショックとリーマン・ショックを挟んでおり，欧州危機のリスクの高まりがアイルランドの投資に影響を与えたものといえる。すなわち，欧州危機によって CDS スプレッドが上昇し，それが投資を抑制したものといえる。さらにアイルランドの金融危機が不良債権問題を深刻にし，金融機関の貸出を抑制させ，それが投資に負の効果を与えたことを示唆する。

　第4期では，ギリシャ債務危機が発生した前後であるが，CDS スプレッドは有意ではなく，過去の実質成長率と貸出成長率が有意に正である。この時期には欧州債務危機によりアイルランドの CDS スプレッドが上昇したが，それが投資に有意には影響を与えていないことを示す。既に CDS スプレッドが高止まりしており，投資は反応していない。しかし，過去の成長率と貸出が投資に影響を与えていることを示す。

　第5期では債務危機から CDS スプレッドと貸出成長率は有意ではなく，過去の実質成長率のみが有意に正である。この時期もアイルランド経済は景気後退を経験しており，その過去の成長率に基づく予想が投資を抑制してきたもの

第5章　欧州債務危機は実体経済を抑制したのか？

といえる。したがって，成長率が負になれば，投資を抑制し，そのことがまた成長を抑制するように働く負のスパイラルが発生した可能性がある。

次にギリシャの構造変化の推計結果と(1)式の推計結果は**図表5－11，図表5－12**に掲げている。図表5－11より，ギリシャの構造変化の時期はBai＝Perron検定とCompare information Criteriaともに4つの構造変化期を示している。それは2006年1月，2006年11月，2008年2月，2009年5月，2010年9月である。したがって，推計期間は5期間に分割され，それぞれ最初の第1期から第5期までとする。

それをもとに推計式(1)を推計した結果が図表5－12である。図表5－12を見ると，ユーロ導入初期の第1期では投資に関してCDSスプレッドに対して有意

●図表5－11　ギリシャ

推定された構造変化の数	4		
構造変化の時期	2006年1月，2008年2月，2009年6月，2010年9月		

Break Test	F-statistic	Scaled F-statistic	Critical Value**
0 vs. 1*	55.74613	222.9845	16.19
1 vs. 2*	13.675	54.7	18.11
2 vs. 3*	16.26723	65.0689	18.93
3 vs. 4*	313.5715	1254.286	19.64
4 vs. 5	0	0	20.19

推定された構造変化の数	4		
構造変化の時期	2005年4月，2006年7月，2008年1月，2009年6月，2010年9月		

Schwarz criterion selected breaks：	5
LWZ criterion selected breaks：	5

構造変化数	# of Coefs.	残差平方和	対数尤度	Schwarz* 棄却値	LWZ* 棄却値
0	4	20.79596	－63.8687	－1.431	－1.28118
1	9	10.15098	－26.575	－1.9249	－1.58553
2	14	3.712813	25.72565	－2.7074	－2.1757
3	19	1.964802	58.81837	－3.12051	－2.3934
4	24	1.249915	82.33879	－3.34953	－2.42355
5	29	0.58399	121.9081	－3.88719	－2.75842

●図表 5-12　ギリシャ

推計期間	2004年1月～2013年6月		
分割期間：2004年1月-2005年12月--24 obs			
説明変数	係数	t値	P値
定数項	0.895	3.406	0.001
CDS（t−i）	1505.898	6.959	0.000
成長率（t−i）	21.107	2.102	0.039
貸出成長率（t−i）	0.047	0.201	0.841
分割期間：2006年1月-2008年1月--25 obs			
説明変数	係数	t値	P値
定数項	2.028	53.335	0.000
CDS（t−i）	280.764	1.191	0.237
成長率（t−i）	12.346	31.848	0.000
貸出成長率（t−i）	0.087	0.366	0.715
分割期間：2008年2月-2009年4月--15 obs			
説明変数	係数	t値	P値
定数項	1.099	19.683	0.000
CDS（t−i）	3.445	0.756	0.452
成長率（t−i）	7.401	55.517	0.000
貸出成長率（t−i）	−0.075	−0.907	0.367
分割期間：2009年5月-2010年8月--16 obs			
説明変数	係数	t値	P値
定数項	4.772	19.259	0.000
CDS（t−i）	−25.320	−8.904	0.000
成長率（t−i）	13.768	34.042	0.000
貸出成長率（t−i）	0.398	1.560	0.123
分割期間：2010年9月-2012年8月--24 obs			
説明変数	係数	t値	P値
定数項	−2.041	−3.277	0.002
CDS（t−i）	0.305	1.098	0.275
成長率（t−i）	4.115	3.899	0.000
貸出成長率（t−i）	0.181	0.955	0.342

第 5 章　欧州債務危機は実体経済を抑制したのか？　119

構造変化の回数	5		
構造変化の特定方法	Bai-Perron tests of L+1 vs. L sequentially determined breaks		
Break selection : Trimming 0.15, Max. breaks 5, Sig. level 0.05			
HAC standard errors & covariance (Bartlett kernel, Newey-West automatic bandwidth=5.0000), NW automatic lag length=4			
被説明説明変数のラグ次数	6		
自由度修正済み決定係数	0.998	AIC	−1.107
回帰標準誤差	0.128	SC	−0.598
残差平方和	1.370	ダービンワトソン比	0.559
F 値	2493.589		

に正であり，過去の実質成長率が有意に正の値を示している。貸出成長率は有意ではない。ただし，このケースでも DW 比は 2 から離れており，HAC 共分散行列を用いて推計している。第 1 期はユーロ導入で景気上昇期待のある時期であり，CDS スプレッドも小さく，過去の正の成長率に投資が依存していたものといえる。

　第 2 期は2007年 7 月のパリバ・ショックを挟んだ時期であるが，リーマン・ショック前でもあり，まだ景気上昇期待のある時期であり，この時期も CDS スプレッドと貸出成長率は有意ではない。この時期は第 1 期同様，過去の成長率が有意に正であり，この時期は主に過去の成長率に基づいてギリシャ経済の成長を予想し，投資を拡大させたものといえる。

　第 3 期では，第 2 期と同様に CDS スプレッド，貸出成長率は有意ではなく，過去の実質成長率が有意に正である。リーマン・ショックと欧州の金融危機が起きていたこの時期には，欧州危機のリスクの高まりがギリシャの投資に影響を与えてはいなかったといえる。

　第 4 期では，CDS スプレッドは有意に負であり，過去の実質成長率は有意に正で，貸出成長率は有意ではない。この時期にはギリシャ債務危機によって CDS スプレッドが上昇し，またギリシャ経済も景気後退を経験しており，それが投資に影響を与えている。ただし，貸出成長率に投資が有意ではなく，ギリシャの金融機関の貸出成長率の減退が企業の資金制約としては働かなかったこ

とを示唆している。

　第5期ではCDSスプレッド，貸出成長率ともに有意ではなく，過去の成長率のみが有意に正である。現在も続く債務危機を経験するギリシャは，過去の成長率に投資が依存し，成長率が負になれば，投資を抑制し，そのことがまた成長を抑制するように働く負のスパイラルにあったことを示唆する。

4　推計結果の考察

　本章での実証結果が示唆するのは次の通りである。まずユーロ導入直後，ユーロ導入によるユーロ圏経済の期待により，ギリシャをはじめ南欧諸国は投資を高めていたことが示唆される。ただし，ドイツは一時的な景気後退を経験した2004年から2005年の時期には成長率の低下とともに投資を減退させていた。この間，南欧諸国の景気上昇と，ドイツなどの欧州域内先進国の景気後退によって設備投資にも差が出ていたことが示される。

　パリバ・ショックに起因する欧州での金融危機はイタリア，スペインでは投資に負の影響を与えたもののアイルランド，ギリシャの投資には影響を与えておらず，当時の企業は将来のリスク評価には国による相違があった。

　しかし，リーマン・ショック後，あるいはギリシャ債務危機以来，CDSスプレッドの高まりが各国の投資に対してマイナスに影響を与えており，債務危機によってリスク感応度が高まり，それが欧州債務国の投資を減退させている。また，債務国の過去の実質成長率に基づく景気の予想が投資を減退させており，総需要の減退と将来の供給力の減退をもたらしている。金融危機，債務危機が実体経済に負の影響を与えていることを示唆している。

　また，構造変化時期が各国で大きくは異なっていないことも示された。すなわち，リーマン・ショック前後，ないしは欧州債務危機前後には構造変化が起き，CDSスプレッドに反応していることが示唆される。言い換えると，欧州危機前には各国のリスクに対して反応しておらず，CDSスプレッドの上昇に示されるように危機が起きて始めてリスクに気づき，投資も反応したといえる。

　たしかに欧州での金融危機とリーマン・ショックは，各国の金融機関の不良債権問題を顕現化させ，各国経済に対するリスクを高めた。そのため，CDSス

プレッドが上昇するのは合理的である。しかし，リーマン・ショック前ではCDSの変動はほとんどなく，各国のリスクを反映していたものとはいえない。リーマン・ショック前に，全く各国政府の財政赤字に不安がなかったのかというと，そうではないだろう。ギリシャでの財政統計の粉飾があったとはいえ，財政赤字の状況は景気動向には各国ごとの相違もあり，楽観視しすぎた面があったものといえる。そのような金融市場の不完備性が債務危機にみられるような欧州経済のゆがみを大きくしたものといえよう。

5 むすび

本章では設備投資のトレンドを説明変数とした投資関数を推定することにより，欧州債務危機が企業投資にどのような影響を与えたのかを検証した。その結果，債務危機によるリスクの上昇が，債務危機国では概ね投資に負の影響を与えたことが示された。ただし，債務危機が深刻になると，投資はリスクには反応せず，当該国の成長率の予想に依存するようになる。このことから，リスクが高くなり，投資が減退すると，その投資減退が成長を阻害し，それがまた投資を減退させるという負の連鎖に陥ることが示唆された。

この負の連鎖を断ち切るには，財政緊縮によるデフォルト・リスクの低下だけでなく，成長率を高める，あるいは成長を期待させる政策が必要となる。しかし，財政赤字を是正するために財政緊縮を実施してきたが，それがかえって成長率を押し下げ，投資を抑制してきたとすれば，当該国の負の連鎖は断ち切れないであろう。財政緊縮がどの程度，リスクを引き下げ，それが当該国の投資を抑制したのかといった研究が，今後の課題となる。

第6章

欧州債務危機と ECB の
非標準的金融政策

1 欧州債務危機とユーロ圏の金融事情

　パリバ・ショックに始まる欧州金融危機に引き続き，2010年以降の債務危機によりユーロ圏の金融市場は異常な緊張状態に陥った。まず銀行間市場の状況をみるために，ユーロ圏銀行間市場での貸借金利指標である EONIA（ユーロ圏無担保翌日物平均金利）の推移を見ると（**図表6-1**），2008年10月半ば以降，

●図表6-1　2008-2014年の EONIA の推移

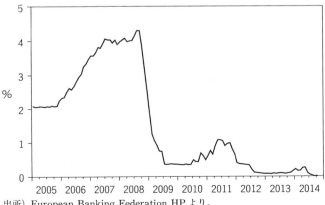

出所）European Banking Federation HP より。

ECBのオペによる誘導もあり低下しているが、その直前の9月から10月初旬、大きく変動していることがわかる。特に2006年以降の最高値となる2008年10月7日に4.60％の値をつけ、銀行間市場の逼迫状況を表している。その後、ECBのオペによる誘導もあり低下しているが、いくども EONIA の急上昇がみられ、銀行間市場の不安定さを示してきた。欧州の銀行市場ではリーマン・ショック前後からオーヴァーナイト市場での資金逼迫が始まり、それがショック後には他の満期市場でも逼迫が起きていた。それを緩和するため、ECBの流動性供給が行われたと言える。

また、量的な面から資金逼迫をみるために、ユーロ圏金融機関の金融機関による金融取引（貸付フロー）を示したのが**図表6-2**であるが、リーマン・ショック以降の2008年第3四半期以降、企業向け貸付、住宅ローン、消費者金融がそれぞれ厳格になっている。また**図表6-3**で示すように短期金融市場サーベイを

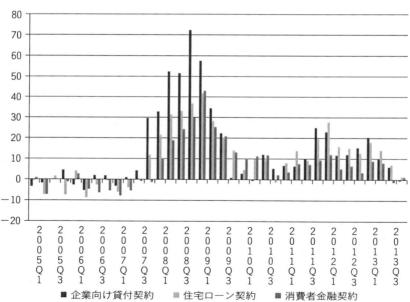

●図表6-2　ユーロ圏金融機関による長期貸付指数

注）縦軸の数値は引き締めマイナス緩和を示す。したがって、数値の高いほど引き締め状態であることを示す。
出所）ECB Bank Lending Survey

●図表6-3　金融機関同士の資金供給指数（2001年＝100）

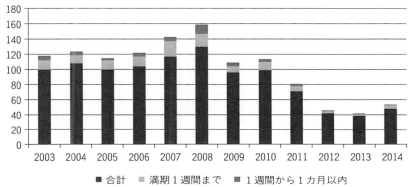

出所）ECB Money Market Survey.

みると，金融機関同士の資金供給が大幅に減少していることがわかる。すなわち，金融機関が互いに信用不安になり，資金調達が難しいことを示している。これは短期金融市場の機能不全を表す。

また，ECBが公表している銀行貸付サーベイによる資金需要の変化を示したのが**図表6-4**であるが，資金需要の成長率は金融危機前の2006年下半期から2007年上半期でピークを示している。したがって，欧州の景気後退の波が2007年から既に訪れつつあったことを示している。そして，リーマン・ショック直前の2008年下半期にはマイナスになり，リーマン・ショック後には，大きくマイナスとなっている。

したがって，資金需要の落ち込みがあり，金融機関の貸付が低下するものの，金融機関同士の資金調達が機能不全となったことが景気の低迷を深刻化させているのではないだろうか。2010年下半期からは企業の資金需要はプラス成長を示しているものの，家計の住宅ローン需要がプラス成長にはなかなか至らず，家計の回復が遅れていることを示している。

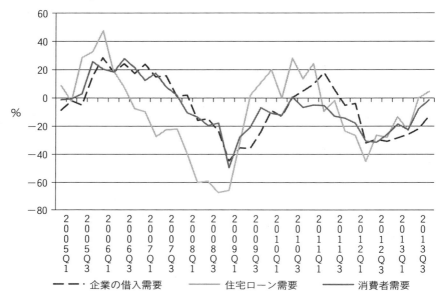

●図表 6-4　銀行貸付サーベイによる資金需要の変化

――・ 企業の借入需要　　―― 住宅ローン需要　　―― 消費者需要

注）縦軸の数値は，需要増マイナス需要減を示す。
データ出所）ECB Bank Lending Survey より。

2　ECB の非標準的政策の特徴

2.1　緩和政策の推移

　以上のような金融市場の資金逼迫に対して，特にリーマン・ショック以降，政策スタンスを転換し，標準的政策による金融緩和を行ってきた。さらに，2009年6月からは非標準的金融政策（Non-Standard Monetary Policies）と ECB が呼ぶ危機対策を実行し，金融緩和を継続している。以下，標準的な金融緩和措置である政策金利の引き下げと，非標準的金融政策による対応を概観する。

2.1.1 ECBによる標準的政策での対応

標準的政策に関して，2008年6月に4.25％に引き上げた政策金利をECBは，リーマン・ショック直後から2009年5月までに合わせて3.25％の幅で金利を引き下げた。この政策金利の引き下げにより，欧州の市中銀行の資金調達コストを引き下げ，それによりユーロ圏での資金需要を拡大させることを狙った。ECBは政策目標としてHICP（EU基準の統合消費者物価指数）によるインフレ率を2％以下だがその近辺としている。資源価格の高騰によるインフレ率の上昇はあったものの，ユーロ導入以来，物価安定を実現してきており，ECBはその目標を概ね達成してきたといえる。しかし，欧州危機により金融システムが不安定になり，いち早く政策金利を引き下げて物価安定以外の目標にも対応したといえる。

2009年6月以降，二度の引き上げがあったもののトレンドとしては引き下げを続け，2014年6月には0.15％とした。それと同時に政策金利の引き下げにともなってコリダーの幅も縮小させている[1]。コリダーの上限である市中銀行への貸出の際の貸出金利を引き下げたものの，同幅で市中銀行からの預金金利を引き下げるとマイナス金利になるおそれがあり，コリダー幅を縮小させた。ただし，2014年6月にはマイナス0.10％に預金金利を引き下げ，市中銀行がECBに預金することにはペナルティを払うこととなった[2]。

以上のように，政策金利を引き下げ，金融市場への資金供給を拡大したものの，欧州危機は収束せず，さらなる緩和措置が必要とされた。特に2009年10月にギリシャの財政収支統計の改ざんが発表されてからは，南欧諸国の国際デフォルト懸念が高まり，欧州の金融機関の経営危機問題が一層深刻となった。そのため，ECBは金融機関への新たな資金供給手段を模索せざるを得なかっ

〔注〕
1）コリダーとは，ECBが設定する2つの金利の差で作られる幅（回廊）を指す。通常は，貸出金利を政策金利よりも1％（＝100bpベーシスポイント）高く，預金金利を政策金利よりも1％高く設定しており，コリダー幅は2％となっている。
2）マイナスの預金金利を設定した理由としてECBは一定のコリダー幅を確保するためであるとする。ただし，その影響は限定的と思われる。なぜなら，市中銀行のECBへの超過準備は大幅に減少しており，影響は軽微と思われる。また，市場金利は預金金利を上回っており，市中銀行は市場での運用を選択するであろう。

た。それが非標準的政策を生み出したといえる。

2.1.2 ECBの非標準的政策

非標準的政策に関して，ECBは次のような説明をしている。

「<u>（金融政策のトランスミッション）メカニズムが機能不全な市場の分断（dysfunctional market segments）によって阻害され</u>，ECBの政策金利のシグナルがユーロ圏全体に一様に波及しないのならば，ECBは市場に介入できる。<u>異常な金融市場の緊張がある間</u>，ユーロシステムは非標準的，非伝統的手段を用いることによって，そのような緊張を緩和することを決定する。これらの手段はユーロシステムの金融政策手段である。しかし，定義によりそれは<u>例外的で，一時的なもの</u>である。銀行による資金融通に対するユーロ圏での企業の信頼があるもとで，通常，これらの手段は<u>銀行部門を対象（aimed）</u>」とする[3]。

したがって，政策金利の引き下げでは対応できない金融機関への資金供給を行うための従来にはない金融政策手段を非標準的政策とよんでいる。非標準的政策に関しては，ECBは以下のような具体的な措置を行っている[4]。まず，非標準的政策に関しては次の3つに分類した。すなわち，1）公開市場操作のルール変更，2）新たな金融資産購入，3）フォワード・ガイダンスの導入である。以下，それぞれの措置を概観しよう。

2.1.2.1 公開市場操作のルール変更

次に非標準的政策における公開市場操作（オペ）のルール変更の概要を述べよう。まず，通常の公開市場操作（オペ）では，ある一定の信用力のある国債などを担保にして，銀行に一定期間の資金を融資することである。通常のオペでは1週間満期の主要オペ（Main Refinancing Operation：MRO）と3カ月満期の長期オペ（Long-term Refinancing Operation：LTRO）がある。非標準的政策以前は，入札方式で貸出先が決められ，高い金利を示した金融機関から順番に資金を借りることができ予定供給量になると締め切られる。ECBは，この入札方式の変更により，金融機関が一定の政策金利で希望額全額を資金調

〔注〕
3）ECBのHPより著者訳出。括弧およびアンダーラインは著者による。
4）非標準的政策の，このような分類は川野（2014）を参考にした。

達できるようにした。オペの対象銀行は入札であっても競争せずに希望額を借りることができるので，オペによる通貨供給量を増やすことができると期待された。この措置は金融危機時に，資金調達が困難になった金融機関の資金調達の困難を解消することを目的とされた。

さらに，オペの満期期間の多様化も導入された。2008年10月にLTROの満期を延長した満期12カ月の補完的LTRO（Supplementary LTRO：SLTRO）と満期1カ月の特別満期オペ（Special Term Refinancing Operations：STRO）が導入された[5]。また2011年12月と2012年2月には，より満期の長い3年満期のLTRO（Very Long-Term Refinancing Operation：VLTRO）を実施した。

また，2014年6月にオペの対象となる銀行（382行）を限定した総額1兆ユーロで満期最長4年間の超低金利融資（Targeted Long-Term Refinancing Operation：TLTRO）が導入された。TLTROの金利は融資開始時のECBリファイナンス金利に10bpを上乗せした水準に設定され，市場からの調達よりもかなり低い金利水準で借入ができる[6]。TLTROでは，銀行が貸出を増やし，企業の投資や雇用を拡大させることを意図したものであり，2年後の2016年9月時点で設定された基準額をもとに銀行の貸出実績を審査される。もし基準額を下回れば，その時に全額返済しなければならない[7]。ただし，ECBのTLTROのもう1つの狙いは，TLTROによる資金でもって南欧諸国の銀行が自国国債

〔注〕
5）STROは，2014年6月に後述するTLTROの導入が導入されたため，同時に廃止されている。
6）したがって，欧州の市中銀行はTLTROでECBから借入，その資金をより高い金利で運用することで，高い収益を得ることができる。これにより銀行の財務は改善されるが，銀行の貸出増加につながるかどうかは不明である。むしろ，貸出をしなくともある程度の利益を生み出すことができ，特にリスク選好が低い銀行は，貸出の代わりにTLTROを用いて収益を生み出そうとするだろう。しかし，9月18日に実施された第1回目のオペでは826億ユーロという結果となり，想定していた4,000億ユーロの利用額と比べてかなり利用額が少なかった。
7）2014年9月18日に1回目のTLTRO（対象を絞った資金供給オペレーション）を実施し，4年物資金826億ユーロを供給したが，予想額を下回った。12月11日，2回目のTLTROは1,298億ユーロとなっている。6回のTLTROが予定されており，1兆ユーロをすべて使い切ろうとすると，資金需要が大きく不足することが予想される。もし2014年以降にECBが1兆ユーロの資金供給を行おうとすると，公開市場操作のみでは難しい。そのため国債購入といった量的緩和策が必要であるとの観測が出てくる。

を大規模に購入し，それぞれの国の国債利回りを引き下げることにもある。もしそれが効果的であれば，ECBによる当該国債の直接購入の代わりとなるからである。

さらに，ECBはユーロ圏の金融機関に貸し出す際に当該金融機関はECBに担保を差し入れなければならないが，その担保が適格であることが通常，必要である。ECBの貸出債権の価値をデフォルト・リスクから保護するために，担保を求めている[8]。しかし，債務危機で担保価値が低下したため適格ではなくなった。そのため危機前には格付けが投資適格の格付けであったが，ECBはオペを実施する際の担保に2010年5月3日にギリシャ国債，2011年3月31日にアイルランド国債，2011年7月7日にポルトガル国債をそれぞれ担保適格条件の適用除外とすることを決定している[9]。

2.1.2.2　証券購入の新たな措置

ECBは，従来のオペの対象にはなかったカバードボンドの購入を2009年5月にまず行った。購入額は600億ユーロであった。カバードボンドは，欧州の金融機関の主要な資金運用手段であり，多くの金融機関が保有している。それをECBが購入することで，資金調達が困難となった金融機関に資金を供給することができるようになった。2009年のカバードボンド購入は2010年6月にいったん終了したが，2011年10月にはカバードボンド購入の第2弾を400億ユーロの購入上限を設定し，2012年10月まで行っている。

さらに，2009年に財政危機が表面化してから2010年6月より証券市場プログラム（Security Market Program：SMP）と呼ばれる政策を実施し，財政危機に陥っているギリシャ，ポルトガル，アイルランドの国債を購入することに踏み切った。ユーロ圏の特定国の国債を購入することは，ECBが特定国を支援す

〔注〕
8）Fedと比べてECBの担保証券の種類は多い。これは合衆国と比べてユーロ圏は歴史的にまた法的に加盟国が様々な銀行業システムを抱えていることに起因する。この点についてはWolff（2014）を参照。
9）またすべての担保適格条件の緩和も行っている。例えば，資産担保証券（ABS）以外の担保についてはA－（S&P）以上，ABSについてはAAAであったが，2008年10月22日にABS以外の担保はBBB－に，2012年12月8日にはABSについてA－に，2012年6月20日には多くのABSについてBBB－に緩和されている。

ることになり，そのことは欧州連合機能条約で規制されていた。また，加盟国の連合体であるユーロ圏の中央銀行が購入する加盟国の国債を選別することは，中央銀行として適切ではないことも理由としてあげられる。そうであってもECBが財政危機国の国債購入に踏み切ったのは，それだけ財政が危機的状況にあり，それが当該国の国債価格を下落させ，それが当該国だけではないEU域内の金融機関の財務を悪化させることにつながることが懸念された。そのため，ECBは異例の国債購入を行った。ただし，証券購入と同時に市場に供給した資金を供給するために，資金吸収オペを実施している。したがって，マネーサプライに影響を与えない不胎化介入となっている。

　2012年8月には，SMPに代わって国債の買い切りオペ（Outright Monetary Transactions：OMT）を導入し債務危機にある加盟国の国債を買い切ることを決定した[10]。従来，財政支援につながるとされ行われなかった国債購入に踏み切って，債務国のデフォルト不安を解消することを狙った。さらに，2014年6月には資産担保証券（ABS）およびカバードボンドの購入を決めており，2016年秋までにバランスシートを1兆ユーロ拡大することを発表している。

　以上のように，標準的政策および非標準的政策によりECBは2008年から2012年まで**図表6－5**のようにバランスシートを拡大させてきた。しかし，2013年からは拡大を停止し，バランスシートを縮小させている。中央銀行のバランスシートの推移を対GDP比で比較したのが，**図表6－6**である。図表6－6によると，きわだって大きくなっているのが，黒田日銀が行った金融緩和によるバランスシート拡大である。それと逆に，バランスシートを減少させているのがECBである。ECBは債務危機直後とほぼ同水準のバランスシートとなっており，この対比がECBと米国連邦準備，イングランド銀行，日本銀行との違いを明確に表している。

〔注〕

10) ただし，OMTの対象となるのは債務削減の手続きが進んでいることが条件となる。また，このオペも不胎化介入が行われている。

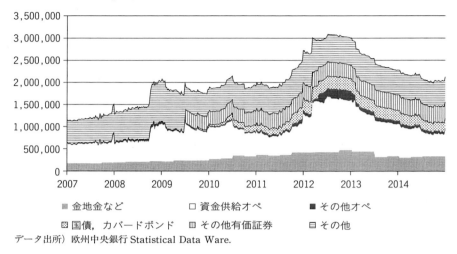

●図表 6-5　ECB によるオペレーションの推移

凡例： ■ 金地金など　□ 資金供給オペ　■ その他オペ　☒ 国債，カバードボンド　▥ その他有価証券　☱ その他

データ出所）欧州中央銀行 Statistical Data Ware.

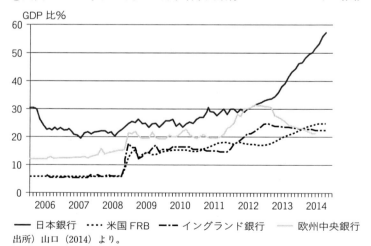

●図表 6-6　対 GDP 比での日米欧中央銀行のバランスシートの推移

凡例：── 日本銀行　⋯⋯ 米国 FRB　━・━ イングランド銀行　── 欧州中央銀行

出所）山口（2014）より。

2.1.2.3 フォワード・ガイダンスの導入

さらに，ECB は2013年7月4日の政策理事会で金融政策の先行きを示すフォワード・ガイダンスを導入を決定した。フォワード・ガイダンスとは，将来の政策への見通しを立てやすくするため，市場とのコミュニケーションを通じ，市場の期待に影響を与えるための時間軸政策である。

フォワード・ガイダンスに関して，イングランド銀行のレポート（Bank of England 2013）では3種類に分類している。まず第1世代とは時間軸や金融緩和停止の条件としての数値目標を掲げないガイダンスで，第2世代とは時間軸を特定するガイダンス，そして第3世代は数値目標を掲げたガイダンスである。ECB のフォワード・ガイダンスは，具体的な数値，先行きの長さである時間軸の長さ，先行き判断において重視する指標などについてドラギ総裁は触れることはなかったため，第1世代に属するオープンエンド型に分類できる。

ただし，オープンエンド型のフォワード・ガイダンスでは明確な軸が示されないために曖昧さが残る。その曖昧さに関して，ECB のプラート（Peter Praet）専務理事は，ECB のフォワード・ガイダンスはデルフィ的要素とオデッセイ的要素があったとスピーチで述べている。この比喩には Campbell ら（2012）が，ギリシャ神話にたとえて中央銀行のフォワード・ガイダンスを説明していることが背景にある。デルフィ的要素とは（神のような）中央銀行が（神のお告げである）経済見通しを発表することで，（民衆である）市場に対し，（お告げの解説となる）今後の金融政策を期待させるということを指す。また後者のオデッセイ的要素とは，（魔物からの危険な誘惑となるような）将来にインフレが起こり金融引き締めをする誘惑に駆られても，フォワード・ガイダンスによって市場にコミットすれば，中央銀行は手足を自ら縛ることになり，利上げの誘惑に負けず，期待インフレを高めに維持することができるとする。したがって，ECB は低金利を相当程度に長く維持して，市場の期待を低金利に誘導し，実際の低金利政策を実行しやすくするというデルフィ的要素とともに，定款上，定めた物価安定を維持しながらも期待インフレを高めに誘導し，デフレ懸念の払拭とともにインフレ率2％近傍へ近づけるというオデッセイ的要素も含んでいるというのがプラートの指摘である。この2つの要素のうち，数値目標がないためオデッセイ的要素は弱く，デルフィ的要素が強いというのが ECB のフォワー

ド・ガイダンスの特徴といえる。なお，ECB のフォワード・ガイダンスには MRO や LTRO の特殊ルール（固定金利で全額落札）をいつまで続けるのかを公表することも含まれることに注意が必要であろう。

以上のような金融緩和措置を ECB は非標準的金融政策として実行してきた。これらに類似した金融緩和策として，量的緩和政策がある[11]。従来の標準的金融政策とは異なり，短期金融市場金利がゼロ近傍になってもベースマネーを供給して金融緩和を行う措置を量的緩和政策として日米の中央銀行も行ってきた。量的緩和政策は当該金利がゼロ近傍になっても，中央銀行が市場から金融資産を購入したり，準備預金に目標額を設定するなどして市場に資金供給を行うための諸政策といえる。

しかし，2014年までの ECB の非標準的政策と米連邦準備（FED），日本銀行（BOJ）の量的緩和政策との相違点としては次の点が挙げられよう。ECB の場合には，公開市場操作のルール変更と，購入のための担保条件の変更といった金融機関への信用供与対象を拡大している。それに対して，FED は市場性商品の大量購入を中心とした金融市場への資金供給を軸としている。欧州の場合は，銀行による間接金融が中心であり，米国の場合は発達した証券市場での直接金融が中心である。そのため，ECB は間接金融に効果的に金融緩和が機能するように銀行に対する信用供与を拡大させ，FED は証券市場を含めた金融市場全体への金融緩和を行ったといえる。

ただし，FED は証券購入を行い，それによるバランスシートの拡大も実現している点で従来にない非伝統的政策を用いて量的緩和を行ったといえるが，ECB は非標準的政策としてはいるものの，証券購入による量的緩和をほとんど行っていない。SMP（証券市場プログラム）による証券購入も同額のマネーストックの吸収を行う，いわゆる不胎化を行っており，証券購入とマネーとの関係を中立化する政策を採用してきた。

〔注〕

11) 非伝統的政策は，De Haan（2014）によれば次の3つの要素から構成される。
　1) 銀行に対する大規模な流動性供給，2) 金融資産の購入による大規模な金融市場への介入，3) 相当程度の時間の長い，超低金利政策のフォワード・ガイダンスの導入であり，ECB の場合は 2) の金融資産購入が積極的ではないことが，FED や BOJ との違いである。

それは，ECBは国債売買による金融政策手段をそもそも持っておらず，もっぱら金融機関に対する貸借による公開市場操作を金融政策手段の中心としていたためである。その背景には欧州連合機能条約（Treaty on the Functioning of the European Union）125条により特定の加盟国政府への支援を禁じているためでもあり，ECBが加盟国政府の国債をその担保条件によって差別化することを回避してきたということもある[12]。

債務危機が発生してからは，ECBはOMTによる政府債務危機国の国債の買い取りを行うスキームを作った。しかし，その買い取り条件には経済・財政改革のための厳格な条件が付帯されているため，実際にはそれを利用した購入は行われていない。言い換えると，金融市場を納得させて危機を沈静化するためにECBは救済策を構築したものの，実際に利用されないような厳しい条件をつけ，その利用を制限することを企図したと解釈できるかもしれない。

以上のように，2014年までのECBの非標準的政策はBOJによる量的緩和政策やFEDによる信用緩和のようにバランスシートを拡大させる点では類似しているが，政策金利をゼロ近辺にまで下げたわけではなく，また大幅に購入する金融商品を拡大させたものではない。そのため，ECBの金融緩和措置は不十分なものと考えられてきた。しかし，GDP比ではECBもバランスシートを大きく拡大させ，標準的な緩和策ではできなかった緩和政策を行ってきた。特に1年物の固定金利・金額無制限のオペは，供給額が大きく，条件も有利なために効果的であったといわれる[13]。このオペに対して，1回目では多くの銀行が利用し，規模も大きく金融危機にある金融機関の資金調達に貢献したと推察される。2回目以降，利用銀行数は減少しているものの，それでも200を超す銀行

〔注〕
12) さらには，同条約123条では中央銀行が加盟国政府の政府債務を直接引き受けることを禁止している。ただし，同条約122条では例外的事態により引き起こされた厳しい困難に陥る脅威にさらされている場合には，例外的に，EUの最高意思決定機関である欧州理事会は欧州委員会からの提案に基づき，一定の条件の下で，当該国へのEUの金融支援を認めることができるものとされている。債務危機への救済に際しては，この例外措置として認められるのかどうかが議論されたこともある。
13) 2010年5月に1年物，6カ月物のオペともに中止している。中止した後，通常の1週間物のオペ（MRO）の現行の固定金利・無制限供給方式（政策金利と同率の1％）と3カ月物の通常のオペ（入札金利方式）の実施で代替している。

が利用しており，資金調達を円滑にしている。また6カ月物オペに関して額は大きくはないものの，一定の資金供給を行っており，金融機関の資金調達に貢献してきたと推察される。

　2014年にはECBはTLTROや資産担保証券（ABS）およびカバードボンドの購入を通じて2016年秋までにバランスシートを1兆ユーロ拡大することを公表した。これは非標準的な緩和策によって期待インフレを上昇させることを意図している。しかし，2015年に従来の方法でバランスシートを拡大させることは難しく，さらにデフレ懸念が広がっており，期待インフレを上昇させることは難しいと判断された。そこで2015年1月22日でのECBは政策理事会において1）国債を中心とするユーロ建て債券を月額600億ユーロ購入する拡大資産購入プログラム（Expanded Asset Purchase Programme：EAPP）を導入し，購入期間は当面3月から来年9月までとし，2％近辺の物価上昇率の目標達成の見通しが立つまで継続するとした[14]。新たに購入する資産は，当面ギリシャを除くユーロ圏加盟国の国債，ドイツ，フランス，スペインの政府機関債，EU関連機関が発行する債券とされる[15]。国債購入と政府機関債の購入はECBへの出資比率に応じて行われ，さらにECBの担保適格を満たすことが条件とされる。ただし特例としてギリシャ，キプロスの投資適格外の国債も購入することを決めている。また1発行体あたりの買入額を発行残高の33％までとするキャップ制も導入された[16]。購入条件とは，金融支援プログラムが行われている期間中は，担保適格を満たさない国債もECBは購入するとする[17]。また，2）TLTROの適用金利を主要オペ金利と同水準にすることを決め，さらには3）フォワード・ガイダンスに従い，政策金利の維持も決定した。

〔注〕────────────────

14）EAPPは今回導入された国債などの購入プログラムである公的セクター購入プログラム（Public Sector Purchasing Programme：PSPP），昨年導入済みの資産担保証券購入プログラム（ABS Purchase Programme：ABSPP），そして第3弾となるカバードボンド購入プログラム（(Covered Bond Purchase Programme 3：CBPP3）の総称である。

15）これら3カ国の政府機関債が加えられた背景には，当該国の国債購入のみでは購入額を消化できない懸念があるからである。国債購入のためには流通市場に十分な流動性が確保されることが望ましいが，財政規律を厳格化しているユーロ圏の国債市場規模はそれほど大きくはなく，国債のみをESCBが購入すれば，その需給が逼迫するおそれもあるからである。

このように ECB は非標準的政策を行ってきたが，ユーロ圏の景気回復がなかなか望めず債務危機のリスクも残っているため，ECB は国債等を直接購入する量的緩和の導入を決定した。ただし，その政策が金融市場や実体経済にどのような効果があるかは現段階では不明である。そこで，以下の第3節では量的緩和を含めた非標準的政策の金融市場への効果について，また第4節では実体経済への影響について時系列データを利用して検証する。

2.2 欧州危機前後におけるテイラー型政策反応関数の推定

非標準的政策の分析に入る前に，まずこの項では欧州危機前後の ECB の標準的な金融政策運営が何に反応していたのかを確認しよう。そのため，テイラー型の政策反応関数を推定する。テイラー・ルールは，インフレ率と産出量によって政策金利の動向を示す金融政策ルールと考えられている。ここで推定期間は2004年1月から2014年7月までとするが，この推定期間中に欧州危機が発生しているので ECB の反応にも構造変化があることが想定される。そのため，構造変化を考慮した推定方法を採用する。ここでは Bai=Perron の構造変化による推定方法を採用した。推計式は以下の通りとする。オリジナルのテイラー・ルールの Taylor（1993）では，次のように定式化されている[18]。

〔注〕
16) しかし，ギリシャ国債の購入に関しては，2015年4月現在，既に購入残高が多額で，33％ルールに抵触する。そのため一部のギリシャ国債が償還された後の2015年7月以降になって，ECB は新規に当該国国債を購入できる。また債券については25％をキャップとしている。これは，購入債券には一般投資家と ESCB に同等の弁済順位が設定され，さらに2010年以降に発行された債券には集団行動条項（Collective Action Clause：CAC）も導入されている。ESCB 全体で25％以上，債券を保有すると，たとえ CAC があったとしても ESCB 単独で債務再編を求める CAC の発動を拒否できてしまう。そのため，ESCB の債券保有額により低いキャップがかけられているものといえる。
17) ECB が担保適格とするのは，Eurosystem Credit Assessment Framework（ECAF）で定められた CQS 3（Credit Quality Steps 3）という基準である。ECAF は格付け会社4社（DBRS，FitchRatings，Moody's，Standard & Poor's）の格付けをもとに統合された評価基準を示しており，その基準の中で最低基準を CQS 3 としている。例えば CQS 3 は S&P の"BBB+/BBB/BBB−"に相当する。詳細は次の HP を参照。(http://www.ecb.europa.eu/paym/coll/risk/ecaf/html/index.en.html # ratingscale)
18) オリジナルのテイラー・ルールでは均衡実質金利を2％とし，β は1.5，γ は0.5の値，均衡実質金利および目標インフレ率を2％の値を先験的に与えて，フェデラル・ファンド・レートの推移を説明している。

$$i_t = (r + \bar{\pi}) + \beta(\pi_t - \bar{\pi}) + \gamma \hat{y}_t \tag{1}$$

ここで，i は政策金利，r は均衡実質金利，$\bar{\pi}$ は目標インフレ率(一定)，π はインフレ率，$\hat{y}$ はアウトプット・ギャップをあらわす。また添字の t は時間を表す。ただし，ここで $(r + \bar{\pi})$ は，均衡実質金利は一定と想定し，一定の値となり，推定にあたっては定数項となるものとする。左辺の第1カッコは均衡実質金利に一定の目標インフレ率の和であり，この和は均衡名目金利を示唆する。次の第2カッコは現実のインフレと目標インフレ率の差を表し，もし現実のインフレ率が目標インフレ率よりも高ければ金利を引き上げ，下回れば金利が下がることを示す。ただし均衡時では両者が一致するので，カッコ内はゼロとなる。また第3項はアウトプットギャップを表す。

ECBは物価安定を主たる目標とすることがマーストリヒト条約及び同条約付属議定書で定められているが，インフレ予測を行うにあたっては「より種々の広範な経済指標」を用いることになっている。この広範な経済指標の中でもっとも重要でかつ関心の高いものがGDPの推移であろう。ユーロ圏のGDPの動向，すなわち景気動向はインフレを予測する上でECBの金融政策にとっても重要な指標である。景気が上昇している時にはインフレ率が高まることが予想され，逆に景気が後退している時にはインフレ率が下落することが予想される。また，インフレ予想だけでなく，ECBが法的な定めがなくともユーロ圏の景気動向に着目して金融政策を実施している可能性もある。すなわち，景気後退がユーロ圏で発生したとすれば，金融緩和を行い，金利を低下させようとするであろう。したがって，本章ではテイラー・ルールがユーロ圏にも妥当する可能性があると考え，それを推定することとする。

さらに，欧州金融危機後にはECBは危機に対応してきたことを踏まえ，金融市場の不安を表す指標を(1)式に追加する。

$$i_t = (r + \bar{\pi}) + \beta(\pi_t - \bar{\pi}) + \gamma \hat{y}_t + z \tag{2}$$

ここで政策金利 (i) としてEONIAを利用し，インフレ率 (π) としてHICP変化率（％），アウトプットギャップ ($\hat{y}$) としてユーロ圏生産指数と，それをHPフィルターをかけた値の差とした。また，z は金融市場の不安を表すストレ

ス変数であるが,その代理変数として ECB が提供するユーロ圏の Composite Indicator of Systemic Stress[19] を用いた。いずれもデータは ECB の HP からである。また,構造変化に関しては,2つの Bai=Perron テストを用いた。さらに,HAC の共分散行列を用いて推定している。

まず定数項について不況期の第2期間,欧州危機後の第4期間,第5期間に

●図表6-7　ECB の政策反応関数の推定結果

被説明変数:EONIA(ユーロ圏オーヴァーナイト金利インデックス)

	第1期間	第2期間	第3期間	第4期間	第5期間
定数項	4.650**	1.811**	3.331**	0.782**	−0.260*
	(0.610)	(0.082)	(0.115)	(0.082)	(0.112)
インフレギャップ	0.461	0.352*	0.263**	0.366**	0.010
	(0.384)	(0.156)	(0.083)	(0.027)	(0.057)
アウトプットギャップ	0.130*	0.046	0.095**	−0.038**	0.019*
	(0.060)	(0.042)	(0.014)	(0.003)	(0.009)
ストレス変数	8.522+	−6.038**	−1.417*	−0.757	−7.045**
	(4.887)	(1.122)	(0.630)	(0.660)	(1.085)
自由度修正済み決定係数	0.968				
回帰標準誤差	0.266				
ダービンワトソン比	0.603				

( )内は標準誤差をあらわす。**1%の棄却域,*は5%の棄却域,+は10%の棄却域をあらわす。

推定期間
構造変化時期

第1期間	2001年1月−2002年12月
第2期間	2003年1月−2006年8月
第3期間	2006年9月−2009年1月
第4期間	2009年2月−2011年8月
第5期間	2011年9月−2014年7月

構造変化テスト(1):Bai-Perron tests of L+1 vs. L sequentially determined breaks
Break selection:Trimming 0.15, Max. breaks 5, Sig. level 0.05
構造変化テスト(2):Bai-Perron tests of 1 to M globally determined breaks
Break selection:Sequential evaluation, Trimming 0.15, Max. breaks 4, Sig. level 0.0

〔注〕
[19] Euro Area Composite Indicator of Systemic Stress ; ECB, Statistical Data Warehouse.

ついて低い値をとり，特に第5期間にはマイナスの値を示している。すなわち，債務危機後の欧州経済では均衡名目金利が低くなり，2013年に入り直近ではマイナスの名目金利が均衡値であることを示唆している。

また各期間の結果をみると，第1期間ではアウトプットギャップとストレス変数に反応しているが，インフレギャップには反応しておらず，ユーロ導入初期には本来のECBの運営とは異なる政策運営が実施されたことが推察される。不況期の第2期間には，均衡名目金利が低下し，インフレギャップにも有意に反応している。また，ストレス変数にも有意に反応し金融市場のストレスが高まることで政策金利を低下させている。好況期の第3期間にはインフレギャップとアウトプットギャップに有意に反応している。ただし，インフレギャップの係数の方が大きいことがわかる。したがって，ECBの定款通り，インフレにより反応していたことがわかる。

欧州金融危機が始まり欧州債務危機が深刻になっている第4期間では，政策金利がインフレギャップとアウトプットギャップに有意に反応している。この間，インフレ率が低下し，それとともにECBが政策金利を引き下げていることをあらわしている。ただし，アウトプットギャップの符号がマイナスであり，景気動向よりもインフレ率に対してより反応していることがわかる。第5期間では，インフレギャップには反応せず，アウトプットギャップに有意に正で反応している。さらに，金融市場のストレスにも有意に反応し，係数も大きい。したがって，この時期には欧州債務危機によって起きた金融市場の高いストレスに大きく反応していることがわかる。

また，**図表6-8**は現実のEONIAとテイラー・ルールで推定された短期金融市場金利の乖離を示しているが，欧州債務危機の2010年から2011年にかけて乖離が大きくなっており，この時期には異例の対応をECBは迫られたことを表している。

以上より，危機前については，ECBの対応は標準的な手段による対応であったといえるが，危機後には政策反応に構造変化があるといえる。ただし，政策目標以外の金融システムの安定について政策金利を引き下げて対応し，定款で定めた目標以外に政策を割り当てた点では非標準的な対応であったといえる。

●図表6-8　現実のEONIAとテイラー・ルールで推定された短期金融市場金利の差

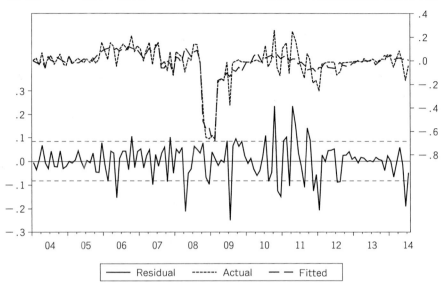

3　ECBの非標準的政策の金融市場への短期的効果

本節ではECBによる非標準的政策の効果を検証する。ここではまず非標準的政策の金融市場への効果を検証する。前節で述べたようにECBは金融市場での資金逼迫を緩和するため非標準的政策に踏み切ったので，その目的がどの程度達成できたのかを検証することには意義があろう。

3.1　非標準的政策の金融市場への効果

まず，日次データを用いてGIIPS（ギリシャ，アイルランド，イタリア，ポルトガル，スペイン）の金融市場がどのように非標準的金融政策に反応したのかを検証する。非説明変数として5年物CDSスプレッドを用いた。CDSスプレッドは，当該国の金融市場でのリスクをあらわす代理変数として有益である。説明変数としては，第3代ECB総裁に就任したドラギ総裁ダミー，1期前のユーロ圏金融市場での支配力が強いドイツのCDSスプレッド変化率，カバー

ドボンド購入成長率(ラグ付き),公開市場操作による資金供給増加率(ラグ付き),1期前の当該国CDSスプレッド変化率を取り上げた。

これらの変数を説明変数として取り上げた理由は,非標準的金融政策による効果をみるために,カバードボンド購入と公開市場操作での資金供給を取り上げた。さらに,より積極的な非標準的政策の導入を行ったドラギ総裁の就任時期以降の金融市場の反応も検証するため,総裁就任前の期間をゼロ,就任後を1とするダミー変数を作成し,それを説明変数とした。また,ユーロ圏内で政府債務不履行リスクの低いドイツのCDSスプレッド変化率,1期前の当該国CDSスプレッド変化率を説明変数とした。ラグ次数はAIC(赤池の情報量基準)により決定した。推定期間は,ギリシャの財政統計粉飾が発覚した後の2010年1月1日からデータの利用が可能であった2012年2月24日までとした。推計方法は最小自乗法を用いた。

● 図表6-9　CDSスプレッドへの効果

被説明変数:5年物CDSスプレッド変化率
推計方法:最小自乗法
推定期間:2010年1月1日〜2012年2月24日
サンプル数:336

		ギリシャ	アイルランド	イタリア	ポルトガル1)	スペイン
定数項	C	0.00288	0.00345	0.00080	0.00415+	0.00124
		0.00437	0.00247	0.00084	0.00255	0.00205
ドラギダミー	a1	0.01950+	−0.00529+	−0.00306	−0.00134	−0.00133
		0.01087	0.00280	0.00212	0.00442	0.00519
1期前のドイツのCDSスプレッド変化率	a2	0.48475**	−0.01403	0.09212**	−0.05108	0.76483**
		0.09262	0.08721	0.01847	0.10037	0.045874
カバードボンド購入増加率(−i)	a3	2.85266*	−0.42637	−0.00001	−1.31401	−1.92602+
		1.56757	0.546744	0.00001	1.90549	0.76689
公開市場操作による資金供給増加率(−i)	a4	−0.05825	0.00385	0.00000	0.00815	−0.01713
		0.21566	0.01301	1.62E-08	0.01243	0.013412
一期前の当該国CDSスプレッド変化率	a5	−0.08886+	0.25945**	0.07931**	0.39786**	0.06823+
		0.05074	0.061313	0.01530	0.081077	0.03790
ラグ次数		7	10	1	5	5
自由度調整済み決定係数		0.093	0.051	0.539	0.131	0.494
回帰標準誤差		0.069	0.041	0.032	0.047	0.034
ダービンワトソン値		2.127	2.038	2.027	1.851	1.910

(　)内は標準誤差をあらわす。**は1%の棄却域,*は5%の棄却域,+は10%の棄却域をあらわす。
注1)　ポルトガルについてはDW比より,Newey=WestのHAC共分散行列を利用した。
注2)　表内のiはラグ次数をあらわす。

第6章 欧州債務危機とECBの非標準的金融政策 143

推計結果は次の通りである。図表6-9より，ギリシャのCDSスプレッドに対しては有意な変数はドラギダミー，ドイツのCDS，カバードボンド購入，1期前のスプレッド変化率であるが，ドラギダミーとカバードボンド購入は想定される符号とは逆で有意である。すなわち，非標準的政策を行ったとしても効果はなく，リスクが高まっている状況であったことを示唆する。

アイルランドはドラギダミーと1期前のスプレッド変化率のみが有意であったが，ドラギダミーの符号はマイナスでドラギ総裁就任以降，リスクが低下していることを示唆している。イタリアはドイツの1期前のCDSスプレッド変化率のみが有意であり，直接，非標準的政策が効果をみせなかった。ポルトガルでは1期前のスプレッド変化率のみが有意であるため，イタリア同様，非標準的政策は効果を見せなかったといえる。スペインではドイツのCDS，カバー

●図表6-10　国債金利への効果

被説明変数：10年物国債金利変化
推計方法：最小自乗法
推定期間：2010年1月1日〜2012年2月24日
サンプル数：336

		イタリア	スペイン
定数項	C	0.000945	0.00016
		0.00074	0.001032
ドラギダミー	a1	−0.003318	−0.00046
		0.00395	0.002612
1期前のドイツのCDSスプレッド変化率	a2	0.112669**	0.133182**
		0.02334	0.021941
カバードボンド購入増加率（−i）	a3	−0.364902	5.97E-06
		0.27450	8.59E-06
公開市場操作による資金供給増加率（−i）	a4	−0.026230	−3.55E-08+
		0.03100	1.96E-08
一期前の当該国国債金利変化	a5	0.147598*	0.169709**
		0.07270	0.051218
ラグ次数		5	5
自由度調整済み決定係数		0.119	0.134
回帰標準誤差		0.014	0.017
ダービンワトソン値		1.911	1.981

（　）内は標準誤差をあらわす。**1％の棄却域，*は5％の棄却域，+は10％の棄却域をあらわす。
注1）表内のiはラグ次数をあらわす。

ドボンド購入,そして1期前のスプレッド変化率が有意となっている。したがって,ここで取り上げた非標準的政策の効果は GIIPS に対して限定的な効果を与えたといえる。

ただし,CDS のみに焦点を絞ったので,異なる金融商品である10年物国債を取り上げ,その金利に対する非標準的政策の効果を検証する。ただし,データ入手の制約より,スペインとイタリアのみを取り上げた。推計期間は同じ期間とし,推計方法も同じく最小自乗法とした。推定結果は**図表6-10**に掲げたが,それより,イタリア,スペインの国債金利変化に対してはドイツの CDS スプレッド変化率と1期前の当該国の国債金利変化のみが有意に正であった。ただし,ここで注目すべきは有意ではないもののカバードボンド購入増加率と公開市場操作増加率ともにマイナスの符号であることである。すなわち,明確には確認できないものの非標準的政策は国債金利を低下させる効果をもちうることを示唆している。

3.2 銀行貸出への効果 —— マルコフスイッチングモデルの応用

次に月次での銀行貸出残高の成長率に対して非標準的政策は効果があったのかどうかを検証する。非標準的政策が銀行貸出の伸びに対して効果があるのかどうかは景気回復の要である。貸出実績が伸びるということは,投資需要などにより貸出需要が伸び,それに対応するように貸出供給も増加していると解釈できる。したがって,貸出実績である銀行貸出残高に対して ECB のオペレーションやカバードボンド購入が効果があったのかどうかを検証する。ECB がオペレーションのルール変更を行ったり,カバードボンド購入を行い金融機関の資金繰りを支えてきたのも民間の資金需要を満たす資金を金融機関が供給するためである。そこで,ここでは貸出残高成長率を被説明変数にし,通常のオペと非標準的政策によるオペとを合わせた公開市場操作の資金供給成長率を説明変数とした。これにより,オペによる資金供給が貸出残高を増やす効果があったのかどうかを検証する[20]。

また推計方法としてレジームスイッチモデルを用いる。ここでは月次データを用いるのでサンプル数を確保するため推計期間を前項3.1の推計よりも延長する必要がある。そのため,ここでの推計期間を2005年5月から2014年8月ま

第6章 欧州債務危機とECBの非標準的金融政策　145

でとする。しかし，この期間中には欧州金融危機があり，リーマン・ショックという未曾有の危機があった。そのため，推計期間中に構造変化があると想定され，構造変化を考慮に入れる必要がある。構造変化のとらえ方には，第2章，第5章で用いたBai＝Perronによる方法もあるが，ここではレジームスイッチングモデルを用いる。金融市場の状態の変化，また変化した状態がどのぐらい続いたのかを検証するには，レジームスイッチングモデルの方が適切であろう。

　ここでレジームとは見えざる市場状態をさすが，ここでは市場レジームを公開市場操作の貸出に対して効果がないレジーム1と効果があるレジーム2とに分ける。

　現在，第1のレジームのもとにあるとき，1期後に第1か第2のどちらのレジームになるかは確率的に推移する。この時，過去にどのレジームにあったかには関係なく，現時点で第1レジームにいるという条件でもって，確率的推移が決定される。このような条件は，過去の状態から予想されない投資家心理や景気などの観測できない変数に影響を受ける可能性が高い金融危機の状態を分析するのには妥当するものと考える。そのため，ここでマルコフスイッチングモデルを用いるには意義があるといえよう。そこで，金融機関の貸出成長率に対して公開市場操作がどのような貸出の伸びの違いとして実現したかを検証する[20]。

　次にここでの推計式を示す。マルコフ連鎖は代表的な離散確率過程であるが，今期の状態を前期の状態のみに応じて確率的に次式のように決定することに特徴がある。離散状態の確率過程 $\{Y_{n+1}=j|Y_n=i, Y_{n-1}=y_{n-1}, Y_{n-2}=y_{n-2}, Y_1=y_1\}$ とする。マルコフ連鎖は次のように表現される。

$$P(Y_{n+1}=j|Y_n=i, Y_{n-1}=y_{n-1}, Y_{n-2}=y_{n-2}, \cdots)=P(Y_{n+1}=j|Y_n=i)$$

　この確率過程によりマルコフスイッチングモデルは状態の変化を迅速に取り込める柔軟性を持つことができる。また，

〔注〕
[20] ここでの信用の伸びは，金融機関の融資姿勢とともに借り手の信用需要も反映した実現値であるので，それら2つにどれだけ非標準的政策が働きかけられたのかを検証することとなる。

$$p_{ij} = P(Y_{n+1}=j | Y_n=i)$$

をマルコフ連鎖の推移確率とよぶ。Hamilton（1989）による推計モデルでは，2つの状態を想定し，状態1から状態2への遷移確率（transition probability）を，1階のマルコフ連鎖過程として次のように想定する。

$$prob(z_t=1|z_{t-1}=1)=p_{11}$$
$$prob(z_t=2|z_{t-1}=1)=1-p_{11}$$
$$prob(z_t=2|z_{t-1}=2)=p_{22}$$
$$prob(z_t=1|z_{t-1}=2)=1-p_{22}$$

ここで z は観察されない状態変数であり，p_{ij} は状態 i から状態 j への遷移確率をあらわす。T 時点で状態1であれば確率 p_{11} で $t+1$ 時点でも状態1となり，確率 $1-p_{22}$ で状態2となることをあらわす。したがって，状態2のマルコフ連鎖の遷移確率行列は

$$p = \begin{pmatrix} p_{11} & p_{21} \\ p_{12} & p_{22} \end{pmatrix} = \begin{pmatrix} p_{11} & 1-p_{11} \\ 1-p_{11} & p_{11} \end{pmatrix}$$

と表現される。さらに z の推移を次のように表すことができる。

$$z_t = (1-p_{11}) + \rho z_{t-1} + \theta_t$$
$$\rho = p_{11} + p_{22} - 1$$

このような想定をした上で，被説明変数として貸出成長率を，各レジームでの係数が異なるスイッチング説明変数として公開市場操作による資金供給増加率とする次式を推計する。

$$y_t = a_0(z_t) + a_1(z_t)x_{t-1} + a_2 D_{t-1} + a_3 dummy$$

ここで y は金融機関の貸出残高成長率，x は公開市場操作の貸出成長率を示す。また，共通項として金融機関に対する要求預金準備額 D，そしてドラギダミー $dummy$ を導入する。添字の t は時間をあらわす。したがって，ここでは公開市場操作に関連したルール変更を含めた資金供給増加措置の与えた影響が

2つのレジームによって異なっているのかどうかを検証することになる。

公開市場操作の貸出成長率に対する効果のマルコフスイッチングモデルによる検証結果は**図表6-11**に示されている。図表6-11から，まずレジーム1はユーロ圏全体，ギリシャ，アイルランド，イタリア，ポルトガルで資金供給増加率の係数は有意ではなく，スペインが有意となっている。またレジーム2では資金供給増加率の係数は10%の棄却水準ではいずれも有意となっている。したがって，概ねレジーム2では，公開市場操作は金融機関の貸出増加を促しているといえよう。

また，**図表6-12**ではレジーム確率を示している。ユーロ圏では，2008年9月のリーマン・ショックが起きた時期からレジーム2に移行し，2014年でも継続していることが分かる。ユーロ圏では2005年5月から9月，2008年2月から2011年4月，2011年6月から2014年8月までがレジーム1，それ以外の期間がレジーム2として検出された。すなわち，独仏の景気後退と欧州危機の期間中，ユーロ圏全体では公開市場操作による資金供給が貸出増加には効果は有意ではないといえる。危機下では金融機関の貸出態度も厳格になるので，金融緩和政策を行ったとしても有意な貸出増が見られなかったことを示唆する。また，共通項であるドラギダミーと要求預金準備額に関して，前者の係数は負であり，ドラギ就任以降，ユーロ圏の経済状況は深刻になり，かえって貸出成長率が鈍ったことを示唆する。一方，後者の要求預金準備額の変化に関しては有意に負であり，要求預金準備額の引き下げ措置は金融機関の貸出を促したことを示唆している。

次に，ギリシャでは2005年5月から2008年9月，2010年1月から2014年8月の期間にレジーム1，それ以外がレジーム2に分類される。ギリシャの場合，レジーム1，レジーム2ともに公開市場操作が資金供給増加に対して，負に有意に寄与しており，債務危機中でなくともECBによる公開市場操作は効果を現していないことを示唆している。ただし，レジーム1の方が負の係数値は有意に大きく，レジーム1での貸出リスクへの金融機関の感応度が高いことを示している。また，共通項としての要求預金準備額の効果は有意ではない。また，共通項のドラギダミーは正であるが有意ではなく，また要求預金準備額も有意ではなく正の係数を示している。

図表6-11 マルコフスイッチングモデルによる推計結果

非説明変数：貸出残高成長率
推計方法：マルコフスイッチングモデル
推定期間　2005年5月〜2014年8月
サンプル数：112

変数	ユーロ圏 係数	ギリシャ 係数	アイルランド 係数	イタリア 係数	ポルトガル 係数	スペイン 係数
レジーム1						
定数項	1.853** (0.264)	1.073+ (0.605)	−0.811+ (0.430)	1.712** (0.383)	2.376** (0.404)	6.637** (0.564)
公開市場操作による資金供給増加率	0.002 (0.007)	−0.045** (0.023)	0.018 (0.018)	0.029** (0.011)	0.080* (0.037)	0.010 (0.013)
レジーム2						
定数項	2.678** (0.268)	−0.606 (0.725)	1.864+ (0.943)	1.767** (0.385)	1.657** (0.372)	10.057** (0.871)
公開市場操作による資金供給増加率	−0.023** (0.009)	−0.017+ (0.010)	0.033** (2.669)	−0.035* (0.009)	0.008 (0.005)	−0.133* (0.085)
共通項						
ドラギダミー	−1.248** (0.134)	0.053 (0.379)	−1.972** (0.528)	−1.219** (0.186)	−1.429** (0.188)	−4.299** (0.279)
要求預金準備額	−0.009** (0.001)	0.001 (0.003)	−0.003 (0.007)	−0.006** (0.002)	−0.007* (0.002)	−0.031** (0.003)
LOG (σ)	−1.267** (0.064)	−0.345** (0.075)	−0.023 (0.140)	−0.746** (0.079)	−0.928** (0.074)	−0.588** (0.049)
推移行列係数						
P11-C	3.688** (0.849)	3.357** (0.869)	2.204 (0.567)	4.645** (1.251)	1.857* (0.806)	3.635** (1.080)
P21-C	−2.796** (1.052)	−3.600** (0.831)	−2.832 (0.502)	−4.134** (1.474)	−3.642** (0.794)	−2.963** (0.767)
対数尤度	−31.116	−134.189	−169.584	−85.774	−68.084	−116.706
回帰標準誤差	0.333	0.835	1.372	0.552	0.480	0.738
ラグ次数	2	1	9	1	1	2

第6章 欧州債務危機とECBの非標準的金融政策　149

●図表6-12　レジーム確率

〔ユーロ圏〕
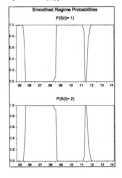

〔ギリシャ〕
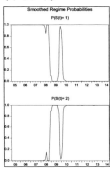

〔アイルランド〕
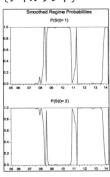

〔イタリア〕
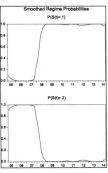

〔ポルトガル〕
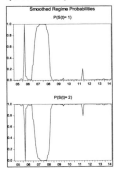

〔スペイン〕
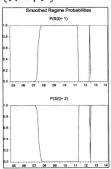

アイルランドでは，2008年3月から2011年2月，2011年6月から9月，2013年12月から2014年8月までがレジーム1，それ以外がレジーム2に分類された。レジーム1では公開市場操作の効果は有意ではないものの，レジーム2では有意となっている。レジーム1の期間は概ね，アイルランドが金融・財政危機に直面していた時期であるが，その期間中はECBの金融緩和効果があまり見られず，財政危機が一段落した2011年頃から貸出の伸びが見られ始めたことを示唆している。また，共通項のドラギダミーは有意に負であり，また要求預金準備額は有意ではなく負の係数を示している。

　イタリアでは2005年5月から2007年8月までがレジーム1，2007年9月以降がレジーム2に分類された。レジーム1では公開市場操作の貸出供給増加への効果が有意に正であるのに対し，レジーム2では逆に有意に負となっており，仏パリバ傘下の投資ファンドの経営危機という欧州危機の兆し以来，イタリアの金融機関はリスクに感応して資金供給を増やしていないことを示している。また，共通項のドラギダミーは有意に負であり，また要求預金準備額は有意に負の係数を示している。

　ポルトガルでは2006年1月から3月，2007年1月から2008年12月まではレジーム1で，それ以外の期間がレジーム2として分類された。レジーム1では公開市場操作の効果が有意であるが，レジーム2では有意ではなく，ポルトガルでも欧州危機の期間である現在まで金融機関の資金供給増加が実現していない。また，共通項のドラギダミーは有意に負であり要求預金準備額は有意に負の係数を示している。

　スペインでは2005年5月から2007年8月，2011年11月から2012年3月，2012年9月から12月までがレジーム1，それ以外の期間がレジーム2と識別された。レジーム1では危機前も含むが，主にスペインの債務危機が高まっている時期であり，レジーム2は危機がないか，景気減退の状況と重なる。レジーム1では公開市場操作の効果は有意ではない。レジーム2では負の係数で10％の棄却水準で有意となっている。ドラギダミーは有意に負であり，要求預金準備額は有意に負の係数を示している。したがって，スペインでは欧州危機前後でもECBの緩和政策が金融機関の貸出を刺激していないことを示唆する。

4 VARによる実体経済を含めた非標準的政策の実証研究

本節では，ECBによる非標準的金融政策の概要を説明した上で，その政策が南欧諸国の実体経済に与える効果を，ベクトル自己回帰モデルを用いて実証することを通じて，その効果と問題点を検討することにある。

ECB以外の日米中央銀行による非伝統的金融緩和政策の効果の有無に関連した先行研究としては次のものがある。Eggertsson＝Woodford（2003）は動学的一般均衡モデルを用いて非伝統的政策は実体経済に理論的には効果はないものの，短期金利が下限にあるもとでは予想に影響を与えるコミットメント政策は重要であると指摘している。Curdia＝Woodford（2010）も非伝統的政策は効果がないものの，金融市場が正常化するには効果的であるとする。

一方，Bernanke and Reinhart（2004）はたとえ短期金利ゼロのもとでも，ベースマネーの増加は実体経済に影響を持つと述べている。このルートとして考えられるのが，公衆の期待を通じた効果と中央銀行のバランスシートの拡大を通じた効果である。前者の公衆の期待を通じた効果とは，将来の金融政策の方向性に関してのコミットメントをすることにより，公衆の期待を誘導し，将来の中長期金利にも影響を与えることを狙った経路である。また後者のバランスシートを通じた効果には資産側・負債側双方を通じて効果が想定される。資産側の構成を変化させることを通じて，長期金利を低下させようとする。金融危機時には長期金利のリスクプレミアムが上昇しやすいため，それを低下させるように長期金融資産を購入することになる。また，負債側ではベースマネーを増加させることで市場での金融資産購入が促され金利の低下を通じた投資拡大を狙うことができる。さらに，ベースマネー増加が将来の金融緩和を期待させるというシグナリング効果も併せもつ。さらに本多＝黒木＝立花（2010）はベクトル自己回帰（VAR）モデルを用いて，日銀の量的緩和政策が物価や生産に及ぼす影響を分析し，量的緩和政策は実体経済に効果があり，その効果は株価チャネルを通じたものであると主張している。

また，ECBの非標準的政策の効果についての研究は現段階では多くはないも

のの，Fratzscher＝Berlin＝Duca＝Straub（2014）は資産価格の変化に着目し，非標準的政策がプラスの効果を与えたことを指摘している。また，国際資本フローへの動きにも注目し，この政策が国際資本市場にプラスの効果を与えているとも主張している。Boeckx＝Dossche＝Peersman（2014）は構造VARモデルを用いて，ECBのバランスシートの拡大が銀行貸出と金融市場の安定化に対し正の効果をもたらしたことを観察しているが，金融危機の大きな影響を受けた国では銀行貸出への効果が薄いとも主張している。またPattipeilohy＝End＝Tabbae＝Frost＝de Haan（2013）はVARモデルを用いて非標準的政策が長期国債金利を低下させるような働きがあったことを観察している。

この節では，ECBの非標準的政策がユーロ圏，特に南欧諸国にどのような効果を与えるのかを検証することを目的としており，実体経済を組み込んだVARモデルを構成する。そのため，本多＝黒木＝立花（2010）のように物価，生産，そして株価指数を変数に入れたVARモデルにより以下，分析する。

4.1 推計モデル

まず，この節で用いるVARモデルについて述べる。ここで利用したのは，次のような内生変数ベクトル$Y(1 \times n)$の動学的プロセスを記述した以下のVARモデルを考える。

$$Y_t = c + A_1 Y_{t-1} + A_2 Y_{t-2} + \cdots + A_l Y_{t-l} + B\varepsilon_t \tag{1}$$

ここで$c(m \times n)$は定数項行列，$A_i(n \times n)$は係数行列，$\varepsilon_t(1 \times n)$は構造ショック・ベクトルを表す。$B(n \times n)$は，構造ショック・ベクトル$\varepsilon_t$を誘導型の撹乱項ベクトル$u_t$に変換する係数行列（$u_t = B\varepsilon_t$）である。

この節で推定するVARモデルの内生変数Yには物価，鉱工業生産指数，金融政策変数，当該国の代表的な株価指数が含まれる。金融政策変数として国債金利，公開市場操作による資金供給残高，当該国国債金利を導入したのは，当該国の国債購入による金融支援による効果を検証するためである。さらに，ドイツ国債売却が行われたとして，それが南欧諸国およびユーロ圏全体にどのような影響を与えるのかも検証するため，ドイツを対象とした推定以外にドイツ国債金利を政策変数として導入する。2015年1月にECBは量的緩和に踏み込

み，加盟国国債を購入すると決定した。購入額は ECB への資本金に応じて購入するとされるが，本節ではあえて高格付けのドイツ国債と，低格付けの南欧諸国の当該国債を金融変数として，両者を比較することとする。

データに関しては，各国の物価，鉱工業生産指数，ユーロ圏平均を除く10年物国債金利は欧州委員会統計局（EUROSTAT）HPから入手した。また，ユーロ圏平均国債金利（利回り）はECBのデータバンクから入手した。さらに，各国の株価指数に関しては各国の指標となる主要な株価指数を用いた。具体的には，ギリシャはアテネ取引所のATHEN INDEX COMPOS，アイルランドはダブリン取引所のSEQ-OVERALL PRICE，イタリアはFinancial Timesが提供するFTSE MIB，ポルトガルはリスボン取引所のPSI20，スペインはマドリッド取引所のIBEX35，ドイツはフランクフルト取引所のDAX30を用いた。入手先はYahoo Finance UKからである。

また，本節ではレベルデータを利用した制約のないモデル（以下，レベルモデル）とベイジアンVARモデル（以下，BVARモデル）を用いる。2つのモデルを採用した理由は，結果の頑健性を確認するためである。ここで用いる時系列データの多くは単位根検定によって，レベルでは単位根を持つことが確認されている[21]。しかし，Sims, Stock, and Watson (1990) は単位根を持ち共和分関係が観察されるレベル変数で推定されたVARモデルのパラメータであっても一致斬近的正規性（consistent asymptotically normality）をもつ推定量であると主張している[22]。また，レベル変数を階差に変換することで，変数の持つ重要な情報を欠落させるおそれがあり，彼らはレベル変数でのVARモデル推定を主張する。ここでもその主張を受け入れ，レベル変数での推定を行っている。

さらに，BVARによる推定も行っている。通常，制約のないVARモデルでは変数相互間の共線性や時系列データの不足のための係数の過度推定問題が存在し，多くの変数と長い次数を持つVARモデルでは，多くの推定すべきパラ

〔注〕
21) ここではADF検定によって確認をしている。ただし，紙幅の関係によりその結果を割愛する。
22) この主張に基づいた金融政策効果を分析した研究として，Christiano et al. (1999) がある。

メータを持つことになる。そのようなモデルを推定するためには，多くのデータが必要である。もしデータ不足となると正確度と信頼度に問題が生じる可能性がある。このような問題点に対してBVARモデルを利用して解決できる可能性がある。モデルの構造と発生可能なパラメータの値または関数に事前分布が与えられる場合，パラメータの推定と予測の向上が期待される。

推計期間は金融危機の始まる直前の2007年1月から直近の2014年9月とし，サンプル数は93である。ラグ次数は赤池の情報量基準（AIC）により選択した。ここでインパルス応答に関して，変数の順序に結果が依存しない一般化インパルス応答（Generalized Impluse）を採用した。また，ここでは24期までの累積インパルス応答の結果を掲げている。なお，信頼区間の推定はモンテカルロ・シミュレーションによる500回の繰り返しにより求めた。BVARモデルの条件については，事前分布をLitterman＝Minnesota prior，事前誤差項の共分散推定値をFull VAR，またHyper-parameterとして $\lambda_1=0.1$，$\lambda_2=0.99$，$\lambda_3=1$ と仮定した。

金利上昇ショックによるインパルス応答の予想される効果は，物価，生産，株価に対して負の影響を与えることである。公開市場操作によるECBの債権の増加ショックよるインパルス応答の予想される効果は，物価，生産，株価に対してそれぞれ正の影響を与えることである。次に各国のインパルス応答の結果を報告する。

4.2 推計結果

〔ギリシャ〕

まず，ギリシャのレベルモデルのインパルス応答関数を示したのが**図表6-13**である。図表6-13では政策変数としてギリシャ10年物国債金利を採用し，インパルス応答ではギリシャ国債売却を想定した金利上昇ショックを用いている[23]。図表6-13(1)はレベルモデルであり，図表6-13(2)はBVARモデルである。レベルモデルの図の実線はインパルス応答関数の点推定，点線は90％の信

〔注〕

23) 無論，金利下落の影響は，以下の結果と逆のものと解釈できる。以下の金利ショックに関する結果についても同様である。

第 6 章 欧州債務危機と ECB の非標準的金融政策　155

●図表 6 − 13(1)　制約のない VAR モデルによるインパルス応答

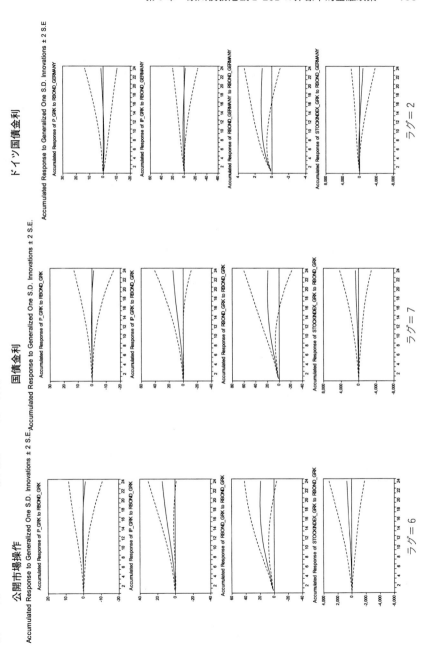

●図表6-13(2) ベイジアンVARモデルによるインパルス応答

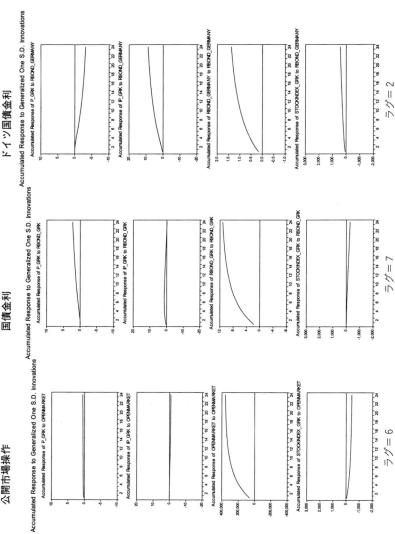

頼区間の上限と下限を表している。

　10年物国債金利を採用した2つのモデルによるインパルス応答の結果は，次の通りである。金利上昇ショックに対する各変数の動学的反応を表している。金利上昇ショックが与えられると，2つのモデルとも物価にはほとんど影響を与えていない。鉱工業生産指数に対してレベルモデルでは正の反応を示すが，BVARモデルでは反応がない。株価に関しては，レベルモデルは正の，BVARモデルは負の影響を与えているが，どちらも累積効果は小さい。公開市場操作によるECB保有債権の増加を政策変数に採用した2つのモデルによるインパルス応答の結果は次の通りである。債権の増加ショックは物価に対して2つのモデルともほとんど影響がない。生産に関してレベルモデルは正の効果を与えることがわかるが，BVARモデルでは変化がない。株価についてはレベルモデルでは正，BVARモデルでは負の影響を与える。ドイツ国債金利を政策変数とすると，ギリシャの物価に対してレベルモデルでは影響はなくBVARモデルでは負の影響を与える。生産に対してレベルモデルでは影響はなく，BVARモデルでは正の影響を与える。株価に対して2つのモデルとも負の影響を与えている。

　このことから非標準的政策による鉱工業生産を上昇させる効果は頑健ではなく，株価上昇に対してはわずかに正の影響を与える。ECBが量的緩和政策によって国債購入を行ったとすると，その対象にドイツ国債を選択するとギリシャの実体経済には影響を与えず，ギリシャ国債を直接購入しなければ効果はないことを示唆している。

　以上より，ギリシャ経済に関して，いずれの政策も物価に対しては有意な影響を与えず，また生産に対しても影響がないか，あるいは予想とは逆にマイナスの影響を与えるものといえる。株価に対しては，ドイツ国債金利は負の影響を与えるが，ギリシャ国債金利ショックでは予想とは逆の正の効果を与えている。したがって，ギリシャ経済に対して非標準的政策の効果は弱いことを示唆している。

〔アイルランド〕

　アイルランドのインパルス応答の結果を示したのが**図表6-14**である。政策

変数としてアイルランド10年物国債金利を採用し，インパルスではアイルランド国債売却を想定した金利上昇ショックを用いている。図表6-14(1)ではレベルモデルを利用したモデルであり，図表6-14(2)はBVARモデルによるものである。

　10年物国債金利を採用した2つのモデルによるインパルス応答の結果は，次の通りである。金利上昇ショックが与えられると，物価に対してはレベルモデルでは影響なく，BVARモデルでは負の影響を与える。生産に対しては2つのモデルとも負の影響を与える。株価に対しては負の影響を与える。公開市場操作によるECB債権を政策変数に採用した2つのモデルによるインパルス応答の結果は次の通りである。債権の増加ショックは，物価に対して2つのモデルともに影響を与えていない。生産に関しては2つのモデルとも負の影響与えている。株価についてはレベルモデル，BVARモデルともに正の影響を与える。ドイツ国債金利を政策変数とすると，2つのモデルともに物価に負の影響を与え，生産に対しても負の影響を与える。さらに，2つのモデルとも株価に対して負の影響を与える。すなわち，ECBが量的緩和政策によって国債購入を行ったとすると，その対象にドイツ国債やアイルランド国債のどちらを選択しても，アイルランドの株価に正の影響を与え実体経済に影響を与えることを示唆している。

　以上より物価，生産，株価に対して，公開市場操作，当該国国債金利とドイツ国債金利の反応ともに負であるが，アイルランドでは特にドイツ国債金利の反応の方が大きいことが示されている。このことより，ECBが国債購入によって量的緩和に踏み切ったとすると，アイルランドにはプラスの影響を与えることを示唆する。

〔イタリア〕

　イタリアのインパルス応答の結果を示したのが**図表6-15**である。図表6-15では政策変数としてアイルランド10年物国債金利を採用し，インパルスではアイルランド国債売却を想定した金利上昇ショックを用いている。図表6-15(1)はレベルモデルを利用した反応であり，図表6-15(2)はBVARモデルを用いた反応である。

第 6 章　欧州債務危機と ECB の非標準的金融政策　159

[アイルランド]　●図表 6 - 14(1)　制約のない VAR モデルによるインパルス応答

●図表6-14(2) ベイジアンVARモデルによるインパルス応答

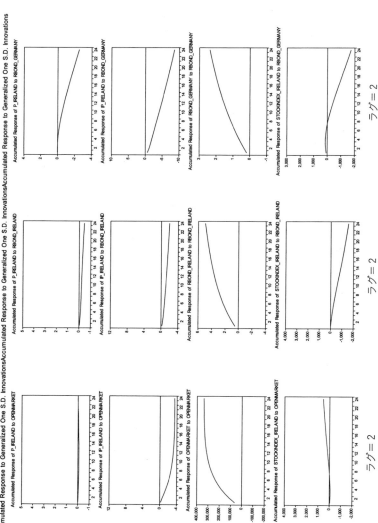

第6章 欧州債務危機とECBの非標準的金融政策　161

[イタリア]

● 図表6-15(1)　制約のないVARモデルによるインパルス応答

公開市場操作　　　　　　　　　国債金利　　　　　　　　　ドイツ国債金利

ラグ＝2

ラグ＝3

ラグ＝4

162

● 図表 6 – 15(2) ベイジアン VAR モデルによるインパルス応答

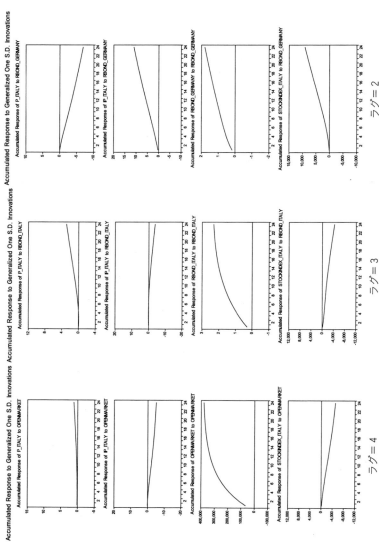

第6章　欧州債務危機とECBの非標準的金融政策　　163

　10年物国債金利を採用した，2つのモデルによるインパルス応答の結果は，次の通りである。金利上昇ショックが与えられると，物価に関して2つのモデルとも上昇することがわかる。いわゆる物価パズルがおきている[24]。生産に関しては2つのモデルともわずかに負の反応を示す。株価に関しては，2つのモデルとも負の影響を与えている。公開市場操作によるECB債権を政策変数に採用した2つのモデルによるインパルス応答の結果は次の通りである。債権の増加ショックは物価に対して2つのモデルともに影響を与えていない。生産に対してレベルモデルは影響なく，BVARモデルは負の反応を示す。株価に対しては，2つのモデルともに負の影響を与える。ドイツ国債金利を政策変数とすると，ドイツ国債ショックはイタリアの物価に対して2つのモデルともに負の影響を与える。生産には2つのモデルは正の影響を与える。また，株価に対しても正の影響を与える。したがって，生産，株価に対して予想される結果とは逆になっている。すなわち，ECBが量的緩和政策によって国債購入を行ったとして，その対象にドイツ国債を選択すると，イタリアの実体経済には負の影響を与えることを示唆している。

　以上より，イタリア経済に関して，公開市場操作による金融緩和は物価には影響を与えないものの，生産には正の効果を与えており，その他の手段は影響を与えないか，逆の効果を与えることが示された。また，株価に関しては当該国国債金利と公開市場操作による金融緩和は正の効果を与えるものの，ドイツ国債購入を通じた緩和は逆の効果を与える。

〔ポルトガル〕
　ポルトガルのインパルス応答の結果を示したのが**図表6-16**である。図表6-16(1)では政策変数としてポルトガル10年物国債金利を採用し，インパルスではポルトガル国債売却を想定した金利上昇ショックを用いている。図表6-16(1)はレベルモデルの結果であり，図表6-16(2)はBVARモデルの結果である。

〔注〕
24) 物価パズル発生の理論的な説明の例としてはコスト・チャネルが挙げられる。ニューケインジアンモデルでは名目金利の上昇は，企業の実質限界費用を引き上げるように働き，それがマークアップを通じてインフレ率を上昇させるように働く。物価パズルを回避する方法として原油価格をVARモデルの変数に導入する。

[ポルトガル]　　●図表6−16(1)　制約のないVARモデルによるインパルス応答

公開市場操作　　　　　国債金利　　　　　ドイツ国債金利

ラグ＝2　　　　　　ラグ＝4　　　　　　ラグ＝2

第 6 章　欧州債務危機と ECB の非標準的金融政策　165

●図表 6 − 16(2)　ベイジアン VAR モデルによるインパルス応答

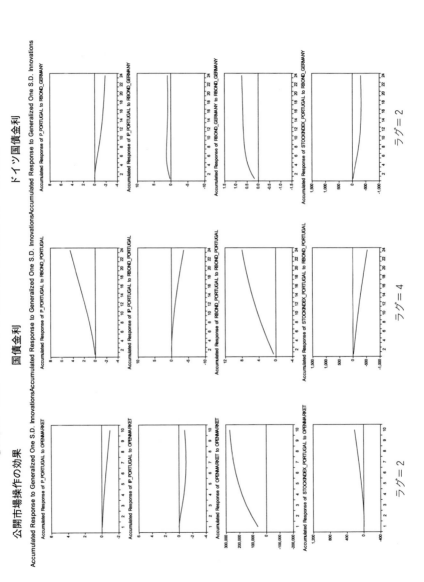

10年物国債金利を採用した，2つのモデルによるインパルス応答の結果は，次の通りである。金利上昇ショックが与えられると，レベルモデル，BVARモデルとも物価に関しては物価パズルが見られ上昇することが確認される。鉱工業生産指数に関しては，レベルモデル，BVARモデルともに負の反応を示す。株価に関しては，2つのモデルともに負の影響を与えている。公開市場操作によるECB債権を政策変数に採用した2つのモデルによるインパルス応答の結果は次の通りである。債権の増加ショックは物価に対して2つのモデルともに負の影響を与える。生産に対してレベルモデルではわずかに正，BVARモデルでは負の効果を与えることがわかる。株価に対しては，2つのモデルともに正の効果の影響を与える。ドイツ国債金利を政策変数とすると，ドイツ国債金利の上昇ショックは2つのモデルともに負の影響を与える。また，生産に対してはレベルモデルでは影響を与えず，BVARモデルではわずかに正の影響を与える。また，株価に対しては2つのモデルともに負の影響を与える。すなわち，ECBが量的緩和政策によってドイツ国債購入を行ったとすると，ポルトガルの株価には正の影響を与えるものの，実体経済への影響は確定できないことを示唆している。

以上より，ポルトガル経済に関して物価については，公開市場操作による金融緩和であれば正の効果を与えるが，他の手段についての効果は不確定である。生産に関しては，当該国国債購入，公開市場操作では金融緩和の正の効果を与えるが，ドイツ国債購入の緩和の効果は影響が見られない。また，株価に対してはどの政策手段を用いても金融緩和を行えば株価は上昇することを示唆する。

〔スペイン〕

スペインのインパルス応答の結果を示したのが**図表6-17**である。図表6-17では政策変数としてスペイン10年物国債金利を採用し，インパルスではスペイン国債売却を想定した金利上昇ショックを用いている。図表6-17(1)は階差データを利用したモデルであり，図表6-17(2)はレベル変数を用いたモデルである。

10年物国債金利を採用した，2つのモデルによるインパルス応答の結果は，次の通りである。金利上昇ショックが与えられると，物価に関して2つのモデ

第 6 章 欧州債務危機と ECB の非標準的金融政策　167

[スペイン]　図表 6 - 17(1)　制約のない VAR モデルによるインパルス応答

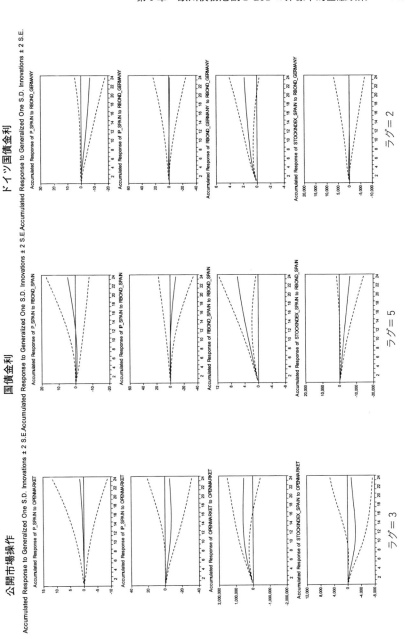

●図表6-17(2) ベイジアンVARモデルによるインパルス応答

公開市場操作の効果　　　国債金利　　　ドイツ国債金利

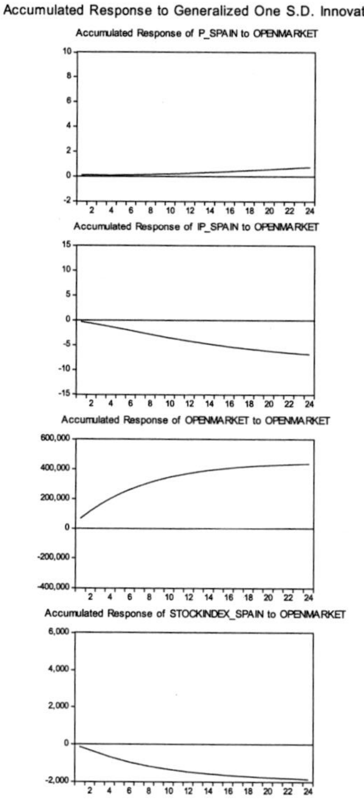

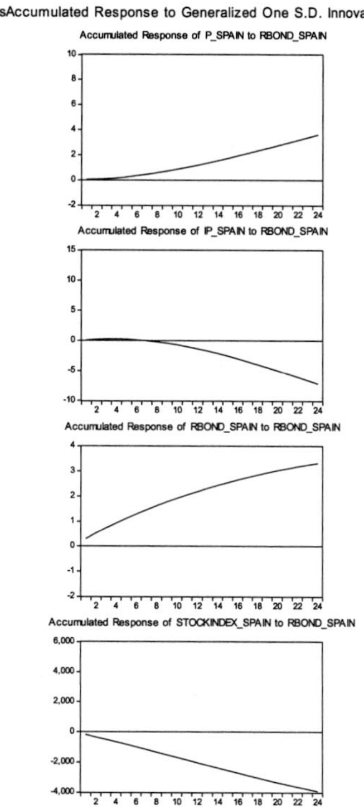

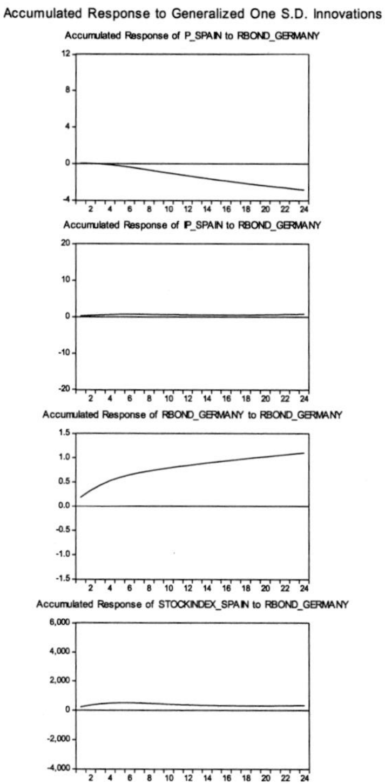

ラグ=3　　ラグ=5　　ラグ=2

第6章　欧州債務危機とECBの非標準的金融政策　169

ルとも上昇する。鉱工業生産指数に関しては2つのモデルともに時間が経過して負の反応を示す。株価に関しても2つのモデルともに負の影響を与えている。
　公開市場操作によるECB債権を政策変数に採用した2つのモデルによるインパルス応答の結果は，次の通りである。債権の増加ショックは物価に対して2つのモデルともにわずかに正の効果を与えている。生産に対して2つのモデルともにわずかに負の反応を示す。株価に対しては，2つのモデルともに負の影響を与える。ドイツ国債金利を政策変数とすると，ドイツ国債金利の上昇ショックは物価に関して2つのモデルともに負の影響を与える。生産に関しては，2つのモデルともにほとんど影響を与えない。また株価に関して，2つのモデルともに影響を与えないことがわかる。
　以上より，物価に関して当該国国債購入，公開市場操作，ドイツ国債購入のどの政策手段でも効果は特定できない。生産に関しては，影響がみられないか，あるいは負の効果が見られる可能性もある。株価に対しては，当該国国債購入は正の効果を与えるものの，それ以外の手段では一意に効果を特定することはできない。

〔ドイツ〕
　ドイツのインパルス応答の結果を示したのが図表6－18である。図表6－18では政策変数としてドイツ10年物国債金利を採用し，インパルスではドイツ国債売却を想定した金利上昇ショックを用いている。図表6－18(1)はレベルモデルによるインパルス応答であり，図表6－18(2)はBVARモデルのインパルス応答である。
　10年物国債金利を採用した，2つのモデルによるインパルス応答の結果は，次の通りである。金利上昇ショックが与えられると，物価に関して2つのモデルともに下落することがわかる。生産に関してベルモデルでは時間が経過して負の反応を示し，BVARモデルではいったん上昇するがやがて低下する。株価に関しては，レベルモデルでは時間の経過に従い負の影響を与え，BVARモデルではいったん上昇するが，やがて下落することがわかる。
　公開市場操作によるECB債権を政策変数に採用した2つのモデルによるインパルス応答の結果は，次の通りである。債権の増加ショックは物価に対して

図表6-18(1) 制約のないVARモデルによるインパルス応答

[ドイツ]

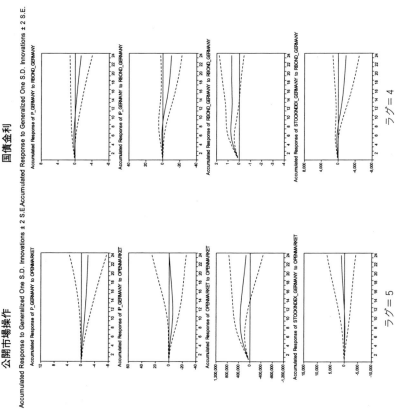

第6章 欧州債務危機とECBの非標準的金融政策　171

●図表6-18(2)　ベイジアンVARモデルによるインパルス応答

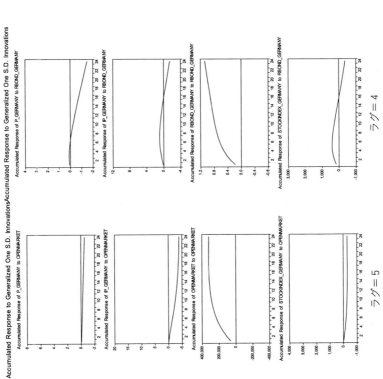

レベルモデルでは負の効果を与え，BVARモデルではほとんど影響を与えない。生産に対して2つのモデルともに負の反応を示す。株価に対しては，時間が経過するにつれレベルモデルは上昇するが，BVARモデルでは負の影響を与える。

　以上より，当該国国債購入の各変数に与える効果は，レベルモデル，BVARモデルとも予想された結果と同じく物価，生産，株価に対しては負の影響を与えることがわかるが，BVARモデルでは生産，株価に関して一時的に逆の効果が見られる。公開市場操作に関しては，レベルモデル，BVARモデルともに物価，生産に対して予想された影響とは逆の効果を与えている。したがって，公開市場操作がドイツの実体経済には影響を与えていないことを示唆している。

〔ユーロ圏〕

　ユーロ圏のインパルス応答の結果を示したのが**図表6‐19**である。図表6‐19(1)はレベルモデルであり，図表6‐19(2)はBVARモデルによるインパルス応答の結果である。

　ユーロ圏平均10年物国債金利を政策変数として採用した，2つのモデルによるインパルス応答の結果は，次の通りである。金利上昇ショックが与えられると，物価に関してレベルモデル，BVARモデルともに正の影響を与えていることがわかり，物価パズルが発生している可能性がある。鉱工業生産指数に関してレベルモデル，BVARモデルとも時間が経過して，予想とは逆に正の反応を示す。株価に関しては，2つのモデルとも負の影響を与えている。

　公開市場操作によるECB債権を政策変数に採用した2つのモデルによるインパルス応答の結果は，次の通りである。債権の増加ショックは物価に対してレベルモデル，BVARモデルともに負の効果を与えている。生産に対してレベルモデルは正の反応を示し，BVARモデルでは負の反応を示す。株価に対しては2つのモデルともわずかに負の影響が見られる。

　ドイツ国債を売却したときに，ユーロ圏全体にどのような影響を与えるのかも検証する。ドイツ国債金利の上昇は，物価に対してレベルモデルでは負の影響を与え，BVARモデルでは正の影響が観察される。また，生産に対してもレベルモデルでは負の影響を与え，BVARモデルでは正の反応があることがわか

第 6 章 欧州債務危機と ECB の非標準的金融政策　173

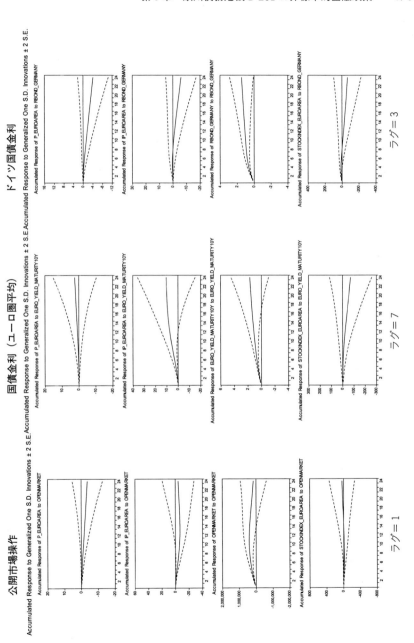

図表 6 - 19(1)　制約のない VAR モデルによるインパルス応答

●図表6－19(2) ベイジアンVARモデルによるインパルス応答

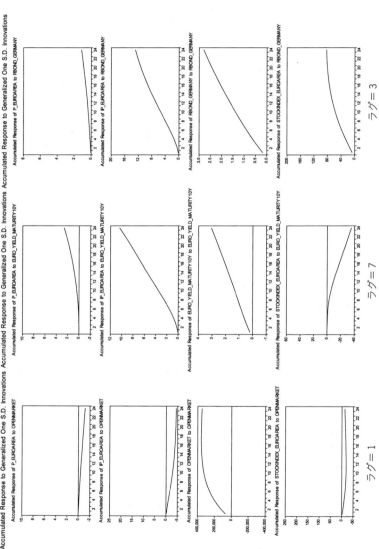

る。株価に対してもレベルモデルでは負，BVAR モデルでは正の影響を与えることがわかる。

以上より，ユーロ圏全体においても非標準的金融政策の物価に対する効果は緩和政策の手段によって効果が異なり，レベルモデルではユーロ圏平均国債金利，ドイツ国債購入による緩和政策は予想通りの効果であるが公開市場操作を用いると逆の効果が表れることがわかる。一方，BVAR モデルでは公開市場操作，ユーロ圏平均金利，ドイツ国債金利を用いた場合でも逆の効果がみられる。

●図表 6-20 インパルス応答の結果のまとめ

レベルモデル		ギリシャ	アイルランド	イタリア	ポルトガル	スペイン	ドイツ	ユーロ圏
物価	国債購入		○				○	○
	公開市場操作					○		
	ドイツ国債購入		○	○	○	○	N.A.	○
生産	国債購入			○	○		○	○
	公開市場操作	○			○			
	ドイツ国債購入			○			N.A.	
株価	国債購入			○	○	○	○	○
	公開市場操作	○						
	ドイツ国債購入			○		○	N.A.	○

ベイジアンVARモデル		ギリシャ	アイルランド	イタリア	ポルトガル	スペイン	ドイツ	ユーロ圏
物価	国債購入	○	○				○	
	公開市場操作			○		○		
	ドイツ国債購入	○	○	○	○	○	N.A.	
生産	国債購入			○	○		○	○
	公開市場操作							
	ドイツ国債購入			○			N.A.	
株価	国債購入	○		○	○	○	○	○
	公開市場操作			○		○		
	ドイツ国債購入			○			N.A.	

注) ○印は，第3節のインパルス応答において，それぞれの非標準的政策による金融緩和が各変数にプラスの効果を与えたことを示す。

レベルモデルとBVARモデルでの結果をまとめたのが**図表6-20**である。それらを比較すると，概ね一致する。しかし，ギリシャ，ユーロ圏での結果は大きく異なる。例えば，レベルモデルでは公開市場操作が生産，株価に正の影響を与えているものの，BVARモデルでは公開市場操作は生産には影響がなく，株価には負の影響を与える。またユーロ圏では制約なしのモデルでは国債購入，ドイツ国債購入は3つの変数に正の効果を与えているものの，BVARモデルではほとんど正の効果が見られない。したがって，これら2つの経済に対しては非標準的政策および量的緩和政策は実体経済に有意に正の効果を与える可能性は低いかもしれない。

5　むすび

本章ではECBの非標準的金融政策に焦点を当て，その概要と効果について検討した。まず，危機の中でのECBの政策反応関数を推定すると，欧州債務危機が深刻になっている間，政策金利はインフレギャップとアウトプットギャップに有意に反応しており，標準的政策では景気後退に対応してきたことが推察される。しかし，それでは危機を抑制できずに非標準的政策を採用するに至った。

その非標準的政策の効果に関してはまず短期的効果として金融市場への効果を検証した。その結果，非標準的政策は金融市場の安定化には効果があったものと考えられる。次に，われわれはVARモデルによるECBの非標準的政策の効果を検討した。それによると，非標準的政策の効果は政府債務問題を抱えた各国によって異なる効果が見られるが，概ね次のような効果を得ることを確認した。

まず，物価についてはユーロ圏全体をはじめ，ギリシャを除く南欧諸国でプラスの効果があった。したがって，物価を安定させる，あるいはデフレを回避するには，ドイツ国債購入による量的緩和であっても効果を持つといえる。生産に関しては，ドイツ国債購入よりも，当該国の国債購入による量的緩和が効果的であることを示唆する。リスクプレミアムを反映して，長期金利の動向は各国にばらつきがあり，そのためより直接に長期金利に効果を与える手段でな

ければ効果は見られないことを示唆している。株価に関しても当該国の国債購入による量的緩和が効果的であるといえる。ただし，ドイツ国債購入であってもユーロ圏全体の株価指標を押し上げる効果がある。また，ドイツ経済に対しても公開市場操作による資金供給が生産に対して一時的にせよ負の効果を与える結果となり，ドイツ経済に対しては当該国国債購入の方が頑健な効果といえる。

以上より，ECBが国債購入による量的緩和を行えばある程度，南欧諸国の実体経済に影響を与えることがわかった。したがって，量的緩和政策の実行にECBが踏み込むことは南欧諸国の経済に一定程度のプラスの効果をもたらす可能性がある。

しかし，ECBの量的緩和政策に関わる根本的な問題も指摘せねばならない。そもそも民間金融資産を中央銀行が大量購入することは，一般的に1）リスク移転の観点と2）対象金融資産の選別の問題の2点より，財政政策の領域に踏み込むこととなる(Blinder 2010)。1）に関して，政府には財源が確保されているのに対し中央銀行には財源がないため，民間資産の購入によって中央銀行にリスクが集中すると，大きな損失を被ったときに補填する財源がないことになる。そのため，中央銀行券に対する信認が大きく低下し，ハイパーインフレーションの可能性がでてくる。もし中央銀行が民間資産を大量購入するのであれば，財政当局との協定を結び，損失時の財政補填策を定めておくことも必要であろう。ただし，それは金融政策が財政政策の領域に入り込むことを意味する。

2）に関して，中央銀行が民間金融資産を購入するにあたって，多数の金融資産のうち，どの資産を購入するかを選別することになる。その選別によって金融資産間の収益率を人為的に歪ませることになる。無論，それによってマクロ的に資金供給を行うことになるのだが，そのことが市場機能を一時的にせよ歪ませることになる可能性がある。

さらに2）に関連したEUの特有の問題もある。EUは特定国の財政支援を原則，禁じているが，ECBの国債購入は特定国債の国債価格を引き上げ，当該国債のリスクプレミアムを引き下げたり，当該国の国債発行を容易にする働きをもち，それ自体が財政支援にあたる。ここでは財政支援を否定するわけではなく，むしろ緊急時にはそれが必要であろう。ただし，量的緩和をECBが積極的

に進めるならば，EU基本条約の見直しも視野に入れる必要があろう。

さらに1）に関連して，ECBは加盟国ならびに欧州委員会の財政支援を受けているわけではないことも指摘せねばならない。ECBのセニョレッジはそれが出資する資本金に応じてユーロ加盟国に配分されてはいるが，必ずしも財政支援の協定を締結しているわけではない。むしろ，独立性の観点からECBは財務的には独立した存在である。ECBが量的緩和に踏み込み財政支援を得る事態となると，金融政策が財政の領域に入り込むことと，財政同盟がないEUのもとでECBに対してどのような財政支援を行うのかは新たな政治問題となる。この財政問題に関しては，本書第7章で述べるように一定程度の財政移転を含む財政基金を汎EUで創設し，その基金からECBの損失補填を行うようなスキームが政治上の摩擦がゼロとはいえないが少ないものと考える。今後，さらに一層の財政統合・財政同盟への途を模索することとなろう。

このようにECBが量的緩和政策を実行するには，EU協定への抵触以外にも

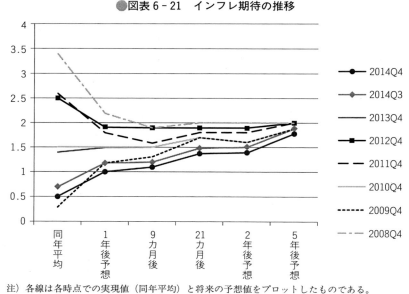

●図表6-21　インフレ期待の推移

注）各線は各時点での実現値（同年平均）と将来の予想値をプロットしたものである。
これより，2010年以降，同年平均よりも上向いているが1年後以降の予想値は低いものにとどまっている。

データ出所）ECB SPF Inflation forecasts mean point estimate.

いくつかの問題が横たわっている。しかし，それを踏まえても量的緩和には経済的な効果があることも確認できる。2014年から15年にかけてユーロ圏の景気停滞は深刻で，**図表6-21**で示すようにインフレ期待の変化よりデフレーションの懸念も広がりつつある。そのため，南欧諸国やデフレ回避のためにECBがさらなる量的緩和政策に踏み切ることも必要となるかもしれない。

第7章

欧州の経済ガバナンス改革
—— 財政制度改革と銀行同盟は欧州危機の再来を防げるのか？

1　EUでの経済ガバナンス改革の目的

　ギリシャの政府債務危機から始まった欧州債務危機は欧州内の金融市場での伝染効果や債務危機の連鎖をともない，さらにユーロ圏の実体経済を沈滞させる効果があることを本書で述べてきた。ユーロ圏ならびにEU経済にとって債務危機がもたらした影響は甚大なものである。

　そのような危機に対処するため，そして繰り返さないためにEUはいくつかの改革を進めている。大きく分けると当面の危機対応ならびに事後的な対応のための政策と，危機を起こさないための予防策としてのガバナンス改革である。前者は今後も起きうるかもしれない金融・債務危機が起きた時に対応するための枠組み構築であり，後者は財政規律を維持するためのEU経済ガバナンスの改革である。予防策を行うことで金融危機を防止するための銀行同盟を構築し，欧州金融機関の規律付けを強め，また政府債務危機を防ぐため財政規律を強化している。その強化が政府債務危機を防ぎユーロ圏の危機を予防するとしている。そのような改革の後に将来，金融・債務危機が起きた時には事後的な対応を行うとしている。事前，事後の枠組みをしっかりとしたものにすることで，EU経済制度への信頼を回復し，域内外が想定するような金融危機や政府債務危機などの経済危機の不確実性を抑制し，経済回復を達成したいというのがEUの狙いといえる。

しかし，それらの EU の取り組みが危機への対応として十分といえるのかどうか，それを検討するのがこの章の目的である。これまでの EU の取り組みがギリシャ危機のような状況を生み出さないのかを検討した上で，本書は新たなガバナンス改革を提案する。

以下，第2節ではガバナンス改革の EU からの提案の概要，第3節では銀行同盟の概要と問題点を考察する。第4節では EU 経済ガバナンス全体への疑問と，オリジナルな改革案を提示する。第5節はまとめとなる。

2　EU からの危機の中でのガバナンス改革の提案

2.1　当面の危機対応と恒久的な金融危機対策レジーム

当面の危機対応としては第6章で述べたように欧州中央銀行 (ECB) が流動性供給を「非標準的政策」として異例の方式で行ってきた。例えば標準的な公開市場操作よりも期間の長いオペである長期リファイナンシング・オペレーション (Long Term Refinancing Operations: LTRO) や証券市場プログラム (Securities Markets Programme: SMP) などを実施し，経営危機になる欧州金融機関の資金調達を支援してきた。これは ECB が当初は想定していなかったいわゆる最後の貸し手機能の役割である。

もともと EU 運営条約第123条により ECB と加盟各国中央銀行による国債購入が禁じられている。ECB が欧州金融市場で国債購入が禁じられている意味は大きい。欧州では証券市場が米英ほどには発達しておらず，主な国債購入先は金融機関であり，金融機関側も国債は重要な運用商品である。そのため，多額の国債を金融機関は保有する傾向がある。その国債を直接，ECB が購入しないということは国債によるオペ，すなわち資金供給ができない。無論，通常オペで対応できると想定してユーロ圏が発足したが，これにより今回の欧州債務危機での ECB の最後の貸し手機能が十分発揮できなかった。したがって，ECB の最後の貸し手機能を補完したのが緊急流動性供給 (Emergency Liquidity Assistance: ELA) である。ECB は危機後に LTRO や SMP を整備したり，担保適格基準の緩和などを行ってきたが，それが十分機能しない場合には，ELA

がそれらを補完した。

　ECBとユーロ加盟中央銀行で構成されるESCB（欧州中央銀行制度）はいわゆる「非標準的金融政策」とは別に，ELAを実施してきた。ELAに関してECB政策理事会の決定とは別に次のような手続きが定められている[1]。まず，ELAはユーロ加盟国の中央銀行の責任の下で行う資金供給であり，ELAによるコストやリスクは当該中央銀行が負担すること，ELAを提供できる金融機関は返済能力のある機関であること，ELAで資金提供する場合には，通常オペよりも高い金利が適用され，ヘアカット率も通常よりも高くなること，ELAの提供やその延長に関してECB理事会が2週間ごとに判断し，物価安定というECBの任務に反すると見なされる場合には理事会の3分の2以上の決定によりELAは停止されること，などが定められている。

　ただし，ELAは今次の欧州金融・債務危機をきっかけに整備された制度ではなく，もともと欧州中央銀行の定款（第14条4項）で認められたものである。ECBは明示的には最後の貸し手機能を持たないものの，ユーロ加盟国の中央銀行の責任の下で最後の貸し手としての機能を持っていると理解される[2]。

　ELAによる各国中央銀行の貸出残高は，OMTが開始される2012年夏まで南欧諸国では増加している。第6章で示したECBの非標準的政策が実施されるようになると，それがELAに置き換えられていくが，それまではELAが金融機関への支援の重要な役割を果たしたといえる。ECBの非標準的政策での支援対策を利用するには担保の適格条件を満たす必要もある。危機時にはこの適格担保条件が一時的に実質，撤廃されたが，その条件が戻されればECBの支援を利用できなくなる場合がある。その場合に，経営危機にある金融機関が利用することになるのがELAである。実際，2015年1月にECBはギリシャ国債の適格担保条件を緩和していたが，それを従来の基準に戻す決定をした。そのため，ギリシャ国債を保有するギリシャの金融機関は，直接，ECBから資金調達が難しくなる。したがって，ギリシャ金融機関の資金調達需要を手当てするのが，

〔注〕
1) ELAが実施された当初はその手続きの情報公開がなされなかったが，2013年10月にELA PROCEDURESとして公表された。
2) ELAに関する欧州危機前の文献としてはSchinasi, G.J., & Teixeira, P.G.（2006）がある。

ギリシャ中央銀行による ELA となる。

　金融危機の初期で行われた ELA の例としては，中央銀行であるベルギー国立銀行とオランダ銀行の例がある。両行は2008年9月29日から11日間，ECB のオペでは不適格な担保を引き替えに，経営危機のため国有化された多国籍のフォルティス銀行に対してそれぞれの現地法人に ELA を行った。

　アイルランドでも，2010年に ELA が実施されている[3]。金融危機への対処のためアイルランド政府の財政赤字が拡大し，それによりアイルランド国債の格付けが引き下げられた。そのためアイルランドの金融機関は ECB のオペに必要となる適格資産を保有することができず，資金調達をもっぱら ELA に依存せねばならなかった[4]。

　キプロスも国内金融機関に対して2013年3月に ELA を実施し，ECB 政策理事会によっても認められた。キプロスでは EU 加盟以前からロシア資金が流入して，タックスヘイブンとして機能してきた。しかし，ギリシャの景気後退，金融危機をうけキプロス金融機関の保有する同国向けの貸出債権が不良債権化したため，金融危機がキプロスにも伝染したものである。そのため，キプロスの金融機関にも緊急支援を行わざるをえなくなった。

　このように ELA は ESCB で認められた緊急支援制度であるが，短期的，一時的な利用を前提に ECB が関与した，各国中央銀行の裁量が働く支援制度である。最後の貸し手として ECB が十分機能しない合間を埋めるためには ELA は必要な措置であるといえる。

2.2　EFSF と ESM

　欧州金融危機に対処するために新しく設立された枠組みが，2010年6月発足の欧州金融安定化基金（European Financial Stability Fund: EFSF）である。EFSF は7,800億ユーロを上限としてユーロ加盟各国が分担して保証する支援機関であった。また最高貸付額は4,400億ユーロであった。また，2010年6月か

〔注〕
3）IMF, (2011) IMF Country Report, no. 11/47, February.
4）このとき，アイルランド中央銀行とアイルランド政府との間で，中央銀行が損失を被った時には財政から損失補填を行うという協定が結ばれた。この保証により，ELA が実施されたと考えられる。

ら2013年6月までの3年間の時限的な金融支援機関であり，金融危機に対応するだけの能力に関して発足当初から懸念があった。ただし，EFSFがギリシャ，ポルトガル，そしてアイルランドに金融支援を行ったため，それらの国の危機的状況が緩和されたことは否定できない。

EFSFの後継機関として設立されたのが，2012年9月に発足した欧州安定メカニズム（European Stability Mechanism：ESM）である[5]。EFSFとの違いは時限的ではなく恒久的な支援機関であること，そして最高貸付額を5,000億ユーロとしたことである。また貸付の請求権はEFSFが他の債権者と平等の弁済順位であったが，ESMは優先債権者との地位を確保している。

ESMの金融支援方法としては，1）深刻な金融問題にある，あるいは脅かされているESM加盟国（すなわちユーロ圏加盟国）に対する融資，2）ESM加盟国の新発あるいは既発債券の購入，3）財政基準，マクロ不均衡基準を満たす加盟国向けの予防的信用枠（Precautionary Conditioned Credit Line：PCCL）とPCCLを満たさない加盟国向けの強化された信用枠（Enhanced Conditions Credit Line：ECCL）の2つの信用枠を設けることでの事前的な金融支援，4）金融機関への資本注入する政府向けの融資，5）後述する銀行同盟が発足した2015年からは条件付きで金融機関への直接資本注入もできるようになった。当初，ESMによる貸付対象は，金融危機にある銀行の本店のある加盟国政府に対するものであり，加盟国政府が銀行に資本注入することを前提としていた。銀行同盟が誕生した現在ではESMは直接，問題のある銀行に融資を行うことができるようになった。

2.3 ESMの効果と限界

2012年12月にスペインへの支援（約39.47億ユーロ），2013年1月に18.6億ユーロの支援要請があり，合計413.3億ユーロの支援を行い，複数のスペインの金融機関への資本注入に利用された。

2013年9月にはキプロスに対し支援が決定された。ESMが約90億ユーロを

〔注〕
5）ESM設立条約への署名は2011年7月11日であるが，その後改訂が行われ2012年2月2日に改訂条約への署名が財務相理事会で行われた。その条約発効が2012年9月27日である。

支援し，IMFも10億ユーロ支援するプログラムが決められ，キプロス銀行（BoC）への資本注入と，キプロス・ポピュラー銀行（Cyprus Popular Bank：Laiki）の解体のために利用された。いずれの支援でも金融機関の経営支援を通じて金融システムを安定することに寄与したといえる。当時のESMは金融機関への資本注入ないしは破綻整理のためにいったん当該金融機関の本店が位置する母国の政府に融資し，政府が金融機関支援に利用した。それにより，政府は支援資金を調達でき，支援を比較的円滑に行うことができる。しかし，その支援スキームでは政府資金からの支援になり，当該政府の財政赤字要因となるため，ESMが直接，金融機関に資本を供給するスキームが模索される。ただし，それには対象となる金融機関の財務状況を金融機関の母国監督当局だけでなく，汎EU監督機関とも情報を共有し，ESMが資本注入できるようにしなければならない。したがって，後述する銀行同盟の設立が必要であり，その同盟が設けられた後にESMによる直接注入が可能となった。

ただし，以上のELAは金融機関の流動性支援を目的とし，またESMの支援スキームは金融危機に対する事後的な対策として創設された。金融危機あるいは債務危機を回避するには事後的なスキームだけではなく，事前的に危機を回避するスキーム，言い換えると危機の芽を摘むスキームが必要である。そのため，次のようにEUのスキームが整備された。

2.4 財政ルール，財政ガバナンスの改訂

ユーロ発足準備以来，EUでは財政規律を重視した経済ガバナンスを行ってきた。EUはユーロ発足準備のためにマーストリヒト条約でもって財政赤字と公的債務残高の規律のための目標基準が設定された。それを引き継ぐ形でユーロ発足後には安定成長協定（Stability and Growth Pact：SGP）が定められた[6]。基本的にSGPには予防的措置としての財政状態と経済政策の多角的監視と調整，そして財政赤字是正のための過剰財政赤字手続きで構成されている。

しかし，ユーロ発足後には独仏等がSGPに違反したため2005年6月には手続きの柔軟化と各国の裁量の余地を拡大させる修正が行われた。ただし，大国

〔注〕
6）SGPの問題点については，高屋（2009a）第6章を参照のこと。

の違反と違反を是認するようなSGPの改定は財政赤字を許容する下地になったともいえる。そこで欧州債務危機後に厳格な財政規律の方向で大幅な改正が行われた。

　欧州委員会が想定した財政ガバナンスの強化の方向は財政規律の強化であり，ギリシャをはじめとするユーロ圏諸国の財政危機の再発のため，財政赤字の拡大を事前に阻止することが主眼とされた。

　まず，2011年1月から欧州セメスター（European Semester）が導入された。欧州委員会がEU加盟国の経済・財政政策を総合的に調整する仕組みである。EU加盟国の財政政策がEUの計画通りに実施されない場合には，制裁が課される。従来のSGPによる多角的監視手続きをより強化し，各国の予算策定に欧州委員会の関与を高めることが狙いとしてあった。

　次に，2011年12月に是正措置を強化するためのシックスパックが施行され，2013年1月に経済通貨同盟の安定・協調・ガバナンスに関する条約（Treaty on Stability, Coordination and Governance in the Economic and Monetary Union：TSCG，いわゆる財政協定）が発効され，同年5月にはユーロ圏の多角的監視を強化するためにツーパック（経済ガバナンスの2規則）が施行された。

　シックスパックは，SGPの是正措置を強化することを目的にして，5つの規制（regulation）と指令（directive）から構成される。大きな特徴は，財政赤字と公的債務の状況に対する監視と制裁措置の強化である。SGPにおいても対GDP比3％以上の財政赤字を拡大した場合には一定の罰則があったものの，その違反がみられた。それはギリシャだけではなく，2003年には独仏の大国もそれに違反し，その実効性に疑問が投げかけられた。そのため，監視と罰則を強化して財政規律をより厳密に求める方向に改革された。

　具体的には，持続的な健全財政運営のため中期財政目標（Medium Term Budgetary Objective：MTO）を設定する，単年度の財政赤字を対GDP比3％以下に抑制し公的債務残高を対GDP比60％以下ないしはその目標値に向けて大きく削減することが義務づけられている。これらの目標値を実現できない場合に過剰財政赤字手続き（Excessive Deficit Procedure：EDP）が発動される[7]。欧州委員会の勧告に基づき欧州理事会によってEDPが発動されると，制裁金が当該国には課され，前年GDPの0.2％を無利子で預託金として納付しな

ければならない。ただし，EDP発動以前であってもMTOに沿った財政運営を行わない当該国に対しては前年GDPの0.2％を有利子で預託金として預託しなければならない。さらに，EDPが発動された後でも是正措置が当該国によって実施されない場合には預託金は罰金として転換され，欧州委員会によって徴収されることとなる。

さらにSGPと並んでマクロ経済不均衡を防止・是正するための各国の経済政策を監視し，是正するためのマクロ経済不均衡手続き（Macroeconomic Imbalance Procedure：MIP）と，不均衡が是正されない加盟国には制裁を課す過剰不均衡手続き（Excessive Imbalance Procedure：EIP）が導入された。制裁を課すための指標として経済指標スコアボードも導入された。

2012年3月2日には政府間合意として，TSCGが批准され，2013年1月1日に発効した。TSCGの内容は，財政収支を均衡または黒字であることを維持するため財政協定（Fiscal Compact）とよばれる構造的な財政赤字を名目GDP比で0.5％以内に収めなければならないという均衡予算規定としての黄金ルールと，それから逸脱した時の自動是正措置としての債務ブレーキを盛り込んだ[8]。また，黄金ルールを逸脱するとその国のGDP比0.1％を上限とした制裁金をESMに支払うこととなっている。

また，ユーロ圏の多角的監視を強化するためにツーパックが2013年5月30日に施行された。これは欧州委員会がユーロ圏加盟国の予算案を事前に監視する規則[9]と，深刻な財政危機にあったり財政支援を受けているユーロ圏加盟国への監視を強化するための規則である。

以上のように，欧州債務危機後，欧州委員会を中心として財政規律を強化す

〔注〕
7) シックスパックの詳細については以下を参照。European Commission press release "EU Economic governance Six Pack enters into force" (Dec 12 2011).
　http://europa.eu/rapid/press-releaseMEMO-11-898en.htm
8) TSCGが政府間合意にとどまるのは，英国とチェコが合意に反対したためEU法の成立には至らなかったためである。
9) 欧州委員会が事前に加盟国の予算を審査するが，それが財政規律を是正するものでないと判断した場合には予算案の再提出を求めることができる。しかし，欧州委員会は予算計画を変更させるまでの権限はなく，また当該国が委員会の判断に従わなくともよい。したがって，各国予算の独立性は最終的には担保されていることになる。

る方向で改訂されてきた。これによってEU加盟国は一定の財政規律は厳格にされたものの，従来の財政規律が脆弱であった南欧諸国などでは国民の財政緊縮に対して不満が高まっている。また，財政規律を重視することで国内需要が低下する恐れもあり，EU経済全体に負の影響を与えるかもしれない。

ここまでの改訂では財政規律を回復することが主眼であったが，加盟国間での財政移転などは議論されておらず，財政統合への途も現段階では開かれているわけではない。

2.5　欧州金融監督制度の構築

EUは市場統合を実現するため，資本移動の自由化や金融機関の域内営業も単一銀行免許制度によって自由化してきた。しかし，金融監督に関しては母国監督主義に基づき，原則，本店所在の母国金融監督・規制当局が行ってきた。金融機関は域内で自由に支店を開設し，クロスボーダーでの金融業務を行えるが，監督当局は自国内にある自国以外の加盟国の金融機関支店の活動・資産内容を詳細に把握できない。逆に自国の金融機関の域内海外支店の取引内容もリアルタイムで知ることができない。そのため金融監督が金融機関の業務の拡大に追いつけないという事態がユーロ発足以降に生じていた。ただし，単一免許制度と母国監督主義の間隙を埋めるため，ラムファルシー・プロセスのレベル3委員会が発足した。ラムファルシー・プロセスはEUレベルの規制のEUによる規制プロセスを4つに分離して規制策定を推進するための手続きである。その中のレベル3委員会では，加盟国内で実施するためのガイドラインの作成や検討を行う監督者会合であり，金融監督についてはレベル3委員会でのガイドラインに沿って実行される限り，やがて監督は統一されると期待された。また，域内の加盟各国での金融市場の特徴が異なっている点や，欧州で数多い中小金融機関の情報取得まで汎EUの単一監督機関が行うのは効率的ではないという判断もあったと考えられ，金融監督機関の統合には至ってこなかった。

しかし，欧州金融危機時にはまず欧州内の金融機関がどれだけのリスク資産を保有しているのかが自国内でも把握しきれず，さらには監督当局間の情報共有もできなかった。そのためEUレベルでの金融監督機関の統合の必要性に迫られた。そのため欧州委員会は後述するド・ラロジエール委員会を組織し，当

委員会は従来の分権的な監督体制から汎EU監督機関を設立することを提言した。この提言を受けてマクロプルーデンスを担う欧州システミック・リスク理事会（European Systemic Risk Board：ESRB）が2010年12月に設立された。さらに2011年1月から各金融部門のミクロ・プルーデンスを行う欧州監督機構（European Supervisory Authorities：ESAs）が設立され，銀行監督を行う欧州銀行監督機構（European Banking Authority：EBA），証券市場監督を行う欧州証券市場監督機構（European Securities and Markets Authority：ESMA），保険監督を行う欧州保険・企業年金監督機構（European Insurance and Occupational Pensions Authority：EIOPA）がそれぞれ業務を始めた。これらの機関を総称して欧州金融監督制度（European System of Financial Supervision：ESFS）とよび，ESRB，ESAsの連携協力フォーラムとしての合同委員会および加盟国監督当局を含む統合的ネットワークが形成されている。

ESRBはEU金融システムのマクロプルーデンスを担う機関であり，ECBが主宰し初代，2代の理事長にはECB総裁が就任している。マクロプルーデンス政策を行うために，必要なすべての情報の収集，システミックリスクの識別と順序づけ，システミックリスクの公表と警告，緊急事態への対処措置の制定と公表，警告や勧告のフォローアップなどを行う。またESFSの他の監督機関とは緊密に協力してシステミックリスクを把握するためのリスクダッシュボードとよばれるリスク指標を共有する。EU域内でシステミックリスクが確認されると，EU，加盟国，EBAs，加盟国監督当局のいずれか，あるいは複数に警告を出す。さらに必要ならばリスク低減措置や立法措置を行う。

ESFSは先に述べたように銀行，証券，保険・年金分野それぞれの監督機関を有し，各分野の監督・規制にあたる。それぞれの機関は，各分野で国内の監督機関を支援し，金融安定を図ることを目的とする。ただし，当初，ESFSの各機関は加盟各国の国内監督機関の支援することであり，監督権限は各国監督機関に属する。したがってESFSに求められるのは，各分野での国内監督機関間との調整と，ESFS内の監督機関の間での調整である。

しかし，EUレベルでの加盟各国の監督の調整だけでは債務危機に起因するクロスボーダーでの銀行危機には十分に対応できず，さらなる監督機関の統合が必要となった。

第7章 欧州の経済ガバナンス改革 191

●図表7-1 システミックストレス指標

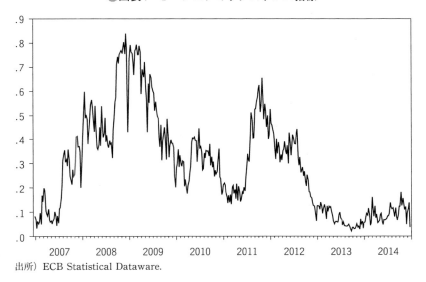

出所) ECB Statistical Dataware.

●図表7-2 欧州の複数大手銀行の同時デフォルトの確率

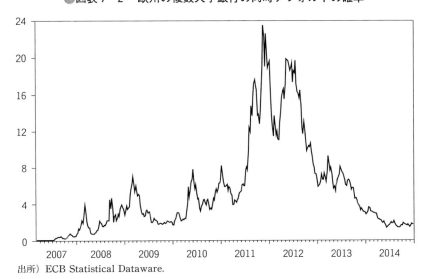

出所) ECB Statistical Dataware.

3 新たな金融規制と銀行同盟の構築

3.1 新たな金融規制改革案

　リーマン・ショックから5カ月経た2009年2月に，EUは元フランス銀行総裁ド・ラロジェールを議長とする金融規制・監督に関する専門家報告（通称，ド・ラロジェール報告）を出した。この報告は金融危機を拡大させたEU金融規制監督の穴をふさぐこと目的に，EU域内の金融規制に関する31の提言を盛り込んだ。例えば，マクロプルーデンスを担当するESRB，ミクロプルーデンスを担当するEBA, EIOPA, ESMAを含むESFSをEUは発足させ，汎EUとなる金融監督制度を構築したが，この改革はド・ラロジェール報告を下敷きにしており，同報告がEU金融監督に関する成果を上げたといえるであろう。また，ド・ラロジェール報告の主目的はシャドーバンキングとよばれる金融機関などによる今までの規制対象の外にあった金融取引への規制の整備であった。そのため，ヘッジファンド規制，デリバティブ規制，空売り規制，格付け機関規制といったミクロレベルでの金融規制を提言し，その多くをEUは実現している。シャドーバンキングの規制に関しては，免許制導入やレバレッジ制限等を含むAIFM（オルタナティブ投資ファンド・マネージャー）指令が欧州委員会から出され，一定の実効性はあったものといえる。

　自己資本比率規制に関しては2010年10月の自己資本指令（CRD）の修正指令（CRD II）により証券化商品のリスク管理の改善，流動性リスク管理，大口エクスポージャー管理が盛り込まれた。また第2次修正指令（CRD III）ではトレーディング勘定や再証券化商品に関わる自己資本規制や報酬規制を入れている[10]。

　銀行同盟が提案される前，金融機関の過大なリスクテイクが経営危機を招き，金融システム全体のリスクが高まった。そのため破綻させるには影響が甚大で大きすぎてつぶせないに適合するような（Too Big To Fail：TBTF）金融機関の破綻の可能性が生じ，金融システム全体の安定性を回復してより安全に預金者を保護するための改革が必要であるとの認識のもと，EUは専門家チーム

を組織した。そのため，2012年2月にフィンランド中央銀行総裁リーカネンを議長とする専門グループが組織され，同年10月に最終報告書（通称，リーカネン報告）が公表された[11]。その報告書での提案の骨子は，1）投資の自己勘定取引の分離のため投資業務と銀行業務の分離，2）金融機関の再建・処理計画時の追加的な業務分離，3）ベイル・インの適用，4）従来のリスク性資産や不動産関連融資に対する資本比率規制の見直し，5）金融機関の取締役会機能の強化や経営者報酬の抑制などのガバナンスの強化である[12]。

リーカネン報告を受けてバルニエ欧州委員は金融サービスの安定性や経済成長への影響を検証すると述べ，その上で欧州委員会は2014年1月，「EU金融機関の回復力を改善する構造的手段に関する規制の提案」を公表した。その提案には金融システムに重大な影響を与える大手金融機関に対し自己勘定取引やヘッジファンド取引を禁止した。ただし，自己勘定取引の範囲を狭く解釈している。また潜在的にリスクの高い投資については規制当局の判断によってグループ内の別の子会社に業務分離を命ずることができるとしている[13]。

以上のように，EUは金融機関の投資活動への規制に動いている一方で，欧州債務危機が深まり，金融機関への規制のみでは十分な金融の安定性が担保できないという状況になった[14]。岩田（2013）が指摘するように，それを端的に

〔注〕

10) また2011年に欧州委員会からは第3次修正指令および新規則（CRD IV）が提案された。これは国際決済銀行（BIS）によるバーゼルIIIの自己資本比率規制をEUルールにするための指令である。ただし，細部ではバーゼルIIIと異なる点もあり，例えばバーゼルIIIでは連結対象外の金融機関に出資した際の普通株などをTier 1から限度額控除が提案されているが，CRD IVでは提案されていない。また，バーゼルIIIには含まれていない罰則を含んでいる。これは，情報開示義務，大口エクスポージャー制限，ガバナンス規制等の違反によって前年度年間売上高10%という罰金を設定している。

11) この専門家グループは2011年11月に域内市場・サービス担当のバルニエ欧州委員が提案して設置されたものである。リーカネン報告は次よりダウンロードできる。High-level Expert Group on reforming the structure of the EU banking sector
(ec.europa.eu/internal_market/bank/docs/high-level_expert_group/report_en.pdf)

12) リーカネン報告に関する邦語文献は，小立（2012）を参照。

13) この規制が実効するのは早くても2017年からとなる。

14) 一連のCRD規則で金融機関の健全性が改善できるのどうかさえ，まだ評価がしがたい。特に預金業務と投資業務の分離が規則通り実現できるのか，その実効性についてもまだ不明である。後述する銀行同盟とあわせて金融規制の評価が行われるべきであろう。

表したのがスペインの大手金融機関バンキアの経営危機とそれに対するスペイン政府の対応であった。スペインの金融機関は証券投資などのウェイトは独仏に比べて低い一方で，不動産融資の関与は大きかった。そのため不動産バブルが破裂した後，不動産融資の債権が不良債権化することとなり，バンキアをはじめとする金融機関の経営問題が浮上した。それに対応するため，スペイン政府が資本注入をすれば政府債務危機を生じさせかねず，アイルランド危機と類似した金融・政府債務危機の連鎖が見られた。すなわち，資本注入をすればするほど，政府債務危機の懸念が高まり国債が売られ，国債を保有する金融機関の評価損が膨らむという悪循環が懸念された。

そのため，規制強化による金融危機の予防だけでなく，EU全体での監督体制の整備と事後的な危機対応も含めたEU全体を対象とする金融監督の強化が必要となり，銀行同盟の構築へとつながった。

3.2　銀行同盟設立の背景と概要

ESFS内のEBAが2011年7月に行ったストレステストでは合格したベルギー，デクシア銀行が10月に破綻し，12年5月にはスペインのバンキア銀行が公的支援を受けるに至った。そのため，EBAによる金融監督への不信とEFSF全体の信用は失墜した。危機再発を防止するはずのEFSFでは不十分であり，金融機関の監督と破綻処理をEU全体で行う必要性に迫られたものといえる。

その背景の中で欧州委員会は銀行同盟（Banking Union）を実現しようとしてきた。委員会がその設立目的としてあげているのには，①金融危機と財政危機の悪循環を断ち切ること，②金融部門の信認を回復すること，③納税者の負担を軽減することをあげている。金融危機が深刻化し銀行経営が悪化したスペインやアイルランドでは，政府が銀行の資金に注入し，そのため財政が悪化していった。もしESMが直接銀行に資本注入をすることができれば，当該国の財政負担は軽くなる。2012年段階ではESMは銀行に資金注入はできるが，いったん政府に貸し付けることとなり，そのスキームでは政府債務がさらに増えることとなる。ただし，ESMが直接，資本注入するには対象となる銀行の状況を事前に把握し，注入後も監視する必要がある。また，資本注入をしても経営が改善されないと見込まれる時には早期に破綻処理を進める方が社会的なコストは

小さくてすむ。そのような比較的規模の大きく，域内でクロスボーダー展開している金融機関を対象とした規制監督スキームがEUでは必要となる。そこで登場したのが銀行同盟の提案である。

　銀行同盟という名称は2012年5月，当時の欧州委員会委員長バローゾがスピーチで用いたのが最初とされる。当時の欧州委員会の認識には，2007年から続く欧州金融・債務危機を深刻にした原因には欧州にある金融機関の財務内容の悪化があり，それを監督することのできなかったことへの反省がある。また大手金融機関がいったん危機的状況に陥ると，規模だけでなく関連する企業との複雑さゆえに破綻させるには負の外部性が大きく，所在国政府が資本注入などで金融支援せざるを得なかった。ユーロ圏に加盟しているかどうかに関わりなく，国境を越えてEUで活動する大手金融機関が破綻すれば，その影響は本店所在国以外の支店所在国の金融市場も混乱させる懸念が高まった。EU全体で金融機関を監督するルールも，監督機関もなく，金融監督は母国主義でもって本店所在国の政府が行うことになっているからである。

　そこで，6月の欧州理事会では(1)EU域内をカバーする金融機関に対する単一ルールブックの採用，(2)EUでの単一金融監督の導入，(3)単一金融破綻処理制度の導入，そして(4)預金保険制度の調和の4つの要素で銀行同盟を構築することが合意された。したがって，銀行同盟の構成要素として次の4つがあげられる。**図表7-3**にはそれら要素の概念図を掲げた。

(1)　28のEU加盟国に適用される単一ルールブック（単一規則集）
(2)　単一銀行監督制度（Single Supervision Mechanism : SSM）
(3)　単一破綻処理制度（Single Resolution Mechanism : SRM）
(4)　預金保険制度の調和（Deposit Guarantee Schemes : DGS）

　また金融機関への規制監督を実施するミクロ・プルーデンシャル制度の補完制度として，マクロプルーデンスを担うESRBも2010年に構築されている。そもそもユーロ発足時にも欧州金融監督庁を設立する意見は欧州委員会内にもあったが，各国当局が金融監督権限を手放すのをためらったことや，汎EU機関が地域の中小銀行を直接，監視し監督するコストは現状よりも高くなるであろうという意見もあり，ユーロ導入時には構築できなかった。未曾有の欧州危

●図表7-3　銀行同盟の概念図

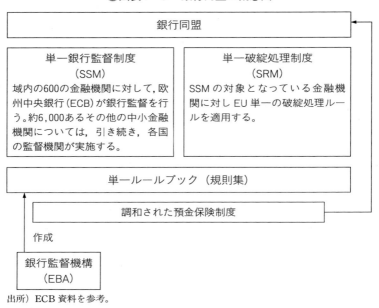

出所）ECB資料を参考。

機という事態に直面し，ようやく単一監督機関や単一のルールブックの必要性を，EU加盟国や欧州委員会は強く認識することができたといえる。

3.2.1 SSM

2014年11月に発足したSSMによってユーロ圏銀行とそれに参加を希望した非ユーロ圏EU加盟国銀行は，欧州中央銀行（ECB）によって監督されることとなった。SSMに関係する機関は，ECB，各国金融監督機関，EBAsがある。ただし，SSMの中心となるのはECBである。ECBが直接，監督するのは「金融市場に多大な影響をおよぼす可能性の高い」資産規模300億ユーロを超え，資産規模が母国GDPの20％以上を保有するなどの約130の大手金融機関が対象となる。監督にあたってはECBと各国金融監督当局の双方が共同で監視することとなる。またEU内の約6,000の中小金融機関の監督については母国の監督機関が直接あたり，ECBは情報共有など間接的に監督することになる。

また，SSMの創設後にはESMが危機的な銀行に直接，資本注入を行えるようになった。さらに，SSMと各国金融監督機関の調整役であるEBAとの関係は次の通りとなる。SSMが実施されると，日々の監督については各国の金融監督当局とECBが分担して行うことになるが，金融監督業務についてECBはEBAと協力し，EBAは従来通りにEU全加盟国に適用された単一ルールブックを作成することとなっている[15]。

3.2.2 SRM

SRMはSSMに参加している金融機関を対象に適用される破綻処理制度であり，単一破綻処理委員会（Single Resolution Board：SRB）と単一破綻処理基金（Single Resolution Fund：SRF）から構成される[16]。SRBの要請により当該銀行が破綻状態かどうかの判断を，監督機関であるECBが行う。ただし，ECBが判断を保留する場合には，SRBが判断することができる。

SRBは，民間資金を利用するのみでは破綻の可能性のある銀行であっても，その銀行業務の継続が公共の利益になるかどうかをECBが判断した時に破綻処理計画の作成と実行に関わる監督・管理を行う。SRBが作成した破綻処理計画を欧州委員会に提案し，欧州委員会は破綻に関する最終決定をする。その決定を受けて，当該国の監督当局が破綻処理を実施する。その処理の実施は，SRBによって監視され，適切にそれが実行されなかったらSRBが直接，処理に介入することとなる。さらに，SRMは処理費用を賄うSRFを設ける。SRFはSSMに参加するEU加盟国のすべての銀行の拠出によって積み立てられた基金である。SRFの目標積立額は参加銀行の付保預金（預金保険対象預金）残高の1％を設立後10年間で積み立てる。

〔注〕
15) さらにEUの銀行監督のマニュアルである欧州銀行監督ハンドブックを作成することもEBAは担うことになっている。
16) SRMの具体的な根拠は欧州委員会からのBank Recovery and Resolution Directive（銀行再生破綻処理指令）である。これによれば，銀行破綻処理は株主や債権者にも破綻時の損失負担を求める原則，いわゆるベイル・イン原則が導入される。具体的なベイル・インの手法としては債権者の債権を減額または株式に転換することが考えられる。またSRMの法的根拠は単一市場の設立およびその機能のために必要な措置を認めたEU機能条約114条となる。

●図表7-4　銀行同盟内での規制監督の関係

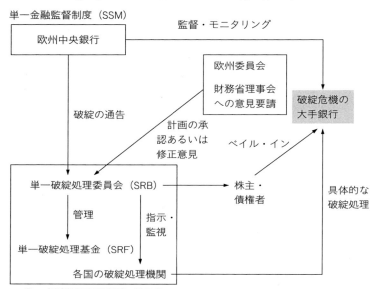

出所）Allianz Global Investors, Market Insights, May 2014 を基に，著者作成。

　SRM は破綻銀行処理のために債務者にあまり負担をかけないですむことを意図されている。銀行破綻処理費用として公的資金を利用せずに，銀行株主や債権者の負担や，銀行が拠出する処理基金によって賄うものとされる。また，2018年からはベイル・イン原則に沿って運営されることが予定されている[17]。すなわち，減資，債務の減免または自己資本への転換などを実施して銀行破綻によって債務者のかかえることとなった損失を株主や債権者の負担によって処理することが予定される。EU 加盟国内だけで破綻銀行の法的処理を行えば破綻処理のための巨額の費用を加盟国政府（すなわち納税者）と債権者が負うこ

〔注〕
[17] 2012年6月に，欧州委員会は銀行再生と破綻処理の枠組みに関する指令案（Bank Recovery and Resolution Directive: BRRD）が提案され，その指令に基づいて SRM が構築されている。

とになるが，SRM では加盟する銀行の拠出する基金と銀行の株主が負うようにすることで，銀行のモラルハザードを防ぎつつ，破綻時の処理を迅速に，最小費用で行うことを目的とする。

また，SRM は銀行の破綻処理時に他国の金融システムに影響を与えることをできるかぎり回避し EU 金融市場全体の安定を図る。SSM と SRM の関係は図表7-4に示している。

3.2.3 調和された預金保険制度

また，単一預金保険制度も構築しようとされたが，既存の各国預金保険制度でも調和が進展していること，そして政治的にも合意が得られなかった。危機前の欧州各国の預金保険制度では，保険上限が2万ユーロであったが，2009年に保険上限額の低いアイルランドから上限額の高い英国に預金シフトがおきたため，EU 加盟各国で上限額の一律が図られ，10万ユーロとなった[18]。さらに，各国の預金保険制度での相互に融通することも自発的な場合に限り可能となった。預金保険を加盟国でプールして，その適用ルールを共通化することにより預金保険制度の効率的な運用が可能である。しかし，政治的には合意が難しい。各国が積み立てたそれぞれの預金保険を他国の預金保険の払い出しに利用されることへの国内での抵抗感は強いからである。そのため，本来なら一元化された預金保険制度も銀行同盟の柱となるはずであったが，それが不十分なまま発足することとなった。

3.3　財政ルールの厳格化と銀行同盟の関係

政府債務危機が単独で発生したのは，加盟国政府の財政赤字を抑制するはずの SGP の運用が厳格ではなかったためである。そこで分権的な財政政策レジームに対して，共通したルールをより厳格に運用することで，まずは単独の政府債務危機を防止する。

〔注〕
18) さらに，預金払戻期間を3〜9カ月から4〜6週間に短縮された。また2014年4月の欧州委員会から出された改正預金保険指令では，保険対象となる預金の範囲，払戻期間の短縮，あらかじめ保険額を積み立てる事前積立制度の調和を10年以内に対象預金の最低0.8％にすること，リスクに応じた保険料率制度の導入などが定められた。

次に制度上，統合された金融市場を安定させるためにはクロスボーダーに活動する金融機関を監視する仕組みが必要となった（SMM）。また，経営危機になり金融機関の破綻処理を決定するのも各国にまたがって決定しなければならないので，共通したルールのもとでの単一の破綻処理メカニズムが必要となった（SRM）。特にベイル・イン原則を導入したことは，従来の破綻処理とは異なるレジームが導入されたといえる。ベイル・イン原則は，金融機関の破綻時に証券の保有者，債権者にも一定の負担を求めるものであり，その原則により，預金者を含め債権者は当該の金融機関のリスクを判断することが求められる。従来のように，ベイル・アウト原則では危機後でも負担が求められないことがわかっているので，高いリスクが潜在的に存在する金融機関の債権も安易に保有するが，ベイル・イン原則ではそれを避けようとし，結果的に高いリスクテイクを回避し，危機発生の確率を引き下げることが期待される。

　さらには，金融機関が破綻したときにはその預金者を保護するために，クロスボーダーでの預金保険基金を創設することも想定される。現在も預金保険額は各国で上限が同じになっているものの，各国ごとに預金保険基金は異なる。脆弱な基金であれば，その国から預金が流出することが予想され，それを防ぐためには預金保険基金を各国でプールすることが望ましい。

　銀行同盟を構築することで本来はEU内の金融機関の行動を抑制し，過大なリスクテイクを防止できるはずであり，それにより，金融危機を防ぐことができる。今回の政府債務危機ではEUの金融機関が安全とされた国債を保有していた点では，格付けを信用し必ずしも過大なリスクをテイクしたとはいえないが，サブプライム危機で表面化した資産担保証券（ABS）の保有や，ギリシャ債務危機後の金融機関の経営危機の状況を観察すれば，欧州金融機関が安易に格付けを信用し，リスクを適格に判断していなかったとはいえよう。そのため，適切に保有する証券のリスクを判断し，事後的に高いリスクをテイクしないように，事前的に監視し，ベイル・イン原則を導入した破綻処理メカニズムが必要とされる。

　国債が安全資産であると想定されている時には，自己資本比率規制を中心とした規律付けも有効性があるだろう。しかし，いったん国債が安全資産でなくなると多額に保有している資産がリスク資産となり，銀行財務を悪化させる。

銀行ポートフォリオと長期国債とのつながりを切り離さないものの，緩めることが必要とされる。

さらには，たとえソブリン危機が起こったとしても，金融機関の経営に悪影響を与えないよう最大限の配慮をし，欧州の金融システム全体に波及しないような頑健な枠組みを作っておくことが銀行同盟では求められ，それはまた財政ガバナンスによっても補完する必要があろう。しかし，次に述べるようにそれぞれに問題点が挙げられる。

3.4 不十分なガバナンス改革の問題点

EUでは危機を受けて早急にガバナンス改革を行ってきた。しかし，そのスキームが危機の到来を防止できるのかどうかには懸念が残る。

3.4.1 財政ルールの問題点について

先に述べたシックスパック，財政協定，ユーロ・プラス協定，ツーパックなどを含む財政ルールは，EU加盟各国の財政バランスを厳格に守ろうとし，財政健全化を維持する枠組みといえる。シックスパックにはマクロ経済不均衡の是正も含み，財政赤字を拡大させないように予算策定についても欧州委員会の関与を深めている。

ただし，この一連の改革で財政収支の健全化が維持できるかは不明である。なぜなら，歳出面での規律を重視するが歳入面での配慮が少ない。ユーロ・プラス協定では加盟各国の競争力格差是正のための経済政策協調と雇用促進をうたい，各国の賃金上昇と生産性上昇をモニターすることとなっている。しかし，この方法で格差が是正できるとは考えにくい。生産性格差には各国の労働市場環境，技術革新力などが関係しサプライサイドの改革が必要となるが，それに対しても不十分である。

特にドイツ，オランダなどの北部欧州が強く求めてきた財政の厳格化を危機下にある加盟国に適用すると，総需要不足に陥るリスクが高い。金融危機により，銀行の貸出が抑制され，設備投資も減退する傾向にある危機国に対して財政支出を抑制させると，より経済状況を悪化させ，政府債務危機をもたらすか，多額の既存政府債務をかかえている国では債務返済能力の低下をもたらすリス

クがある。後者に関連して，現在の改革では政府債務危機国の債務不履行を認める枠組みではない。しかし，当該国がデット・オーバーハング（現時点で判断して過剰債務）の状態にあれば，債務再編により債務削減の実施も合理性はありうる。したがって，現在の財政ガバナンス改革は事前的な問題に焦点が当てられ，危機が起きた事後対策のための枠組みはESMのみで十分には整備されていないと考える。

3.4.2 銀行同盟の問題点

　銀行同盟に関しても，「必要だが，金融危機には不十分」という評価が下されよう。銀行同盟の構築が金融危機を誘発したり，深刻化させるわけではないが，いったんおきた危機に十分対応できるかには疑問がある[19]。なぜなら，財政同盟のないもとでの破綻処理基金と預金保険基金が十分に機能するのかどうかが不明だからである。破綻処理基金，預金保険基金ともに基金の積み上げ方式であるので，直接，財政資金の利用とは関係はないものの基金が枯渇するような事態に直面した際，何らかの資金をそれらの基金に投入する必要があるかもしれない。その場合の資金はやはり公的な資金となるであろうし，基金以外で投入できるとすれば，公的な財政資金となるであろう。公的という定義が，EU全体であるか，各国別であるかはここでは問わないが，いずれにせよ，EU全体で利用できる資金が別途，必要となるであろう。破綻処理の場合，金融システムに重大な影響を与える金融機関についてはSSMで監視するものの，いったん破綻となるとその処理費用は大きくなり，SRFだけで対応できるかは懸念が残る。

　また預金保険についても各国預金保険と調和をすることになり，EU単一の預金保険制度は見送られた。この場合でもいったん大規模な金融機関の経営危機が起き，ペイオフとなった場合に経済規模の小さい国の預金保険のみで対応できるか懸念がある。各国の預金保険をプールし，そのプールされた潤沢であ

〔注〕

[19] もっとも銀行同盟の構築によって金融市場が沈静化したと考え，金融機関が高いリスクをとるならばバブルを生み，金融危機の芽が生まれる。しかし，その可能性は現時点では低いだろう。

ろう基金でもってペイオフする必要もあると考える。さらには預金保険で十分でない時には，一時的には預金保険以外の公的資金の投入も必要かもしれない。財政同盟が構築されていれば，これらのような財政移転をともなう問題は処理しやすいが，それがないもとで財政移転がともなう処理は，その都度，拠出する加盟国の反対にあい移転ができないであろう。そのため，危機の伝播が拡散し，ユーロ圏ならびにEU全体に負の影響を与えかねない。

さらに，銀行同盟が金融統合を必ずしも促すものではない。銀行同盟は単一ルールブックのもとで金融監督の一元化，破綻処理手続きの一元化，預金保険の調和など金融業を取り巻く環境を共通化するが，それによって国境を越えたEU域内での金融機関の合併が促進するとはいえない。たしかに国境を越えて合併はしやすいものの，脆弱な中小金融機関を巻き込んだ金融機関の競争力強化のための合併を銀行同盟が促進するわけではない。したがって金融統合を促進し，金融市場を安定させるための中小金融機関の体質強化が必要となる。銀行同盟は必要であり，それを構築したということはEU金融監督，金融危機対応としては最初の一歩を踏み出すことができ，評価できる。ただし，銀行同盟の構築を，危機予防の最終手段として考えるならば，それは誤りであろう。

また，通貨価値の維持のために財政同盟がどのように機能するのであろうか。金融危機，財政危機が発生しないようにすることも重要であるが，それらが発生した後にいかに迅速に対処するかは，通貨価値を大きく毀損しない意味では重要である。また事後的な対策を保持し，公衆に対し危機の発生が迅速に沈静化できると期待させることは，危機を大きくしない点でも重要なツールとなる。

3.4.3 欧州中央銀行による金融監督

さらに，中央銀行であるECBが金融監督を行うことにも議論があった。ECBの法的使命（マンデート）は物価安定であり，そのために様々な経済情報を参考にして金融政策を実行することである。しかし欧州金融・債務危機に対応するため，金融市場安定だけでなくECBは経済安定も視野に入れ，量的緩和の分野に踏み込んだ。さらに，銀行同盟のSSMが施行され金融監督をECBが行うこととなり，物価安定，経済安定，金融監督という3つの目標（使命）を事実上，追求せざるをえなくなった。

FEDの場合，Rosengren（2013）が指摘するように，物価安定と成長の2つの使命は，負の需要ショックが発生して高い失業率を招く不況と，デフレを起こすようなデフレ不況の場合は拡張的な金融政策の実行を容易にさせる[20]。しかし，その金融緩和がバブルを新たに生み出すリスクもある。そのためマクロプルーデンス政策により早期にバブルを警戒できれば，金融機関への貸出規制などを通じた措置は可能であろう。正の需要ショックの時も同様である。したがって，金融緩和政策とマクロプルーデンス政策は補完関係にある。

　一方，原材料輸入物価の上昇といった負の供給ショックが起きた場合には，インフレが高まり成長が抑制される。その場合，インフレ抑制のため金融引き締めを行えば成長を抑制するが，供給ショックは金融政策の目標間の不整合をもたらす。マクロプルーデンス政策でもこの不整合は回避できず，供給ショックの発生時には財政政策も用いた古典的なポリシーミックスが必要となる。また，金融機関監督により経営悪化の情報を知らされた欧州中央銀行が金融機関への支援を行うのは反インフレ政策と対立する懸念はぬぐえない。

　また，情報の入手と活用という点では金融政策の実行と金融監督を兼任することは効率的な面もある。金融監督によって得られたデータ収集により，将来の金融システム全体の状況予測に利用することもでき，金融政策の実行やマクロプルーデンス政策にも有効である。一般的に，規模や業態の異なる中小金融機関の金融監督を汎EUで実施すれば，情報入手の点や実際の監督業務の際に非常に煩雑になり，かえって非効率的になりうる。EUによる今回の改革では欧州の大手金融機関のみをECBが監督することになり，その煩雑さは回避されている。

3.4.4　不十分な金融取引規制

　本書では投機的な金融取引が欧州債務危機を悪化させ，さらにはユーロ圏内に拡散させてきたことを概念的だけでなく実証的に強調した。金融市場がリスクに過度に反応することにより，債務危機が当該国の財政問題だけでなく実体経済にも悪影響を与えたといえる。もしそうであるならば，金融市場の規制を

〔注〕
20）Rosengren（2013）

強化する必要がある。実際，欧州委員会は2013年2月14日に，域内に本社がある金融機関，あるいは域内の顧客の依頼により取引を行う金融機関の取引に対して株式・債券取引では0.1％，デリバティヴ取引では0.01％の税を課すという提案を行った。いわゆるトービン税に類似した金融取引税（Financial Transaction Tax：FTT）として課税を行うことで，域内の投機的な取引を抑制することを意図した。当初，欧州委員会は金融活動から生まれる付加価値に課税する金融活動税（Financial Activities Tax：FAT）を検討したが，投機抑制と徴税の観点からFTTを採用した[21]。取引回数が少ない金融取引では少ない課税額となるが，売買を繰り返す取引回数の多い投機的取引では課税額が多くなり，投機的取引を抑えると期待される。

英国がEU司法裁判所にこの理事会決定は無効であるとの提訴を行った。この訴えは棄却されたがあらためて金融取引に対するEU内での不協和音を露呈させることとなった。ちなみに，FTTの導入は2016年1月から予定されている。

金融取引税の導入によって域内の投機的金融取引が抑制されリスクへの過剰な反応は抑制されるかもしれない。しかし，トービン税導入でも懸念される事項が次のようにある[22]。1つは，投機的取引を抑制する一方で実需に関係する金融取引や長期的金融投資も抑制しないかという点である。たしかに，従来にない課税となり，例えば長期保有を前提とした株式・債券投資等も抑制する懸念はある。もし市場取引の割合のうち長期的投資・実需関連の金融取引が大きく減退し投機的取引の割合があまり減少しなければ，かえって金融市場は投機的取引に支配されることとなる。ただし，一回あたりの取引税率が低いため長期的投資／実需関連の金融取引に対して深刻な影響は出ず，投機的取引の方が大きく減退するものと考えられる。

それよりも懸念されるのは，市場の流動性に対する影響である。実需および投機的取引ともに抑制され，金融市場全体の取引が縮減すると市場の流動性が

〔注〕

21) FTTは英国の反対があったため，2013年1月の欧州理事会でユーロ圏の一部の11ヵ国での先行導入が決定された。それを受けて同年2月に欧州委員会は理事会指令案を公表した。

22) トービン税に関しては大野（2014）を参照。

低下する。市場流動性が低下したままだと，一回あたり多額の取引によってかえって市場価格が乱高下する恐れがある。また，金融市場での取引成立にラグが生じ，金融取引の安定性が損なわれる危険がある。したがって，EUがFTTを導入することは投機取引を抑制する可能性は高いものの，それは両刃の剣であり，金融市場の安定性を損なうリスクもあり，FTT導入が欧州危機の再来を防止すると安易には考えることはできない。事前的に危機を防止するたゆまぬ努力は必要であるが，危機が起きたときの対応策を充実することがEUには重要である。

4　今後のEUでの金融規制の行方と債務危機の防止の可能性

　第1章で述べたように，EUは「真の経済通貨同盟」を完成させるために，「統合された金融枠組み」，「統合された予算枠組み」，「統合された経済政策の枠組み」，「EMUの民主的正当性と説明責任の確保」をめざしているとされる。財政ガバナンス改革と銀行同盟の構築はそれへの第1歩といえる。

　今回のガバナンス改革は欧州金融危機・債務危機を受けて欧州危機の再来を回避することが大きな狙いであった。言い換えると，欧州危機の際に見られたリスクの上昇（本書ではCDSスプレッドの上昇）を抑制する，またリスクそのものの上昇を回避するために財政，金融双方の改革が実施されたといえる。たしかに，第2章でみたように財政ガバナンスを強化し財政規律を回復することがCDSスプレッドを引き下げ，デフォルト・リスクを回避するのには有効である。

　しかし，危機の事前回避の点，さらには事後的な危機対策それぞれに不十分な点がある。危機回避の点では財政ガバナンス改革の主眼がEU加盟各国の財政均衡の維持にあり，新たな債務危機を引き起こさない工夫はあるが，総需要を引き締める可能性はある。それに対してはSGPの弾力化で対応するものの，景気減退への財政対応は遅れる可能性はある。特に地域間（加盟国間）での景気の相違による一時的格差を是正するメカニズムは備えておらず，景気格差による経済危機への懸念は残る。

また，事後的な危機対策に関しても，一元的な破綻処理制度である SRM の破綻処理基金 SRF の積立額が金融機関の破綻処理に十分であるのかどうか懸念が残る。また，地域間，加盟国間での財政移転も保証されていないため，地域的な経済危機に対応できるかどうかはケース・バイ・ケースとなり意思決定が不透明となり，EU 内での政治交渉によっては経済危機が深まる可能性がある。そのため，財政移転を含むスキームも必要ではないかと考える。

さらには EU での債務問題の処理に対して現状では債務削減を認めるスキームは存在しない。安易に債務再編を認めるのは一方的な債務不履行を繰り返すこととなるので，慎重にしなければならないが，債務削減を含む一切の債務再編を認めないとなると，過剰債務を抱えた加盟国にとって，その負担は大きく過大な債務返済によって経済成長が阻害されるおそれもある。したがって，慎重な債務再編スキームも必要ではないかと考える。そこで，以下では財政移転を含む財政基金の創設と，債務再編スキームについての提案を行う。

4.1 本書での提案1：財政基金

さらに EU は政府債務危機を経験し，先に述べたように従来の安定成長協定に加え財政協定などを新たに導入して一定の財政規律を保証することとした。しかし，安定成長協定ならびに財政協定による財政規律では加盟国間の景気循環の相違を吸収できない。マンデルの最適通貨圏の議論のようにその差異を労働移動で調整できるかもしれない。実際，ギリシャ危機が起きてからギリシャから将来の経済発展に必要な人的資本である高度技能労働者がドイツなど北部欧州に移動し，今後のギリシャの長期的経済発展を不安にさせる。景気の調整弁の種別によって将来的な影響が異なるものと考える。長期的な経済構造の変化をともなわず，調整コストの少ない調整手段が選択されるべきである。

そこで，SGP の枠組みに加えて緊急財政基金（rainy-day funds）を加えることを提言する[23]。ここでの緊急財政基金とは，財政黒字になればそれを基金として積み上げ，その分を景気循環に対応して，支出できるものであり，財政支

[注]
23) ここでは当面，財政赤字ルールの3％ルールは残すことを想定しているが，これを緩和することも可能であろう。

出のスムージングを図る枠組みである。この提案の原型は，基本的に州間の財政調整制度を持たないアメリカにおいて，多くの州の地方財政に組み込まれている制度にある。また，この基金は欧州委員会内に創設されることとする。そうすることによって，ユーロ域内各国の財政健全の誘因を引き出す狙いがある。さらに，厳格に当該国の財政黒字分の積み上げだけでなく，基金からの借入も行えるようにする。また，欧州委員会からの拠出を求めることによって拡充することもできるようにし，構成国政府間の資金移動も行えるようなフレームワークを準備しておく。これは過去に財政黒字を出せなかった国であっても経済安定のための政府支出を行うことを可能にするためである。移転は，欧州委員会に設置した基金からの借入とし，市場金利よりも数％程度高い金利を設定し，かつ経済運営に関してSGPの安定プログラムに加えてモニタリングを強化したガイドラインを加えてモラルハザードを防ぐ必要がある。ただし，緊急財政基金からの財政赤字分はSGPの財政ルールからは除外するものとし，実質的に財政ルールを逸脱することを容認する。

　市場からの借入に比べれば，迅速に借入ができるため，市場金利よりも高くとも財政ルールからは免除されるので，そのアヴェイラビリティーが高いので，基金からの借入の利用もあると考えられる。また一方で欧州委員会からの借入は，当該国の財政ルールに抵触しない財政赤字となるものの，モニタリングを欧州委員会がすることで健全財政への早期復帰も期待される。この枠組みの場合，構成国政府の市場からの資金調達に対する歯止めとなり，それ以外に構成国政府間での資金移動のための枠組みを整備するのが目的である。

　この制度の場合，柔軟性に関しては緊急財政基金でもって経済安定を図ろうとするため，景気循環にはある程度対応することが可能であろう。また，過剰財政赤字に関しても安易な市場からの借入を財政ルールによって歯止めをかけ，自国の財政基金勘定だけでは不十分で一時的な赤字の拡大の誘因が起きた時に，基金からの借入の道を作っておく。ユーロ加盟国にとっても将来の経済安定のための原資となるので財政黒字を積み上げる誘因が出るであろう。さらに，この枠組みは将来の財政見通しや長期的な均衡財政の定義という技術的な困難な問題をはらまないので，現実性も高いと考える。

　ECBによる金融政策との関連では，新たに協議機関を設けるものではないも

のの，本書での提案ではある程度，各国財政政策によって景気調節を行うために，景気安定に対するECBへの負担を減らすことが可能である。例えば，スタグフレーションが発生した時に，ECBに対して景気浮揚のための金利引き下げを求める声が高まるかもしれない。一方で，この時，物価も上昇しているので，金利を引き上げる誘因をECBは持つであろう。ECBは金利引き下げを求める声とECB本来の目標達成のための金利引き上げというジレンマに直面するリスクがある。本書での提案のようにSGPを柔軟化することによって，ECBへのそのようなジレンマを回避し，ECBの本来の目的である物価安定目標を達成しやすくなるものと考える。

以上のように，本書では各国間の財政調整をともなう新たな基金を現行のSGPに加える新たなEMUの財政システムを提言するものである。財政調整制度を持つ事例としては，日本，ドイツ，カナダなどの制度がある。わが国の地方財政では，地域間格差を是正するための地方交付税制度がある。この制度は地方間の構造的な経済格差を是正するように機能したという評価がある[24]。しかし，財政負担を行っている地方公共団体と受け取りを行っている団体が構造的に固定されてきており，交付税を受け取っている団体の自助努力が不足しているのではないかとの指摘もある[25]。

また，ドイツでは，連邦が州に使途を特定せずに交付する一般交付金（連邦補充交付金）は，州歳入の約5％を占めるにすぎない。しかし，ドイツでは，こうした連邦資金による調整の他に，富裕州から貧困州へ財源を移転させる水平的な財政調整制度が存在する。旧西ドイツの州間格差は大きなものではないので，比較的小さな調整で州財政の収入の均等化が図られるが，財政力が極端に弱い旧東ドイツ地域の州を加えると，旧東ドイツ諸州への大幅な資金移転が行われており，旧西ドイツ諸州の負担増加が問題になっており，州間の利害対立が考えられる。

カナダでは，連邦が州へ交付金を支給する調整と，州が地方政府へ交付金を

〔注〕
24) 土居（2000）は，構造的な所得格差を是正するように地方交付税制度が機能したという実証研究を報告している。
25) 土居（2000）を参照。

支給する調整とがあるが，連邦が地方政府へ直接交付する制度はない。カナダでは，連邦から州への交付金は，医療社会福祉交付金と，平衡交付金の2種類が存在する。医療社会福祉交付金の総額は，毎期連邦議会で決定され，人口に応じて各州に分配される。平衡交付金では，各州の歳入を均等化するように連邦から州に交付金が交付される。平衡交付金は，水平調整がないことから連邦からの資金ですべてが賄われるが，総額は，基本的には，各州の歳入水準を財政力中位の基準5州平均まで引き上げるために必要な額となっている。ただし，州間の水平調整がないために豊かな州とそれ以外との格差は残ることになる。

このような事例があるが，本書での提案はEU構成国を単位とした財政調整制度であり，直接，政府間での資金移転を行わない点では水平的な調整ではない。また，欧州委員会に基金を設けるのが本書の提案であるが，財政連邦主義ではないEU財政では，欧州委員会から各国政府に直接，歳入を補填するような垂直的な財政調整制度でもない。それらの点では，一国内部に設けられている財政調整制度とは異なる。それは，現在のところEUが連邦制ではなく，各国に財政主権が残されているからである。各国の財政主権を尊重しつつ，各国政府間の財政調整を行うために，各国が欧州委員会に設けた財政基金に拠出し，相互に財政調整を行うような制度を創設することが望ましいというのが，本書の提案である。

ただし，本書での提案における問題点として資金受け取り国政府のモラルハザードや，資金を拠出している国と受け取りを行っている国との利害対立が考えられる。例えば，日本やドイツ事例にもあるように，長年財政移転を受け取る自治体と供与する自治体が固定化する傾向にあり，交付金を受け取ることが常態化し，自ら歳入を引き上げるための努力を怠る可能性がある。本書での提案では，財政移転を受け取る構成国は基金からの借入によって資金供与を受け，その後にもモニタリングが義務づけられることを提案しており，無制限に資金供与を受けることにはならず，資金供与を受け取ることが常態化することを避けている。

また，構成国間の利害の対立は，財政移転の方向性が一方的で常態化する場合にみられるが，先にも述べたようにそのような状況を回避できるとするのが本書の提案である。たしかに，財政黒字国から財政赤字国への移転を想定する

ので，黒字国の国民の政治的な不満が高まる恐れがある。欧州憲法の批准手続きも一部の国での反対により，EUの深化は停滞することが予想されるなかで，他の構成国への財政拠出には反対意見が出る可能性がある。しかし，本書の提案では，貸借による財政移転であり，将来には基金に返済されることを求める。拠出するのは現在世代で，返済を受けるのが将来世代になるが，これは現在世代が時間選好を極端に現在を評価しない限り，将来世代へ引き継ぐ財産権として考えれば，基金への拠出は受け入れられるのではないかと考える。したがって，本書の提案内容は，現在のSGPを補完し，構成国間のスムーズな財政移転と，それによる景気循環のずれの補正を行うことが容易になると考えられる。

4.2 本書での提案2：ユーロ圏加盟国によるデフォルトの是認[26]

既に返済不能なほどの過剰な政府債務を抱えたユーロ圏加盟国があるとする[27]。その時，当該ユーロ圏加盟国にデフォルトを認めるべきなのか，それともデフォルトを認めず，支援をし続けるべきなのかが問題となる[28]。本書では，ユーロ加盟国にデフォルトを認めることがむしろユーロ圏の長期維持のために必要な措置と考える。ただし，安易なデフォルト選択のモラルハザードを防ぐ方法は付置しなければならない。

本書でデフォルトを認める理由は，再生の道を歩む破綻した当該国の財政はEUからの縛りを受けるものの，債務負担が減免されるため国民への公的サービスを大幅に減ずることなく，再生への道を歩みやすい[29]。再生プランのあるデフォルトによる債務減免措置は，当該国の国債価格を押し上げる可能性を持

〔注〕
26) 高屋（2012）国際経済より p103。
27) 無論，加盟国政府が過剰債務を抱えないような規律がEUの経済通貨同盟では重要である。しかし，その規律が現下のEUガバナンスでは不完全であった。以下では，その不十分なEUガバナンスのもとで加盟国政府が過剰債務を抱えたことになったものとする。
28) ここでデフォルトとは，債権者側が債務者の債務不履行を宣言する秩序のある債務不履行を指し，債務者側が支払いを一方的に拒否する無秩序な債務不履行である自発的債務不履行（レピュディエーション）とは区別する。
29) このことは，デフォルトが新たな再生プランとセットになる場合には，財政再建の有力な選択肢となることを示す。かつて Krugman 1989 が提唱した債務ラッファーカーブ理論では，債務減免が債務国政府の財政を改善させるので，市場で流通する当該国の国債価格を上昇させる可能性があるとした。

●図表7-5　デフォルトを是認したガバナンスの下での意思決定（案）

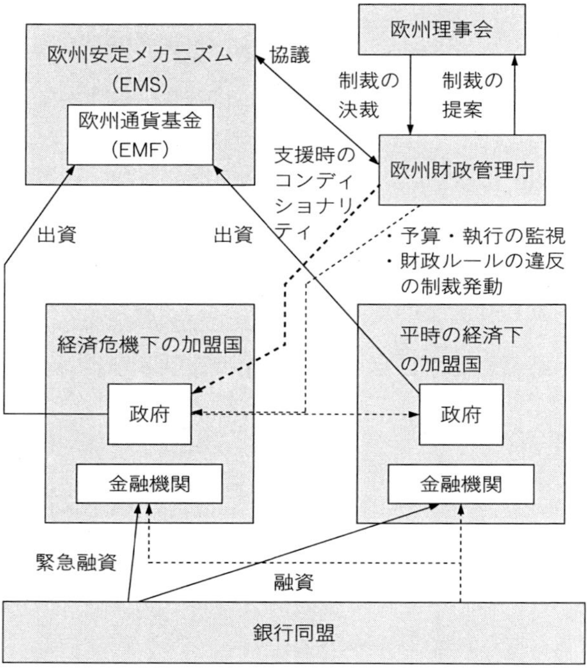

出所）著者作成。

つ。そのため，国債保有者にも便益がある可能性があるので，再生プランとセットにした秩序のある債務不履行が可能であれば金融市場への影響を抑制しつつ，将来の財政再建と現在の債券価格上昇が期待できる。逆に，もし秩序あるデフォルトを認めなければ，債務国が一方的に債務不履行を宣言する自発的債務不履行を選択する可能性があり，それが選択されれば国債を保有する金融機関には事前の準備ができず，一気に財務内容が悪化し，深刻な資本不足に陥ることで破綻の可能性もある。また，これを契機に金融危機がEU加盟各国に伝染するリスクも高い[30]。

〔注〕
30）実際，現在のギリシャ危機はこの問題を包含しており，ECBが債務国国債を購入し続けるのは，欧州の金融危機の回避のためである。

ただし，自発的債務不履行を選択した場合，当該国へのペナルティも高くなる。デフォルトを選択した後，自発的債務不履行では長期間，新規借入が当該国政府はできなくなり，また各国の支援を得ることも難しくなるので結果的に財政支出を抑制せざるを得ず，そのため国内の経済危機を拡大させる。デフォルトであれば，債権者との合意のもとで債務不履行を選択することになるので，秩序のある債務処理を進められ，予測できない事態の発生を防止することができる。また，これでは秩序的に財政支出を抑制させ，構造改革を行うことができる。したがって，デフォルトの選択肢を制度的に構築すること，そのためにはデフォルト後の当該国財政を当該国政府ではなく，EUが直接管理できるガバナンスを導入する必要がある。無論，それには政治的な抵抗があると予想される。しかし，当該国政府に任せたままでは同じような財政運営，国債管理が行われる可能性は高く，そのため当該国政府とは切り離した運営主体が財政運営を行う必要がある。

財政運営をEU主導で行うとすれば，当該国政府とEUとの対立が政治的に生ずることは予想しやすい。したがって，ケース・バイ・ケースではなく，ルールとしてデフォルト後の財政管理を明記する必要がある。またデフォルトの際に，加盟国への支援を行う必要もありそのため，EU運営条約第125条の改正も必要と考える[31]。

EUにとって加盟国の1つがデフォルトをすれば，その危機が他の加盟国に伝染するおそれがある。そのため，ギリシャ債務問題でもデフォルトの回避が第一に考えられてきた。グローバル化した金融市場のもとでは，一国の債務危機が国際分散投資を行っている投資家による他国の債務返済懸念を強め，その国の金融資産を売却することで，金融危機と財政危機を招く[32]。ただし，一国

〔注〕
31) ただし，EUにとどまりながらのユーロ離脱ルールは必要ではないと考える。EUからの離脱となると，経済以外の分野での統合プロセスからも離脱することとなり，ユーロ離脱以上の多大なコストを将来的に負担することになる。したがって，EUならびにユーロ圏にとどまらせ，債務再編の条件となる財政赤字削減とそのための様々な経済構造改革を誘導するのが適切である。
32) 債券を売却することで金利が上昇し，景気後退が招かれ，歳入減となる。また新規国債発行時にも高い金利で資金調達をせざるをえず，財政負担が増加することになる。

のデフォルトを認めることが，債権者・債務国双方に便益をもたらすものであることが確認され，EUが危機の伝染を防止する支援策を整備し，それを公衆が知っているならば伝染は防止できると考える。したがって，過剰債務を抱える加盟国のユーロ圏離脱を認めず，その代わりにデフォルトを認めるとともに，デフォルト後には当該国に対しEUが支援を行うことをセットにした経済ガバナンスの改革が，ギリシャ債務問題のような政府債務危機を回避するには必要な改革である。

そこで，本書ではユーロ版ブレイディ・ボンドを含むガバナンス改革提案を行う[33]。中南米債務危機でのブレイディ構想では民間債務の多い中所得国に対する民間債務削減のために，世界銀行・国際通貨基金（IMF）が債務証券化のための元本を保証し，債務買い戻し資金を世銀・IMFが債務国に融資する，世銀・IMFが支援する経済再建計画の実施を前提とするため債務削減に民間金融機関に対して応じやすくするという内容であった[34]。適切なデフォルト・スキームを構築することにより，債務削減を含む債務再編により政府債務の圧縮とその後の経済パフォーマンスを回復させ，新たに資金を流入させることができる[35]。

〔注〕
33) アイケングリーン・カリフォルニア大学バークレー校教授やロゴフ・ハーバード大教授はブレイディ型の支援策を提案している。考え方は同じものであるものの彼らはギリシャ債務問題を視野に入れているのみで本章とは別案である。本章は直近の問題だけではなく将来のガバナンス改革を提案している。また，この提案は高屋（2012）で提案したものとほぼ同じものであるが，それとの違いは，緊急財政基金を組み合わせてより精緻にした点である。
34) この手段として，債務の買い戻し（キャッシュ・バイ・バック），債務の債券化（デット・ボンド・スワップ），利払い軽減，債務の株式化（デット・エクイティ・スワップ），新規融資が，具体的な債務削減のメニューとして挙げられた。
35) このブレイディ・ボンドに類似して今回のギリシャ危機に対しては，ニューヨーク大学のエコノミデスとスミスは，古い債務を償還期間が長く，金利の安い新しい債務と交換することによって，債務処理が適切に進む可能性があると考えている。彼らは，ギリシャの債務をEU各国政府が保証する取引可能な30年物新発債と交換する構想を提案しており，ECBのトリシェ前総裁の名前にちなんで「トリシェ債」と命名する新発国債は，ECBあるいはEUが保証することを想定し，投資家にギリシャ向け債権を維持させる手段となり，他の高債務国にも適用の拡大が可能としている。この提案では債券保有者にもコストを一部負担させるために支払期日を延長し，保有債券の割引現在価値を引き下げるように求めることになる（Economides=Smith 2011）。

本書で提案するユーロ版ブレイディ・ボンドに類似した構想にユーロ圏共同債構想がある。これはユーロボンド（Euro Bond），あるいは欧州委員会の呼び方では安定化債（Stability Bonds）構想ともよばれる。これはユーロ圏で共通公債である安定化債を協調して発行し，その債券に各国政府の個々の信用力に代わって共通した信用力を持たせるものである[36]。すなわち，加盟国政府が互いに共同連帯保証する，あるいは部分的に連帯保証するものである。連帯保証の程度に応じて，債務不履行危機の時には当該国に代わって，その他の加盟国が元利金の支払いを行うこととなる。そのため潜在的に財政移転を行う可能性がある。そのため，これが導入されれば財政同盟を促すきっかけとなる。

また発行された共同債はユーロ加盟国の国債に置き換えられ，低い信用力の国債が加盟国平均の信用力に引き上げられる。さらに，安定化債は発行量，流動性ともに圧倒的になり，欧州金融市場でのベンチマークとなることも期待される。

この共同債のアイディアをユーロ版ブレイディ債に用いる。すなわち，既に発行された債務国政府の国債を発行時よりも低金利で額面を減額した新たに発行するユーロ版ブレイディ共同債に置き換える。この共同債を用いることで債務再編を進められ，過剰債務に陥った加盟国の経済再建を行うことが期待される。

ただし，ブレイディ構想は債務問題の事後的な措置であり，また構造改革を強力に推進するものではなかった。今回の欧州債務問題がEUに示唆していることは，今後は債務問題を発生させないこと，それでも発生した場合にはその問題に備える措置を準備しておくことである。デフォルトを認めるための具体的なガバナンスとしては，1）先に述べた欧州財政管理庁による債務危機国財政の管理を提案する。それにより，2）デフォルトを選択して財政管理対象になった当該国は，欧州財政管理庁によって予算の執行，徴税に関しては欧州財政管理庁の決裁を仰ぐことになる。さらに，デフォルトの後の加盟国政府につ

〔注〕
36) EU共通債券の実績としては欧州投資銀行（EIB）の発行するプロジェクトボンドがある。これは民間の発行体の信用力を補強する手段としてEIBが共同連帯保証する。ただし，プロジェクトボンドと安定化債とでは発行目的が異なる。

いては，3）当該国の財政当局が予算策定の後，欧州財政管理庁に予算承認を受け，その後に予算案を議会に諮るものとする。

　この提案では財政への管理にEUが関与し，しかもデフォルト後の当該国財政はEU主導のもととする。この点，各国の財政主権を著しく損ねるという批判は予想されるが，今回の危機からの教訓は，経済統合を深化させた地域では財政協調の強化の必要性である。危機を回避する，あるいは緩和するためには財政主権の一部をEUに委譲する必要があるのではないだろうか（図表7－5）。ただし，加盟国内での反対にどのように対処するのかが課題となる。ここで提案したガバナンスは財政主権を大幅にEUに委譲することになり，ユーロ導入以前からも議論されてきた財政統合問題に抵触する。ただし，ここでの提案では財政移転は危機時のものであり，その移転額も前もって積み立てる基金方式であり，積み立て時点と移転時点が異なるため国内での抵抗感が薄いと考える。また危機が発生したときに事後的に移転国と受給国とに分かれるが，基金へ拠出するときには移転・受給とは関係なく一定額をEUに政府を通じて拠出することになり，世論の反対も少ないものと考える。そもそも，このガバナンスでは，多額の支援をしないように予算段階からの財政監視を強め，デフォルトも是認するので資本流入させる金融機関や投資家もデフォルト・リスクを認知しながら投資するので，過剰資本流入を抑制し，当該国政府の過剰債務負担を回避させることが狙いである。さらに財政危機に陥っても早期にデフォルトを認めるので，当該国の支援額も比較的少なくてすむと想定する。このような枠組みが理解されれば加盟国の国内世論の反対は多くないと考える。

5　むすび

　本章では欧州の金融・政府債務危機を通じて行われた財政ガバナンスと金融規制改革の概要とその問題点を挙げ，その上で独自の改革案を提示した。改革案では加盟国間の一時的な財政移転を行うための財政基金の構築と，デフォルトを認める債務再編スキームを提案している。前者は財政移転をともなうため，各国財政の連携強化を図る財政同盟につながるものと考える。後者は債務再編を是認する新たなスキームのEUへの導入である。これらの2つはいずれも財

政移転に関係し，EU 域内の南北に分かれた政治的な対立を招くおそれがある。政治的対立はギリシャ危機をはじめとする欧州債務危機への対応でも見られ，2014年の EU 各国の総選挙では反 EU では同じ政治信条を持つ右翼・左翼政党が台頭している[37]。それをみれば，各国の国民が EU 内での連帯や結束という意識を政治的に優先して共有しているとまではいえない。したがって，加盟国政府も国民の意思や感情を無視してまで，EU との協調を優先するのは難しいかもしれない。

　ただし，本章で提言した財政基金の構築は財政移転を結果的にともなうものの比較的，政治的に構築しやすいものではないかと考える。また後者についても，債務削減の方法として金利減免や永久債との交換など，Paris＝Wyplosz (2014) が主張する政治的に受け入れやすい改革（Polically Acceptable Debt Restructuring : PADRE）に沿った具体的なスキームもありうる。様々な工夫を実現しながら，持続可能な債権債務関係を築くことが通貨統合を実現したユーロ圏と EU には必要な環境であろう。

〔注〕

37) 2015年以降，EU 加盟各国の総選挙が控えているが，そこでも反 EU 政党の躍進が予想される。

おわりに

　2015年3月に欧州中央銀行は量的緩和を開始し，同月，ギリシャ政府とEUとの暫定合意は成立した。しかし，その後もギリシャ政府による財政健全化のプログラムの提出が遅れ，国債償還問題がたびたび浮上することを考慮すると，ギリシャの債務危機に対する根本的な解決にはほど遠いといわざるをえない。たしかに財政の歳出削減はかなり進んでおり，一定の評価はできるものの，歳入増を期待するようなギリシャ経済の景気回復と，危機前と比べて経済構造の体質改善は進んでいないといえる。

　また，第1章でも触れたように，欧州経済危機は金融危機，財政危機，そして経済危機の三位一体性を持っている。そのような危機は今後も起きうる可能性があるため，EUは危機への対処と予防に努め，財政規律強化や銀行同盟といった危機予防策を整備してきた。しかし，それでも十分なセイフティネットといえるかどうかには疑問が残り，また危機が起きたあとの事後的な対策については，銀行同盟による銀行の破綻処理制度の導入しか実現しておらず，不十分なままである。

　本書では，2014年時点までの欧州金融・債務危機の影響を主に分析した結果，金融・債務危機は欧州内で伝染していった可能性が高く，そのことはEUが経済通貨同盟を実現した結果，資本移動が自由に移動できるようになったことが主要な要因になるであろう。また，ユーロ加盟国政府が過剰な債務をかかえることができた背景には，ユーロ導入後に南欧諸国もドイツ並みの低金利で国債発行が可能となり，それらの政府による国債発行に対してブレーキがかかりにくかったことも挙げられる。2つの危機とも，ユーロ導入をめざした欧州統合が原因となっている可能性は高い。

　欧州統合は，戦後の欧州の経済復興とともに平和維持のため，政治，法，経済，さらには社会的な統合を包摂したものである。その統合において重要な位置を占めるのが貿易や資本移動の完全自由化を実現するEU域内での市場統合であり，それを完成させる政策がユーロ導入であった。ただし，ユーロ導入に

あたってはドイツ，オランダなどの北部欧州とギリシャ，スペインなどの南部欧州との経済格差を残したまま導入した結果，金融・債務危機を生み出すことにつながった。通貨同盟を導入した後，経済格差が縮小し単一通貨を流通させる条件が整備されるという内生的最適通貨圏の議論は登場したものの，経済格差が縮小する前に危機が生み出された。

　そうだからといって，EUによるユーロ導入政策を誤りであったとはいえない。ユーロを導入しなかった状況を想起すると，例えば90年代にERM危機が起きたように，EU域内での通貨危機が頻発していたかもしれない。また域内での貿易・投資の現在のような活性化が実現したともいえないであろう。さらには，ユーロ導入を機に起きたEUでの社会統合の萌芽，EU市民としての自覚の芽生えといった欧州統合本来の基盤の育成も難しかったかもしれない。したがって，1999年のユーロ導入による通貨同盟の実現は，経済危機の起きるリスクを十分に考慮していなかったものの欧州統合の中では必要であったといえる。不十分な点は，危機が起きないようにすることに専念するあまり，危機が起きた時の対処法を備えていなかったことである。現在，EUは本書第6章でも検討したようにECBを中心とした非標準的金融政策を中心に政策対応しているが，それ以外にも銀行同盟の構築や，財政協定の締結，欧州セメスターの導入などの財政規律の強化といった経済ガバナンス改革を実現している（下図参照）。しかし，それらは危機を予防することに力点を置いたものが多く，前著および本

●図　EUとユーロ圏

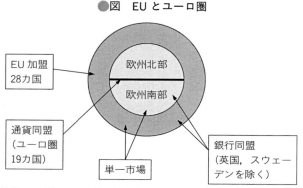

F. Breuss "Euroepan Banking Union: Necesssry, but Enough to Fix the Euro Crisis", CESifo Forum 4/2012 を参考に著者作成。

書第7章で検討したように，EU加盟国での経済危機が起きた時の財政支援や，経済債務危機が起きた後のデフォルトの容認といった危機後の対処をEU経済ガバナンスに組み込む必要があるものと考えている。

　危機後の対応策を十分には備えていなかった2010年からの政治的な状況を概観すると，いわゆる広義の「欧州懐疑主義」が台頭してきたことが特徴的であろう。これは，EUや欧州委員会などが提案する汎欧州的な政策に対する批判や反対を唱えるもので，2014年から15年にかけての加盟国内での選挙や欧州議会選挙でも一定の得票を得た。欧州議会選挙では極右政党などの議席が従来の2倍以上の140議席（議席定数751）を獲得し，その存在をアピールした。この背景には，やはり金融・債務危機がある。金融・債務危機のため，財政危機にある加盟国は緊縮財政を行わざるを得ない結果，国民の不満が欧州統合へと向き，反EUを唱える欧州懐疑主義の台頭を許すこととなった。

　経済危機が起きると，人々はその不満を政治的に発露する傾向にある。今回の欧州のケースでもそのような動きがあったといえる。したがって，安定して欧州統合を実現するには，安定した経済運営が必要となるであろう。そのためには，危機が起きないように予防することは必要条件となるが，危機後の対応策も十分条件になろう。本書では後者に関して強調したものである。

　ただし，本書では欧州債務危機の終結までを克明に追うことはできなかった。本書の性格上，事実を克明には追わなかったこともあるが，現時点でもいまだに債務危機は終結していないため，危機の帰結がどのようなものとなるのかは今後の欧州委員会，欧州理事会，加盟各国の対応に依拠することとなろう。今後の推移を見守りたい。

参考文献

岩田健治（2013）「姿を現した欧州銀行同盟－ユーロを支える新しい金融規制監督制度」ユーラシア研究所，(http://yuken-jp.com/report/2013/09/07/uero/)

大野裕之（2014）「トービン税は市場の安定化に寄与するか」証券税制研究会編『金融税制と租税体系』日本証券経済研究所．

川野祐司（2014）「2008年以降のECB（欧州中央銀行）の危機対策」季刊『国際貿易と投資』97, 64-74．

刈屋武昭・前川功一・矢島美寛・福地純一郎・川崎能典（2012）『経済時系列分析ハンドブック』朝倉書店．

小立 敬「銀行のトレーディング業務分離を求めるEUの検討－リーカネン報告書の提言－」『野村資本市場クォータリー』2012 autumn, pp.1-16. (http://www.nicmr.com/nicmr/report/repo/2012/2012aut02web.pdf)

高屋定美（2009）『EU通貨統合とマクロ経済政策』ミネルヴァ書房．

高屋定美（2009）『ユーロと国際金融の経済分析』関西大学出版部．

高屋定美（2010）「ユーロ金融政策の実態と課題」田中素香編著『世界経済・金融危機とヨーロッパ』勁草書房，111-134．

高屋定美（2011）『欧州危機の真実』東洋経済新報社．

高屋定美（2012a）「欧州経済危機から財政危機への深化」飴野仁子・高屋定美・田村香月子・徳永昌弘『グローバル金融危機と経済統合－欧州からの教訓－』所収，第1章，関西大学出版部．

高屋定美（2012b）「経済・財政危機下での欧州中央銀行の金融政策」飴野仁子・高屋定美・田村香月子・徳永昌弘『グローバル金融危機と経済統合：欧州からの教訓』所収，第2章，関西大学出版部．

高屋定美（2012c）「危機下の中東欧経済とユーロ圏経済の金融連関－ユーロ圏危機からの影響に関する定量的分析－」『比較経済体制研究』第18号，19-40．

高屋定美（2012d）「欧州金融・経済危機とEU経済ガバナンス：新たなガバナンスの提案」『日本EU学会年報』第32号，92-114．

高屋定美（2013a）「欧州中央銀行の市場との対話――ECBのコミュニケーション政策は欧州危機に対して効果があったのか？」久保広正・吉井昌彦編著『EU統合の深化とユーロ危機・拡大』所収 勁草書房，101-121．

高屋定美（2013b）「欧州債務危機は設備投資を抑制したのか？－構造変化を考慮した投資関数の推定による欧州債務危機の実体経済への影響の検証－」関西大学商学論集，第58巻第3

号，37-55。

高屋定美(2013c)「欧州ソブリン危機の欧州統合に与える影響－今後の欧州経済ガバナンスの検討を中心に－」『国際経済』第64巻，日本国際経済学会，1-29。

高屋定美(2014a)「欧州債務危機とCDS市場での伝染効果」『関西大学商学論集』，第59巻第2号，65-84。

高屋定美 (2014b)「欧州債務危機は伝染したのか？」『関西大学商学論集』，第59巻第1号，112-134。

高屋定美(2014c)「なにが欧州債務国のCDSプレミアムを動かすのか？－欧州債務危機下のソブリンCDSプレミアム変動要因の実証分析－」『関西大学商学論集』，第58巻第4号，89-106。

高屋定美(2015a)「欧州金融市場でCDSプレミアムが国債利回りを動かしたのか」『経済学論叢』，第55巻第5・6号，145-164。

高屋定美(2015b)「VARモデルによる欧州中央銀行による非標準的政策の実証研究」『関西大学商学論集』，第59巻第4号，1-39。

土居丈朗(2005)「地方交付税をめぐる地域間のリスクシェアリングと地域経済構造」，財務総合政策研究所・中国国務院発展研究中心，「地方財政（地方交付税）に関する共同研究」最終報告書』pp.145-181。

本多佑三・黒木祥弘・立花 実（2010)「量的緩和政策－2001年から2006年にかけての日本の経験に基づく実証分析－」，『フィナンシャル・レビュー』2010年第1号財務省財務総合政策研究所，59-81。

本多佑三・立花 実(2011)「金融危機と日本の量的緩和政策」*Discussion Papers In Economics And Business*，11-18，大阪大学。

宮川大介・渡邉修士（2013)「CDSスプレッド指標の決定要因－需給構造を考慮した同時方程式推定からの含意」経済経営研究，vol.33，no.2。

矢島 剛 (2012)『CDSのすべて～信用度評価の基準指標として～』きんざい。

Afonso, A. and A.J. Silva, (2014), "The Monetary Transmission Mechanism in the Euro Area : has it changed with the EMU? A VAR Approach, with Fiscal Policy and Financial Stress Considerations", mimeo.

Allen, F., and D. Gale (2000), "Financial Contagion", *Journal of Political Economy*, 108, 1-33.

Altavilla, C., and D. Giannone (2014), "Markets' Beliefs about the Effectiveness of Non-standard Monetary Policy Measures". mimeo.

Andritzky, J.R., G.J. Bannister, and N.T. Tamirisa (2007), "The Impact of Macroeconomic Announcements on Emerging Market Bonds" *Emerging Markets Review*,

8, 20-37.

Arghyrou, M.G. and A. Kontonikas (2012),. "The EMU Sovereign-debt Crisis: Fundamentals, Expectations and Contagion". *Journal of International Financial Markets, Institutions and Money*, 22(4), 658-677.

Ariyoshi, A. (2014), "Navigating the Financial Regulator's Impossible Trinity", *Financial System Stability, Regulation and Financial Inclusion*, IMF-FSA-ADBI Conference (http://www.ipp.hit-u.ac.jp/activityreport/21040128_IMF-FSA-ADBI_ConferencePresentation.pdf).

Arora, V., and M. Cerisola (2001), "How does U.S. Monetary Policy Influence Sovereign Spreads in Emerging Markets?" *IMF Staff Papers*, 48(3), 474-498.

Ayala, A., and S. Blazsek (2014), "Contagion of Sovereign Debt in the Eurozone", *Theoretical Economics Letters*, 4, 98-109.

Bai, J. and P. Perron (1998), "Estimating and Testing Linear Models with Multiple Structural Changes," *Econometrica*, 66, 47-78.

Bai, J. and P. Perron (2003a). "Computation and Analysis of Multiple Structural Change Models," *Journal of Applied Econometrics*, 6, 72-78.

Bai, J. and P. Perron (2003b). "Critical Values for Multiple Structural Change Tests," *Econometrics Journal*, 18, 1-22.

Baker, S.R.N. Bloom and S.J. Davis "Measuring Economic Policy Uncertainty" mimeo http://www.policyuncertainty.com/media/BakerBloomDavis.pdf.

Barrios, S., P. Iversen, M. Lewandowska, and R. Setzer (2009), "Determinants of Intra-euro Area Government Bond Spreads During the Financial Crisis", *Economic Paper* 388, European Commission.

Bekaert, G, and G. Wu, 2000, "Asymmetric Volatility and Risk in Equity Markets.", Review of Financial Studies, 13(1), pp.1-42.

Bekaer, G., C.R. Harvey and A. Ng (2005), "Market Integration and Contagion", *Journal of Business*, 78, 39-69.

Beirne, J. and M. Fratzscher (2013), "The Pricing of Sovereign Risk and Contagion during the European Sovereign Debt Crisis", *Journal of International Money and Finance*, 34, 60-82.

Belke, A. (2013), "Non-standard Monetary Policy Measures: Magic Wand or Tiger by the Tail? "No. 447, *Ruhr Economic Papers*.

Bernanke, B.S., and V.R. Reinhart (2004), "Conducting Monetary Policy at Very Low Short-Term Interest Rates," *American Economic Review*, 94, 85-90.

Bernanke, B.S., V.R. Reinhart and B.P. Sack (2004), "Monetary Policy Alternatives at the Zero Bound: An Empirical Assessment," *Brooking Papers on Economic Activity*, 2004: 2, 1-100.

Bhansali, V., R. Gingric and F.A. Longstaff (2008), "Systemic Credit Risk: What is the Market Telling Us?" *Financial Analysts Journal* 64(4), 16-24.

Billio, M., M. Gobbo and M. Caporin (2005), "Flexible Dynamic Conditional Correlation Multivariate GARCH models for Asset Allocation.", *Applied Financial Economics Letters*, 2(2), 123-130.

Bijsterbosch, M. and M. Falagiarda (2014), "Credit Supply Dynamics and Economic Activity in Euro Area Countries: A Time-Varying Parameter VAR Analysis, ECB Working Paper No. 1714. Available at SSRN: http://ssrn.com/abstract=2474681.

Blanco, R., S. Brennan and I.W. Marsh (2005), "An Empirical Analysis of the Dynamic Relation between Investment-Grade Bonds and Credit Default Swaps," *Journal of Finance*, 60(5), 2255-2281.

Blinder, A.S. (2010), "Quantitative Easing: Entrance and Exit Strategies", *Federal Reserve Bank of St. Louis Review*, 92(6), 465-480.

Boeckx, J., M. Dossche and G. Peersman (2014), "Effectiveness and Transmission of the ECB's Balance Sheet Policies", *CESifo Working Paper Series* No. 4907. Available at SSRN: http://ssrn.com/abstract=2482978

Bolton, P. and J. Olivier (2011), "Sovereign Default Risk and Bank Fragility in Financially Integrated Economies", *NBER Working Paper* 16899.

Bollerslev, T. (1990), "Modeling the Coherence in Short-run Nominal Exchange Rates: A Multivariate Generalized ARCH model." *Review of Economics and Statistics*, 72, 498-505.

Bollerslev, T., R. Engle and J. Wooldridge, (1988), "A Capital Asset Pricing Model with Time Varying Co-variances.", *Journal of Political Economy*, 96, 116-131.

Bowdler, C., and A. Radia (2012), "Unconventional Monetary Policy: the Assessment", *Oxford Review of Economic Policy*, 28, 4, 603-621.

Calvo G.A. and E.G. Mendoza, (2000), "Rational Contagion and the Globalization of Securities Markets," *Journal of International Economics*, 51(1), 79-114.

Cappiello, L., Engle, R. and K. Sheppard (2003), "Asymmetric Dynamics in the Correlations of Global Equity and Bond Returns." *Journal of Financial Econometrics*, 4(4), pp. 537-572.

Caramazza, F., L. Ricci, and R. Salgado (2004), "International Financial Contagion in

Currency Crises". *Journal of International Money and Finance*, 23, 51-70.

Casiraghi, M., E. Gaiotti, L. Rodano and A. Secchi, (2013), "The Impact of Unconventional Monetary Policy on the Italian Economy during the Sovereign Debt Crisis" No. 203, *Economic Research and International Relations Area*, Bank of Italy.

Checherita, C. and P. Rother (2010), "The Impact of High and Growing Government Debt in Economic Growth. An Empirical Investigation for the Euro Area," *European Economic Review*, 56(7), 1392-1405.

Chou, R.Y., N. Lui, and C.-C. Wu (2005), "Forecasting Correlation and Covariance with a Range-Based Dynamic Conditional Correlation Model.", 2005 China International Conference in Finance July 5-7, 2005.

Christiano, L., J.M. Eichenbaum, and C. Evans (1999), "Monetary Policy Shocks: What Have We Learned and To What End?" In: John B. Taylor and Michael Woodford eds., *Handbook of Macroeconomics 1A*, Elsevier, North Holland, 65-148.

Christodoulakis, G. and S. Satchell (2002), "Correlated ARCH: Modeling the time-varying correlation between financial asset returns." *European Journal of Operations Reserch*, 72, 498-505.

Collin-Dufresne, P., R.S. Goldstein and J.S. Martin (2001), "The Determinants of Credit Spread Changes", *Journal of Finance* 56(6), 2177-2207.

Connolly, R., C. Stivers and L. Sun (2005), "Stock Market Uncertainty and the Stock-Bond Return Relation", *Journal of Financial and Quantitative Analysis*, 40(1), 161-194.

Constancio, V. (2012), "Contagion and the European Debt Crisis". *Financial Stability Review* (Banque de France), 16, 109-121.

Corsetti, G., Pericoli, M., and M. Sbracia (2005), "Some Contagion, Some Interdependence: More Pitfalls in Tests of Financial Contagion". *Journal of International Money and Finance*, 24(8), 1177-1199.

Cour-Thimann, P., and B. Winkler (2012), "The ECB's Non-standard Monetary Policy Measures: the Role of Institutional Factors and Financial Structure", *Oxford Review of Economic Policy*, 28(4), 765-803.

De Grauwe, P. (2011), "Only a More Active ECB Can Solve the Euro Crisis", *CEPS Policy Brief*, No. 250.

De Grauwe, P, and Y Ji (2013), "Fiscal implications of the ECB's bond buying programme", VoxEU.org, 14 June.

Delatte, A., M Gex and A. López-Villavicencio (2012), "Has the CDS market influenced the borrowing cost of European countries during the sovereign crisis?", *Journal of*

International Money and Finance, 31(3), 481-497.

Delpha, J. and J. von Weizsacker (2011), "The Blue Bond Proposal," Bruegel Institute (http://www.bruegel.org/publications/publication-detail/publication/403-the-blue-bond-proposal/)

Dornbusch, R., Y.C. Park and S. Claessens (2001), "Contagion: Why Crises Spread and How This can be Stopped," S. Claessens and K.J. Forbes, eds., *International Financial Contagion*, Kluwer Academic Publishers. Duffee, G.R. (1996), "Treasury Yields and Corporate Bond Yield Spreads: An Empirical Analysis". *Finance and Economics Discussion Series*, 20.

Duffee, G.R. (1999), "Estimating the Price of Default Risk", *The Review of Financial Studies*, 1, 197-226.

Dungey, M., R. Fry and V.L. Martin (2003), "Equity Transmission Mechanisms from Asia to Australia: Interdependence or Contagion?" *Australian Journal of Management*, 28(2), 157-182.

Dungey M., R. Fry, B.G. Hermosillo and V.L. Martin (2004), "Empirical Modeling of Contagion: A Review of Methodologies," *IMF Working Paper*, WP/04/78.

Economides, N., and R. Smith (2011), "Trichet Bonds to Resolve the European Sovereign Debt Problem," *NET Institute Working Paper* No. 11-01.

Egert, B. (2012), "Public Debt, Economic Growth and Nonlinear Effects: Myth or Reality?" *OECD Economic Department Working Paper*, No. 993.

Eggertsson, G.B., and M. Woodford (2003), "The Zero Bound on Interest Rates and Optimal Monetary Policy," *Brooking Papers on Economic Activity*, 2003: 1, 139-233.

Ericsson, J., J., K., Oviedo, R., (2009), "The Determinants of Credit Default Swap Premia",. *Journal of Financial and Quantitative Analysis* 44(1), 109-132.

Eser, F. and B. Schwaab (2013), "Evaluating the Impact of Unconventional Monetary Policy Measures: Empirical Evidence from the ECB's Securities Markets Programme", mimeo (ダウンロード日：2015年4月27日 https://www.aeaweb.org/aea/2015conference/program/retrieve.php?pdfid=669).

European Commission (2011), "Green Paper on the Feasibility of Introducing Stability Bonds," November 23, COM (2011) 818 final (http://ec.europa.eu/europe2020/pdf/green_paper_en.pdf)

European Commission (2012a), "High-level Expert Group on reforming the structure of the EU banking sector" (田中素香監訳, 北原　徹, 星野　郁, 岩田健治, 山口昌樹, 髙橋和也訳「EU銀行業部門の改革に関する最終報告書－リーカネン報告－」経済学論纂（中

央大学), 第55巻第1号, 1-162)。

European Commission (2012b), The EU Single Market : Financial Supervision (Banking Union : Commission Proposals for a Single Supervisory Mechanism (2012)), (http://ec.europa.eu/internal_mar-ket/finances/committees/index_en.htm.)

European Commission (2013) "Proposal for a COUNCIL DIRECTIVE implementing enhanced cooperation in the area of financial transaction tax", Brussels, 14.2.2013, COM (2013) 71 final 2013/0045 (CNS).

Fender, I., M. Scheicher (2009), The Pricing of Subprime Mortgage Risk in Good Times and Bad : Evidence from the ABX. HE Indices. *Applied Financial Economics*, 19(24), 1925-1945.

Fender, I., B. Hayo, and M. Neuenkirch (2012), "Daily Pricing of Emerging Market Sovereign CDS before and during the Global Financial Crisis," *Journal of Banking and Finance*, 36, 2786-2794.

Fontana, A., and M. Scheicher, (2010), "An Analysis of Euro Area Sovereign CDS and their Relation with Government Bonds". *ECB Working Paper* No. 1271.

Forbes K. and R. Rigobon, (2001), "Measuring Contagion : Conceptual and Empirical Issues," S. Claessens and K.J. Forbes, eds. *International Financial Contagion*, Kluwer Academic Publishers.

Forbes K. and R. Rigobon (2002), "No Contagion, Only Interdependence : Measuring Stock Market Co-movements," *Journal of Finance*, 57, 2223-2261.

Fratzscher, M., D.I.W. Berlin, C.M.L. Duca, and R. Straub, (2014), "ECB Unconventional Monetary Policy Actions : Market Impact, international Spillovers and Transmission Channels" *Paper presented at the 15th Jacques Polak Annual Research Conference* Hosted by the International Monetary Fund Washington, DC.

Gomez-Puig M. and S. Sosvilla-Rivero (2011), "Causality and Contagion in Peripheral Emu Public Debt Markets a Dynamic Approach", *Research Institute of Applied Economics Working Paper* 201.

Hansen, B.E. (2001), "The New Econometrics of Structural Change : Dating Breaks in U.S. Labor Productivity," *Journal of Economic Perspectives*, 15, 117-128.

Huang, Y., S. Neftci, and I. Jersey (2003), What drives swap spreads, credit or liquidity?. *ISMA Centre Discussion Papers in Finance* 2003, 5.

Hull, J., M. Predescu, and A. White (2004), "The Relationship between Credit Default Swap Spreads, Bond Yields, and Credit Rating Announcements", *Journal of Banking and Finance* 28(11), 2789-2811.

Illing, G., and P.J. König (2014), The European Central Bank as Lender of Last Resort. *DIW Economic Bulletin*, 4, 16-28.

Jansen, D.J., and J. de Haan (2009), "Has ECB Communication been Helpful in Predicting Interest Rate Decisions? An Evaluation of the Early Years of the Economic and Monetary Union. *Applied Economics*", 41(16), 1995-2003.

Jones, E. (2011), "Framing the Eurobonds," ISPI Commentary, ISPI, (www.ispionline.it/.../Commentary_Jones_01.09.2011).

Jordan, T.J., D. Kohn, and F.S. Mishkin (2013), *Exit Strategy*, ICMB, International Center for Monetary and Banking Studies.

Kaminsky, G.L., C.M. Reinhart, and C.A. Végh (2003), "The Unholy Trinity of Financial Contagion". *Journal of Economic Perspectives*, 17, 51-74.

Kodres L.E. and M. Pritsker, (2002), "A Rational Expectations Model of Financial Contagion," *The Journal of Finance*, Vol. 57, 769-799.

Kumar, S.M. and J. Woo (2010), "Public Debt and Growth", IMF Working Paper, 2010/174.

Landscoot, A.V. (2004), "Determinants of Euro Term Structure of Credit Spreads", *European Central Bank Working paper Series*, No. 397.

Jian L.W. Shiying, and J.V. Zidek (1997), "On Segmented Multivariate Regression," Statistica Sinica, 7, 497-525.

Longstaff, F.A., S. Mithal and E. Neis (2005), "Corporate Yield Spreads: Default Risk or Liquidity? New Evidence from the Credit Default Swap Market," *Journal of Finance* 60, 2213-2253.

Longstaff, F.A., A. Rajan, (2008), "An empirical analysis of the pricing of collateralized debt obligations", *Journal of Finance* 63(2), 529-563.

Longstaff, F.A., J. Pan, L.H. Pedersen, K.J. Singleton (2011), " How sovereign is sovereign credit risk", *American Economic Journal : Macroeconomics* 3(2), 75-103.

Masson P. (1998), "Contagion: Monsoonal Effects, Spillovers, and Jumps between Multiple Equilibria," *IMF Working Paper*, #WP/98/142.

Metiu, N. (2011), "The EMU in debt distress: Contagion in sovereign bond markets." Research Paper, European Economic Association and Econometric Society 2011 Parallel Meetings.

Mink, M., and J. De Haan, (2013), "Contagion during the Greek Sovereign Debt Crisis" *Journal of International Money and Finance*, 34, 102-113.

Newey, W.K. and K.D. West (1987), "A Simple Positive Semi-Definite, Heteroskedasticity and Autocorrekation Consistent Covariance Matrix," Econometrica, 55, 703-708.

O'Kane, D. (2012), "The Link between Eurozone Sovereign Debt and CDS Prices", EDHEC Risk Institute.

Padoan, P., U. Sila, P. van Den Noord, (2012), "Avoiding Debt Traps: Financial Backstops and Structural Reforms", *OECD Economic Department Working Paper*, No. 976.

Paris, P and C. Wyplosz (2014), "The PADRE Plan. Politically Acceptable Debt Restructuring in the Eurozone", VoxEU, January. (http://www.voxeu.org/article/padre-plan-politically-acceptable-debt-restructuring-eurozone)

Pattipeilohy, C., J.W. van den End, M. Tabbae, J. Frost, and J. de Haan (2013), "Unconventional Monetary Policy of the ECB during the Financial Crisis: An Assessment and New Evidence", *Netherlands Central Bank, Research Department Working Paper* No. 381.

Perron, P. (2006), "Dealing with Structural Breaks," in *Palgrave Handbook of Econometrics, Vol. 1: Econometric Theory*, T.C. Mills and K. Patterson (eds.). New York, Palgrave Macmillan.

Reinhart, C.M., K. Rogoff, (2008), "The Forgotten History of Domestic Debt", *NBER Working Paper* No. 13946.

Reinhart, C.M. and K. Rogoff (2010), "Growth in a Time of Debt," NBER Working Paper, No. 15639.

Rigobon R., (2003), "On the Measurement of the International Propagation of Shocks: Are They Stable?" *Journal of International Economics*, Vol. 61, 261-283.

Rogers, J.H., C. Scotti, and J.H. Wright (2014), "Evaluating Asset-Market Effects of Unconventional Monetary Policy: a Multi Country Review", *Economic Policy*, 29, 749-799. (DOI: http://dx.doi.org/10.1111/1468-0327.12042 749-799 First published online: 1 October 2014)

Rosengren E.S., (2013), "Should full employment be a mandate for central banks?" Remarks at the Federal Reserve Bank of Boston's 57th Economic Conference.

Schclarek, A. (2004), "Debt and Economic Growth in Developing and Industrial Countries," *Lund University Department of Economics Working Paper*, No. 34.

Scheicher, M. (2008), "How Has CDO Market Pricing Changed During the Turmoil?: Evidence from CDS Index Tranches" *European Central Bank Working Paper* No. 910.

Schinasi, G.J., and P.G. Teixeira (2006), The Lender of Last Resort in the European Single Financial Market. *IMF Working Paper WP/06/127*.

Shambaugh, J.C. (2012), "The Euro's Three Crises" Brookings Papers on Economic

Activity, Spring, 157-231.

Sims, Ch.A., J.H. Stock and M.W. Watson (1990), "Inference in Linear Time Series Models with Some Unit Roots", *Econometrica*, 58(1), 113-144.

Sims, Ch.A. (1992), "Interpreting the Macroeconomic Time Series Facts. The Effects of Monetary Policy", *European Economic Review*, 36, 975-1011.

Tang, D.Y., H. Yan (2012), "What Moves CDS Spreads?" *Hong Kong University Working Paper, Available at SSRN* : http://dx.doi.org/10.2139/ssrn.1786354

Taylor, J.B. (1993), "Discretion versus policy rules in practice", *Carnegie-Rochester conference series on public policy*, 39, 195-214.

Thorp, S, and G. Milunovich (2005), "Asymmetric Risk and International Portfolio Choice.", UTS Quantitative Finance Research Paper No. 160.

Trichet, J.C. (2013), "Unconventional Monetary Policy Measures: Principles—Conditions—Raison d'être", *International Journal of Central Banking*, 1, 229-250.

Tse, Y. and A.K. Tsui (2002), "A Multivariate GARCH Model with Time-varying Correlations", *Journal of Business and Economic Statistics*, 20, 351-362.

Tsui, A.K and Q. Yu (1999), "Constant Conditional Correlation in a Bivariate Garch Model: Evidence from the Stock Market in China." *Mathematics and Computers in Simulation*, 48, 503-509.

Villar Burke, J. (2015), The Interventions of the European Central Bank throughout the Crisis. *Available at SSRN* http://ssrn.com/abstract=2555921.

Winkler, A, (2014), "The ECB as Lender of Last Resort. Banks versus Governments", *LSE Financial Markets Group, Special Paper Series*, February.

Wolff, G.B. (2014), "Eurosystem Collateral Policy and Framework: Was it Unduly Changed?", *Bruegel Policy Contribution* 2014/14, November.

Yao, Yi-Ching (1988), "Estimating the Number of Change-points via Schwarz' Criterion," Statistics and Probability Letters, 6, 181-189.

索　引

〔欧　文〕

ABS ……………………………136,200
ABSPP ……………………………136
Bai-Perron 検定 ……………………35
Banking Union ……………………194
BIS ……………………………………193
BNP パリバショック ………………4
BOJ …………………………………134
BRRD ………………………………198
CACs …………………………………11
CBPP3 ………………………………136
CDS …………………………………2,21
CDS スプレッド ……………………2
CRD …………………………………192
CRD II ………………………………192
CRD III ………………………………192
CRD IV ………………………………193
DGS …………………………………195
DOLS …………………………………81
EAPP …………………………………136
EBA …………………………10,96,190
ECAF …………………………………137
ECB ……………………………………96
Economic Policy Uncertainty European Monthly Index ………33
EDP …………………………………187
EERP …………………………………10
EFSF ……………………………11,184
EIB ………………………………10,215
EIF ……………………………………10
EIOPA …………………………96,190
EIP ……………………………………188
ELA …………………………………182
EMU …………………………………13
EONIA ………………………………123
ESAs …………………………………190
ESFS …………………………………190
ESM ………………………………11,185
ESMA …………………………96,190
ESRB …………………………96,190
European Union ……………………i
EU 運営条約 ………………………182
EU 経済ガバナンス ………………181
FAT …………………………………205
FED …………………………………134
Fiscal Compact ……………………188
FROB …………………………………13
FTT …………………………………205
GIIPS ………………………………141
HICP …………………………………127
LTRO ……………………………128,182
MIP …………………………………188
MRO …………………………………128
MTO …………………………………187
OMT ……………………………131,183
PADRE ………………………………217
PCCL …………………………………185
Protection …………………………100
PSI ……………………………………11
PSPP …………………………………136
SGP …………………………………186
SLTRO ………………………………129
SMP ……………………………130,182
SRB …………………………………197
SRF …………………………………197
SRM …………………………………195
SSM …………………………………195
STRO …………………………………129
TLTRO ………………………………129

TSCG ……………………………187
VAR ………………………………54
VECM ……………………………77
VLTRO …………………………129

〔和　文〕

■ あ　行

アナウンスメント効果………………33
アルゼンチン危機……………………99
安定化債……………………………215
安定成長協定………………………186
一般交付金…………………………209
欧州安定メカニズム……………11,185
欧州監督機構………………………190
欧州銀行監督機構 ………10,96,190
欧州金融安定化基金………………184
欧州金融安定ファシリティ…………11
欧州金融監督制度…………………190
欧州経済回復プラン…………………10
欧州システミック・リスク理事会
　　………………………………96,190
欧州証券市場監督機構……………96,190
欧州セメスター……………………187
欧州中央銀行…………………………96
欧州投資基金…………………………10
欧州投資銀行……………………10,215
欧州保険・企業年金監督機構……96,190
欧州連合機能条約…………………135

■ か　行

買い切りオペ………………………131
拡大資産購入プログラム …………136
過剰財政赤字手続き………………187
過剰不均衡手続き…………………188
カバードボンド……………………130
キプロス・ポピュラー銀行………186
共和分検定……………………………52

緊急財政基金………………………207
緊急流動性供給……………………182
銀行再編基金…………………………12
銀行同盟 ………………181,192,194
金融活動税…………………………205
金融規制・監督に関する専門家報告
　　………………………………………192
金融統合……………………………203
金融取引税…………………………205
クレジット・デフォルト・スワップ
　　…………………………………2,21
景気伝播………………………………92
景気連動性……………………………94
経済ガバナンス………………………18
経済ガバナンスの２規則…………187
経済通貨同盟…………………………13
経済通貨同盟の安定・協調・ガバナン
　　スに関する条約…………………187
公的セクター購入プログラム ……136
国際決済銀行………………………193
誤差修正自己回帰モデル……………77
コミットメント政策………………151

■ さ　行

最後の貸し手………………………183
財政基金……………………………210
財政協定……………………………188
財政規律…………………………17,181
財政主権……………………………210
財政調整制度………………………209
財政統合……………………………189
財政同盟……………………………216
財政連邦主義………………………210
最適通貨圏……………………………16
債務削減……………………………217
債務証券化…………………………214
債務負担……………………………211
サブプライム・ショック……………9

索　引　235

シグナリング効果 …………………151
自己資本指令 ………………………192
資産担保証券 …………………136, 200
資産担保証券購入プログラム ………136
市場流動性 …………………………206
システミックリスク ………………190
シックスパック ………………………15
自発的債務不履行 …………………212
資本移動の自由化 ……………………8
シャドーバンキング …………………95
集団行動条項…………………………11
証券市場プログラム ……………130, 182
真の経済通貨同盟……………………13
政府債務危機 ………………………181
設備投資 ………………………………49
設備投資関数 ………………………102
遷移確率 ……………………………146
ソブリン債務危機……………………99
ソブリンリスク …………………3, 49

■ た 行

第2次修正指令 ……………………192
単一規則集 …………………………195
単一銀行免許制度 …………………8, 189
単一金融監督 ………………………195
単一金融破綻処理制度 ……………195
単一破綻処理委員会 ………………197
単一破綻処理基金 …………………197
単一ルールブック …………………195
単位労働コスト ………………………5
地方交付税制度 ……………………209
中期財政目標 ………………………187
長期リファイナンシング・オペレー
　　ション …………………………182
ツーパック ……………………………15
テイラー・ルール …………………137
デット・オーバーハング …………202
デフォルト …………………………211

デフォルト・リスク …………………48
伝染効果………………………………51
伝染効果指標…………………………53
伝染効果絶対値指標…………………55
動学的最小自乗法……………………81
投資家のセンチメント………………22
特別満期オペ ………………………129
ドラギ総裁 …………………………133
ド・ラロジエール委員会 …………189
ド・ラロジェール報告 ……………192
トロイカ………………………………12

■ な 行

日本銀行 ……………………………134

■ は 行

バーゼルIII …………………………193
パリバ・ショック……………………51
バンキア ……………………………194
被伝染効果指標………………………55
被伝染効果絶対値指標………………56
非標準的金融政策 ………19, 126, 183
ファンダメンタルの要因……………91
フォワード・ガイダンス …………128
物価パズル …………………………163
不動産バブル ………………………194
負の外部性 …………………………195
不良債権問題 ………………………110
ブレイディ・ボンド ………………214
プロテクション ………………………3
平衡交付金 …………………………210
ベイジアンVAR …………………153
ベイル・イン原則 …………………198
米連邦準備 …………………………134
返済意志………………………………91
貿易連関………………………………92
補完的LTRO ………………………129
母国監督主義 ………………………189

ホドリック・プレスコットフィルター
　　　……………………………………103

■ ま　行

マーストリヒト条約 ……………138, 186
マクロ経済不均衡手続き ……………188
マクロプルーデンス …………………190
マルコフスイッチングモデル ………144
マルコフ連鎖 …………………………145
マンデート ……………………………203
民間部門の関与 …………………………11
メキシコ危機 …………………………99
モラルハザード ………………………199

■ や　行

ユーロ圏無担保翌日物平均金利 ……123

ユーロシステム ………………………128
ユーロ版ブレイディ・ボンド ………214
ユーロボンド …………………………215
予防的信用枠 …………………………185

■ ら　行

ラムファルシー・プロセス …………189
リーカネン報告 ………………………193
リーマン・ショック …………………i, 1, 9
リスクダッシュボード ………………190
リスクプレミアム ……………………151
レベル3委員会 ………………………189
連邦補充交付金 ………………………209

〈著者紹介〉

高屋　定美（たかや　さだよし）

1963年　京都府に生まれる
1986年　神戸大学経済学部卒業
1991年　神戸大学大学院経済学研究科博士課程単位取得退学
1991年　近畿大学商経学部専任講師　その後　同学部助教授，教授を経て
2004年　関西大学商学部教授　現在に至る　博士（経済学）神戸大学

主要業績（いずれも単著）

『EU通貨統合とマクロ経済政策』ミネルヴァ書房，2009年
『ユーロと国際金融の経済分析』関西大学出版部，2009年
『欧州危機の真実』東洋経済新報社，2011年

検証　欧州債務危機

2015年12月10日　第1版第1刷発行
2019年7月20日　第1版第3刷発行

著　者　高　屋　定　美
発行者　山　本　　　継
発行所　㈱中央経済社
発売元　㈱中央経済グループ
　　　　パブリッシング

〒101-0051　東京都千代田区神田神保町1-31-2
電話03（3293）3371（編集代表）
03（3293）3381（営業代表）
http://www.chuokeizai.co.jp/
印刷／昭和情報プロセス㈱
製本／㈱関川製本所

Ⓒ 2015
Printed in Japan

＊頁の「欠落」や「順序違い」などがありましたらお取り替えいたしますので発売元までご送付ください。（送料小社負担）

ISBN978-4-502-16821-5　C3034

JCOPY〈出版者著作権管理機構委託出版物〉本書を無断で複写複製（コピー）することは，著作権法上の例外を除き，禁じられています。本書をコピーされる場合は事前に出版者著作権管理機構（JCOPY）の許諾を受けてください。
JCOPY〈http://www.jcopy.or.jp　eメール：info@jcopy.or.jp〉

本書とともにおすすめします

入門 地方財政
［第3版］

林　宏昭・橋本恭之著

日常生活に密接にかかわる「地方の財政」を理解しよう!!

A5判・260ページ・ソフトカバー
2色刷

目次

第1章　地方財政の機能
第2章　地方財政の仕組みと課題
第3章　地方公共支出の経済学
第4章　地方財政の動向
　　　　―歳出・歳入構造と財政指標
第5章　地方税原則と地方税体系
第6章　地方税制度の現状と
　　　　改革の方向
第7章　地方交付税
第8章　国庫支出金
第9章　地　方　債
第10章　公営企業と民間活力
第11章　道州制の議論
　　　　―三位一体改革と道州制

● もっと地方財政を学びたい人に
● インターネットで学ぶ地方財政

中央経済社